新编 办公室管理制度范本大全

简要介绍办公室内部各项管理工作的职责、制度、规范

全面收录各项管理制度的范本和表格

广大办公室工作人员必备参考

张　浩◎编著

中国文史出版社

图书在版编目（C I P）数据

新编办公室管理制度范本大全 / 张浩编著. -- 北京:
中国文史出版社, 2019.3

ISBN 978-7-5205-1008-0

Ⅰ. ①新… Ⅱ. ①张… Ⅲ. ①办公室－规章制度－范
文－中国 Ⅳ. ①C931.4

中国版本图书馆 CIP 数据核字(2019)第 024437 号

责任编辑：詹红旗　戴小璇

出版发行：中国文史出版社
社　　址：北京市海淀区西八里庄 69 号院　邮编：100142
电　　话：010- 81136606　81136602　81136603(发行部)
传　　真：010-81136655
印　　装：廊坊市海涛印刷有限公司
经　　销：全国新华书店
开　　本：1/16
印　　张：22
字　　数：443 千字
版　　次：2019 年 3 月北京第 1 版
印　　次：2019 年 3 月第 1 次印刷
定　　价：56.00 元

目　　录

第一章 办公室综合管理制度

一、办公室综合管理制度范本

▲办公室职责范围

第一条 协助总经理处理日常工作，协调各部门工作，监督各部门和管理处认真及时地贯彻公司的各项工作决策和指令。

第二条 学习研究党和国家的方针、政策，贯彻落实领导的指示，为总经理的工作决策提供可靠依据。

第三条 做好人事管理工作，保管好员工的档案。

第四条 负责公司工作计划、总结、规章制度等各类文件的起草、审核、打印、复印、分发和登记工作，做好印鉴的管理工作。

第五条 负责公司级会议的筹备和安排，做好会议记录，整理会议纪要，对会议决定的执行情况进行催办和检查。

第六条 做好公司的考勤统计工作及劳动工资的管理工作。

第七条 负责公司员工的培训工作，协同各部门共同抓好员工的思想素质和业务水平的培训。

第八条 做好文书档案和有关资料的管理工作。

第九条 负责公司的后勤管理工作。

第十条 认真完成领导布置交办的其他工作。

▲行政办公室工作职责

第一条 负责公司本部的行政管理和日常事务，当好领导的参谋，协助领导搞好各部门之间的综合协调，加强对各项工作的督促和检查，建立并完善各项规章制度，促进公司各项工作的规范化管理。

第二条 负责公司的公文、资料、信息和宣传报道工作，做好内外沟通联系工作，确保上情下达和下情上报。

第三条　负责公司来往文电的处理和文书档案的管理工作，负责对会议、文件决定的事项进行催办、查办和落实。

第四条　加强对外联络，拓展公关业务，促进公司与社会各界的广泛合作和友好往来，树立良好的企业形象。

第五条　全公司组织系统及各部门工作职责、编制人数的规则、研讨、修订。

第六条　负责下列各项管理制度的建议、推行与修订和协调工作。

（1）生产管理、质量管理、设备管理制度。

（2）技术管理、开发管理制度。

（3）物资管理制度。

（4）会计账务、成本管理制度。

（5）人事、总务管理制度。

（6）其他有关管理制度。

（7）管理有关异常事项的检核、报告、追踪与改善。

（8）管理有关呈核、呈报案件的分析、审核。

（9）全公司教育训练计划的汇总与推行。

（10）大专以上文化程度人员及管理人员的招募、甄选、训练计划的拟订。

（11）厂部间有关事项的协调。

（12）材料编号、成品编号的设（修）订。

（13）标准成本设立、修订及单元成本分析与推行。

（14）经营资料分析、异常反应及改善方案的提供。

（15）协助预算编制的建立及管理。

（16）投资计划方案的审核、编制及执行、追踪。

（17）负责公司的印章管理。

（18）负责公司的报关事务。

（19）负责公司的礼品管理。

（20）负责公司的合同管理和法律事务。

（21）负责公司的营业证照管理。

（22）完成领导交办的其他工作。

▲行政办公规范管理制度

第一条　为使公司办公管理及文化建设提升到一个新层次，特制定本规定。

第二条　办公仪表规范。

（1）每周一至周四：男士着深色套装（马甲）、衬衣、皮鞋，必须佩领带。

（2）每周一至周四：女士着深色套裙（或裤）、马甲、衬衣、皮鞋。

（3）周五：随意着休闲上装及长裤，女士可着裙装（有外事活动除外）。

（4）头发梳理整齐，服饰熨烫挺括，领带正挺，皮鞋亮净。

第三条　卡座区规范。

（1）办公桌：桌面除计算机、口杯、电话、文具外，不允许放其他物品。

（2）辅桌：放文件盒、少量工具书。

（3）座椅：靠背、座椅一律不能放任何物品，人离开时椅子要摆正。

（4）计算机：主机上方有显示器，竖式主机侧放于办公桌下，计算机置办公桌左前角。

（5）卡座屏风：内外侧不允许有任何张贴。

（6）垃圾篓：罩塑料袋，置写字台下右前角。

第四条　办公室规范。

（1）办公桌：桌面除公司购置案头用品及计算机外无其他物品。

（2）辅桌：桌面置文件盒、笔筒、书籍外，不准放其他物品。

（3）计算机：横式主机置显示器下，竖式主机置桌面下。

（4）拖柜：置办公桌下左角或辅桌后部，面朝办公椅。

（5）垃圾篓：置辅桌后。

（6）饮水机：放指定地点，不得随意移动。

（7）报刊：必须放在报架上，或阅完后放入办公桌内。

（8）外衣手袋：置挂于衣帽间或柜子内，严禁随意放在办公桌椅及地柜上。

第五条　语言规范。

（1）交往语言：您好，早晨好，您早，晚安，再见，请问，请您，劳驾您，请您（谢谢）关照，谢谢，周末愉快，拜拜。

（2）电话语言：您好，请问，谢谢，再见。

（3）接待语言：您好，请稍候，我通报一下，请坐，对不起，请登记，我即去联系，打扰您一下，好的，行（切勿说“不”）。

▲行政办公纪律管理规定

第一条　凡本公司员工上班要戴胸卡。

第二条　坚守工作岗位不得串岗。

第三条　上班时间不得看报纸、玩电脑游戏、打瞌睡或做与工作无关的事情。

第四条　办公桌上应保持整洁，并注意办公室的安静。

第五条　上班时穿西装和职业装，不能穿超短裙与无袖上衣及休闲装，不得在办公室化妆。

第六条　接待来访和业务洽谈应在会议室进行。

第七条　不要因私事长时间占用电话。

第八条　不要因私事拨打公司长途电话。

第九条　不要在公司计算机上发送私人邮件或上网聊天。

第十条　未经批准不得随意上网。

第十一条　未经允许，不要使用其他部门的计算机。

第十二条　所有电子邮件的发出，必须经部门经理批准，以公司名义发出的邮件须经总经理批准。

第十三条　未经总经理批准和部门经理授意，不得索取、打印、复印其他部门的资料。

第十四条　不得无故迟到早退，否则每分钟扣发工资 1 元。

第十五条　请事假须经部门经理、分管副总或经理书面批准，未在办公室及时备案者，公司以旷工论处并扣减工资。

第十六条　平时加班必须经部门经理批准，未经批准事后备案的，公司不发加班费。

第十七条　不论任何原因，不得代他人刷卡，否则将被公司开除。

第十八条　因工作原因未及时打卡，须及时请部门经理签字后于次日报办公室补签，否则作旷工处理。

第十九条　加班必须预先由部门经理批准后再向办公室申报，凡加班后申报的，办公室将不予认可。

第二十条　在月末统计考勤时，办公室对任何空白考勤不予补签，如因故未打卡，请到办公室及时办理。

第二十一条　吸烟到吸烟区，否则将被罚款。

第二十二条　请病假如无假条，一律认同为事假。

第二十三条　病假条应于看病后及时交办公室，否则将视为旷工。急诊留观者除外。

第二十四条　市场部因当日外勤而不能回公司打卡的职员，请部门第一负责人在当日 8 时 30 分以前写出名单，由办公室经办人打卡。

第二十五条　凡出远勤达 1 天以上者，须先填报经领导批准的出差证明单。

第二十六条　因故临时外出，必须请示部门经理；各部门全体外出，必须给总经理办公室打招呼。

第二十七条　不得将公司烟灰缸、茶杯、文具和其他公物带回家私用。

第二十八条　在业务宴请中，勿饮酒过量。

第二十九条　无工作需要不进入经理办公室、计算机房、客户服务中心、档案室、打字室、财务部以及会议室、接待室。

▲秘书事务处理规定

第一条　一般信件的处理。

（1）书信在社会生活中对于联系人们感情、处理各种事务有着重要的作用。秘书必须能写漂亮的信件。

（2）信件只有一页时，在信封内再放入一张白纸更为妥帖。

信封的正面右侧写收件人地址、中间写收件人姓名，应有尊敬的称呼。收件人姓名下方可写“足下”“秘书”字样表示尊重，也可以根据信件内容写上“亲启”“亲阅”“急件”等字样。信封背面封口处通常用“×”符号或“封”“缄”等字。

（3）信件要写得平易、准确，文字要写得正确、易读。

第二条　西文信件的处理。

秘书到机要室发出西文信件时，应依照以下方法进行：

（1）信纸和信封一般采用白色，有时也可使用浅色调的。信的结构分为信头、起句、正文、结句、收件人姓名和署名六部分。

①信头。将发信人的住址、日期写在左上角，日期也可写在右上角。商业信件和公用信件标志一般写在右上或中间处。

②起句。一般在信件开头写上“Dear××”。美式信件多采用 My Dear 等形式，而在英国使用“My”是亲近的表现，对地位高的一方应用“Sir”。

③正文。直接写主要内容。

④结句。在正文内容结束后写上 Yours sincerely，Yours truly，更亲切时可用 Lovingly faithfuly。对不认识的人通常用 Yours faithfuly。

⑤收件人姓名。在社交用信件中，收件人姓名已写在信封上，因此正文中可省略。而公务信件应在信纸第一页的左下方写上收件人姓名。

⑥署名。署名要使用全称，以示正式和尊重。

（2）信封的写法。信封的书写格式：

①与中文信封相反，英文信封上收信人的地址和姓名写在信封的偏中右偏下处。

②发信人的地址和姓名写在信封的左上角。

③用英文书写时，按姓名、地名、国名逐行顺序填写，地名、国名用大写字母书写。

另外，信封上还有一些常用词，比如转送（Please forward）、亲启（Private）、加急（Immediate）、由××转交（Kindly forwarded by Mr ××）等。

第三条　祝词及礼仪信件的处理。

秘书经常要为各种各样的典礼、仪式写祝词。祝词的要领是简短，但重要的内容不能遗忘。公司备有祝词礼仪大全，秘书可增删后使用。

第四条 邮寄物品的处理。

秘书必须了解有关邮寄物品如信件、电报、包裹的常识。

1. 普通邮件

（1）第一种邮件（信件）。

①定型邮件。重量分 25 克和 50 克，邮寄费用不等。

②不定型邮件。费用分为几档：50 克、50 ~ 100 克、100 ~ 250 克、250 ~ 500 克、1 千克、2 千克、3 千克、4 千克。

③简便信件。

（2）第二种邮件（明信片）。

①明信片 ××元。

②贺年卡 ××元。

③往返明信片 ××元。

④小盒明信片 ××元。

（3）第三种邮件。通报、公报、每月发行三次以上的报纸和推销商发出的邮件。

（4）第四种邮件（免封装邮件）。

①函授教育。②盲文邮件（免费）。

2. 特殊邮件

（1）挂号信：①现金；②非现金；③简单挂号。

（2）快递：按重量收取不同费用。

第五条 礼品的回赠。

接受经理购买礼品的旨意时，应先询问预算、确认送礼目的并问清受礼方的爱好、年龄等。在被问到“买什么好”的时候，秘书要提出可行的建议。为此秘书平时要阅读百货商店的介绍，有空还应该到一些专卖店进行调查。

第六条 就餐礼仪。

（1）就餐不要发出声音，喝汤时不能吸，饭后最好不使用牙签，使用牙签时应用另一只手将嘴捂住。

（2）餐具应从外侧取用，刀、叉分放盘子两侧表示还要继续用，若用餐完毕要将刀叉一并放在盘子右侧，此时侍者会撤下盘子。

第七条 服饰要求。

（1）服饰必须清洁卫生，不能染上污物。对女秘书来说，重要的是表现内在美，注意提高修养。有好的修养，对服装的鉴赏力就会提高。

（2）在公司时穿着不应过于漂亮。

（3）注意在以下场合的服饰要求：散步时不要戴耳饰；参加宴会时，套裙下不可穿短袜和低跟鞋。

（4）在服饰的色彩搭配方面，要考虑全身色调的和谐，不可以同时使用三种以上的色彩。

▲员工守则

第一条 遵法制。

学习理解并模范遵守国家的政策法律、本市的法规条例和本企业的规章制度，争当一名好公民、好市民、好员工。

第二条 爱集体。

和企业荣辱与共，关心企业的经营管理和效益，学习经济及管理知识，提高工作能力，多提合理化建议，牢固树立“团队、创新、协作、责任”的企业精神。

第三条 听指挥。

服从领导听指挥，全面优质完成本职工作和领导交办的一切任务。要按照民主集中制原则，坚决支持、热情协助领导开展工作。

第四条 严纪律。

不迟到，不早退，出满勤，干满点。工作时间不串岗，不办私事，不饮酒，不在禁烟区吸烟，不私拿或损坏公物，不私设灶具自制饮食，不做有损团结之事。

第五条 重仪表。

保持衣冠、头发整洁。男员工不准留长发、蓄胡须，女员工要淡妆上岗，打扮适度。

第六条 讲礼貌。

使用“您好”“欢迎您”“不客气”等礼貌用语，不以肤色、种族、信仰、服饰取人。与客人相遇，要主动相让；与客人同行时，应礼让客人先行；同乘电梯时，让客人先上、先下。

第七条 讲卫生。

常剪指甲，注意卫生，无汗味、异味。工作前不得饮酒、吃蒜、韭菜等异味食品，保持口腔卫生。

第八条 讲站姿。

（1）挺胸、收腹、沉肩。

（2）双脚略分开约 15 厘米。

（3）双臂自然下垂在身体两侧或背后，放背后时，左手放在右手手背上。

（4）头部端正，目视前方，面部表情自然，略带微笑。不得前仰后合或倚靠他物，不得插兜、叉腰、抱肩，不得前后叉腿或单脚打点，不得东张西望、摇头晃脑，不得站立聊天。

第九条　敬客人。

（1）接待宾客时应面带微笑，与宾客谈话时应站立端正、讲究礼貌、用心聆听，不抢话插话、争辩，讲话声音适度，有分寸，语气温和、文雅，不大声喧哗。听到意见、批评时不辩解，冷静对待，及时上报。

（2）遇到客人询问，做到有问必答，不能说“不”“不知道”“不会”“不管”“不明白”“不行”“不懂”等，不得以生硬、冷淡的态度待客。

（3）尊重客人风俗习惯，不议论、指点，不讥笑有生理缺陷的客人，不嬉戏客人小孩，不收受礼品。电话铃响立即接转，铃响不得超过三声。

（4）接转电话时，要先说“您好！×××部门”，然后细心聆听，声调要温和，勿忘使用本岗位礼貌用语。

（5）会见客人时，不主动握手。必须握手时，应面带笑容、姿势端正、用力适度，不能用左手。握手时，左手不得插兜。

（6）在客人面前不得化妆、修指甲、剔牙、挖耳朵、打饱嗝、伸懒腰、打响指、哼小调。

第十条　守机密。

不向客户或外部人员谈论本公司的一切事务。一切内部文件、资料、报表、总结等，都应做到先收入抽屉上锁后再离开，保证桌上无泄密。

第十一条　保廉洁。

不以拉关系图私利。馈赠物品要如数交公不得私留。不贪污、不受贿，不挪用公款，不以权谋私。勇于揭发问题，敢于同不良的现象作斗争，要打击歪风，树立正气。

第十二条　勤节约。

克服“浪费难免论”，消灭长明灯、长流水。节约使用文具和器材，爱惜各种设备和物品。要发扬勤俭兴业的好传统，为公司的增收节支作贡献。

▲办公室布置规定

第一条　各部门办公室布置以大办公室集中办公为原则。

第二条　经理室设置于大办公室的一端，与所属单位以玻璃间隔。

第三条　各部门所属单位座位应采用同一方向，后排为各室主任，中排为各组组长，前排为一般员工。

第四条　接洽外客频繁的员工，应将其座位排在前边。

第五条　办公桌以单独排列为原则，如因场地或实际情况需要，可以两桌并排。

第六条　接待客人的地点应安排在经理室客厅。

第七条　因工作性质须独立设置的小型办公室，其室内布置按照大办公室布置的原则办理。

第八条　办公室内办公桌椅、保密箱、书橱颜色暂定为灰色，墙壁、天花板颜色暂定为白色，柜台、窗框及木质隔间暂定为乳黄色。

第九条　各部门钉挂衔牌方式规定如下：

（1）大办公室及独立设置的小型办公室衔牌钉挂在入口处的适当位置。

（2）大办公室内的单位衔牌钉挂在各部门经理座位上方的适当位置。

（3）衔牌颜色为绿底白字，其规格定为宽度为高度的两倍。

第十条　如场地允许，办公室内可划出一角为更衣室。

第十一条　箱橱顶上及柜台上不得堆置文件。

第十二条　公司及各部门办公室布置图及座位图由总事务室于本要点公布后30天内派人实地绘制呈报。

第十三条　本规定经总经理核定后公布实施。

▲机密文件管理规定

第一条　范围。

（1）生产设备设计图等资料：具有专利性与独特性的机械设计图，以及生产设备布置图。

（2）技术性的资料：独特技术性的操作标准，与外人技术合作或外人技术指导资料，产品配方，产品开发、改良或试验资料，国外现场实习报告及其他技术上属于机密性的资料。

（3）业务性的资料：销售成本资料，市场情报，国外业务考察报告及其他业务上属于机密性的资料。

（4）其他经厂长、处长以上主管认为有必要列入机密文件管理的一切资料。

第二条　保管部门。

（1）外来机密文件应以公司总经理室为保管部门；经公司总经理核准须由事业部、研究所或工厂所在地保存者，应以事业部经理室、研究所所长室、驻厂经（副）理室或总经理指定的部门为保管部门。

（2）属技术、开发、工务、营业等部门自行建立的专业性机密文件，应以各事业部经理室或厂区文书管理部门为保管部门。

（3）总管理处各部、室、中心的机密文件，属各该部门承办的专责性质者，应以各该部、室、中心为保管部门。

（4）各保管部门应指定专人经公司总经理核定（总管理处由总经理核定），负责机密文件收发、登记及归档等事务。

第三条　外来机密文件处理。

（1）外来机密文件由代表公司取得该文件的人员交送该公司总经理室机密文件保管人员，以“收（发）文登记单”一式五联登记，呈请总经理核派经办人（主办人）及指定处理期限后，其分文、经办、复文或主动发文均依公司内部之规定流程处理。唯其递送均应亲自为之，不得假手他人。

（2）若文件内容对公司权益影响重大时，保管人员于文件分类办理时，应以影本为之，原文件由保管人员妥当保管。

（3）主办人于文件处理期间，须负保密全责；如需分派其所属人员办理时，则于每日上班以“文件传递记录卡”注明时间、用途并由经办人签章后，“文件传递记录卡”由主办人留存，密件交经办人办理。于当日下班（或完工）时主办人应负责将密件收回，并于“文件传递记录卡”填注收回时间，由经办人签认后随“收（发）文登记单”第五联与密件一并归档。

（4）密件办妥后由主办人亲自递送或封妥签章交与文书管理部门收发人员寄送。

第四条　自创的专业性机密文件处理。

（1）隶属性技术、开发、工务、营业等部门的工作人员对于承办特定项目的业务所建立的资料，应视同机密文件，依有关规定办理。

（2）前款各项机密文件的经办部门应于每月底编制翌月的“工作计划表”写明交办的特定业务工作主题、内容摘要、经办人及预定完成期限等，经主管核定后，一份自存，一份送保管部门存档备查。

第五条　经办方式。

（1）经办人应于办公场所处理机密文件，不得擅自携带外出或转借、出示于他人，处理期间并应妥善收存，防止他人轻易取得或翻阅。

（2）经办人不得委托他人代抄、代描机密文件，非经经理级以上主管核准者，亦不得擅自复制。

（3）经办人如因公确需携带机密文件外出时，应呈经理级以上主管（专业性机密文件须呈厂长、处长）核准后带出。

（4）经办人如未能于规定期限内处理完毕，应于到期前呈交办的主管核准延长处理期限并联络保管人员延缓催收。

第六条　归档。

（1）外来机密文件于主办人办妥并经总经理核定保存期限后，应将文件连同“收（发）文登记单”第四、第五联及“文件传递记录卡”送交保管人员签收，编定档案号，依其类别登入“机密文件保管备查簿”。第四联送回主办人存查，第五联连同文件归档。

（2）内部自行建立的机密文件，经办人办妥并经总经理、经理（厂长、处长）

核定保存期限后，应将文件类别、内容摘要、预定保存期限等填入“机密文件送件单”。随文件送交保管人员编定归档号并签收后，“机密文件送件单”退回经办人存查，文件由保管人员依类归档并将其名称及归档编号登入“机密文件保管备查簿”。

第七条　档案整理。

（1）保管人员应将每月增加的机密文件，于翌月5日前填写“机密文件增列表”呈总经理（专业性者呈经理）核阅。于每年年底清理档卷，将认为已无须继续保管或已消失机密性质的文件，造具“机密文件销毁表”呈报总经理（专业性者呈经理）核准后销毁或送回原经办部门按一般文书办理归档。

（2）保管人员应于每月底查对“机密文件增列表”及“出国计划书”或“工作计划表”，如有应送而未送归档者，则以便函催收经办部门送交归档。

（3）机密文件应单独成立档卷，与其他一般文件分开保管。

第八条　调卷。

（1）各部门须调阅机密文件时，除依规定方式办理外，经办人应填具“调卷单”注明调阅期限及用途，经调阅部门经理证明并送保管部门主管同意后，方可调卷。

（2）保管人员接到经核准的“调卷单”，应即开立“文件传递记录卡”一份，连同密件交与调卷人签收后，“文件传递记录卡”由保管人员留存。用毕归还时，密件经保管人员点收无误后，将归还时间填记于“文件传递记录卡”并经调卷人签认后一并存档。

第九条　副本。

机密文件须影印、复印时，应呈经理以上主管（专业性者呈厂长、处长以上主管）核准后，交由保管人员印发，并将份数登记于“机密文件保管备查簿”；副本（含复印件）视同正本依本规则的规定办理。

第十条　文件管理。

经办人、保管人员或调卷人员应妥善管理经手的机密文件。倘有下列情形之一者，依公司规定处理：

（1）拆散原档案有弊端者。

（2）原档案被污损、抽换、涂改或遗失者。

（3）擅自将文件携带外出、转借或出示于人及其他宣泄机密事情者。

（4）调卷逾期拒不归还而不申述理由者。

（5）擅自请托他人代抄、代描、复印或打字、印刷者。

（6）文件分办传递时，未以“文件传递记录卡”记载或未与分办当日下班（或完工）时收回（缴回）者。

第十一条　文件处理日数的统计。

（1）各收发人员根据“收（发）文登记单”第一联，业务接洽便函第一联

（发文）及第四联（收文）分别造具“文件处理统计表”一式两份，于翌月5日前，一份呈送经理核阅后存经理室备查（全公司的“文件处理统计表”应呈总经理核阅后存总经理室备查），一份自存。

（2）处理日数计算标准。

①收文：自收文之日起至复文发出或文件归档之日止，所需日数扣除节假日后为实际处理日数。

②发文：自文件发出之日起至其销案之日止，所需日数扣除节假日后，为实际处理日数。

第十二条　文书用纸。

（1）对关系企业外机构之行文用公文纸。对客户或厂商行文须用印有公司名衔的书函。

（2）关系企业内部各部门间的行文用“业务接洽便函”，但公司间的行文须用公文用纸。

（3）电报用电报专用纸。

（4）签呈用签呈专用纸。

第十三条　文件处理的稽查。

公司总经理室应不定期派员稽查各部门的文书处理情况并随时予以辅导，如有异常应即通知经办部门主管处理。

▲员工保密纪律规定

第一条　保密工作是指对可能发生的泄密和窃取活动采取的系列防范措施。

第二条　保密工作原则：积极防范，突出重点，严肃纪律。

第三条　全体员工应做到：不该看的不看、不该问的不问、不该说的不说。

第四条　文件和资料保密：

（1）拟稿。文稿的拟定者应准确定出文稿的密级。

（2）印制。文件统一由行政管理部印制。

（3）复印。复印秘密文件和资料，由主管副总经理批准。

（4）递送。携带秘密文件外出，须两人同行，并包装密封。

（5）保管。秘密文件由行政管理部统一保管，个人不得保存。如需借阅，由主管总裁批准，并于当天收回。

（6）归档。没有解密的文件和资料存档时要在扉页上注明原定密级，并按有关规定执行。

（7）销毁。按档案管理的有关规定执行。

第五条　对外披露信息，按公司规定执行，按下列程序办理：由部门经理、主管总裁、法律事务处会签。

第六条　保密内容按以下三级划分：

（1）绝密级：①集团领导的电传、传真、书信；②非公开的规章制度、计划、报表及重要文件；③集团领导个人情况；④正在研究的经营计划与具体方案。

（2）机密级：①集团电传、传真、合同；②生产工艺及指导生产的技术性文件和资料；③员工档案；④组织状况，人员编制；⑤人员任免（未审批）。

（3）秘密级：集团的经营数据、策划方案及有损于集团利益的其他事项。

▲员工仪表形象规范

第一条　办公室人员要仪表整洁，举止大方得体，不穿奇装异服。男员工不留长发、不蓄胡须，女员工不得化浓妆。

第二条　上班期间不得穿拖鞋，不得嚼口香糖。

第三条　上班期间男员工不得穿背心、短裤，女员工不得穿超短裙。

第四条　上班、午休值班期间不得喝酒。

第五条　待人使用文明用语，做到礼貌、热情。

▲员工行为举止规范

第一条　员工上班时应保持良好的精神状态，精力充沛，情绪饱满。

第二条　工作时间不串岗，不看与工作无关的书报、杂志，不在办公场所打牌、下棋，玩电脑游戏。

第三条　坐姿端正，不得坐在椅子上滑行办事。不坐在桌上，跷脚时不甩腿，女员工就座时双膝应并拢。

第四条　站立时身体要挺直，应面对客人站立，不将双手抱在胸前或放在背后。

第五条　行姿稳重。不边走边吃东西，多人行走不勾肩搭背，非紧急情况不得奔跑。

第六条　不随地吐痰，乱丢杂物、烟头。

第七条　自觉遵守会场秩序。按时参加会议，不在会场交头接耳、开小会，开会时应将手机设置在振动位置，不在会场使用手机。

第八条　进入他人办公室应先敲门，经允许后方可进入。

▲员工日常文明用语规范

第一条　工作用语为普通话。

第二条　员工之间交流提倡使用普通话。

第三条　语言要自然、流畅、清楚、柔和，音量适中，陈述简洁明了，表达讲究艺术与技巧。

第四条　称呼客人应称“先生”“小姐”或“女士”。

第五条　与客户、同事相遇时，应招呼“您好”。

第六条　要求别人帮助时，应说“请您……”

第七条　表示歉意时，应说“对不起”。

第八条　得到他（她）人致歉或致谢时，应说“没关系”“不客气”“不用谢”。

第九条　请客人就座时应说“您请坐”。

第十条　请客人用茶、用餐等时，应说“请用茶”“请用餐”等。

第十一条　请客人等待时，应说“对不起，您稍候”。见面后应说：“对不起，让您久等了。”

第十二条　请别人帮助时应说“不好意思，麻烦您了。”

第十三条　道别时，应说“再见”“您慢走”“您走好”。

▲员工工作程序用语规范

第一条　请您先看一下须知。

第二条　请您按要求填写表格。

第三条　请您将有关材料准备齐全。

第四条　请您签字。

第五条　请您出示证件。

第六条　如果没有什么困难，请您交……费，谢谢。请您简明扼要地介绍一下情况。

第七条　请问您有什么问题?

第八条　请别着急。

第九条　请放心。

第十条　对不起，您的问题不属于劳动部门管理，请您向……咨询一下。

第十一条　有什么问题您尽管问。

第十二条　对您反映的情况我们将尽快调查核实。

第十三条　谢谢您提供的线索。

第十四条　谢谢您的举报。

第十五条　对我的解释您满意吗?

第十六条　请大家先回去!

第十七条　请您留下您的姓名、地址、联系电话。

第十八条　请您等候我们的通知。

▲员工语言、仪表、交际行为规范

第一条　语言行为。

(1) 语言表达要标准、规范、简洁、严谨、精确、条理清楚，符合语言逻辑。

(2) 谈话时以对方能听清楚为度，面部表情要温和，情绪要镇静和耐心，主题要突出、确切、简洁。

(3) 打电话时语言热情、亲切，自然流畅，用词准确、文雅、礼貌。

第二条　着装仪表举止。

在执行公务期间，着装仪表应当得体、整洁、礼貌、质朴大方，突出个人特点和场合要求。按规定配备制服的办公室人员不得在执行相关公务时不按规定穿着制服；不得穿着不整洁、不规范的制服；不得穿着制服在公共场所饮酒。

第三条　交际行为。

(1) 尊敬上级。尊敬上级领导，维护上级领导威信，主动争取上级领导的帮助和支持。正确对待上级领导的批评。

(2) 关心下级。尊重下级的人格和意见。尊重下级的职权，放手让下级工作。尊重下级的劳动成果，充分肯定和承认他们在工作中取得的成绩和进步。与下级建立友谊和信任感，帮助下级做好工作。

(3) 协调友邻。在和友邻单位相处时，要从全局出发、从整体出发来考虑问题，分清职责，掌握分寸，不争权力，不推责任，互不干涉各自职责范围内的事务，尊重各自的指挥系统。

▲办公人员工作服配发规定

第一条　本规定确定的是公司工作服配发、穿用及换发等有关事项。

第二条　为使本规定顺利执行，总务部对每一批工作服配制管理表。管理表的项目包括：

(1) 规格与编号；

(2) 购入日；

（3）购入价格；

（4）配发日；

（5）配发对象；

（6）上交日；

（7）换发日；

（8）换发负责人。

第三条　各分部为加强工作服管理，也应制定工作服管理表。管理表内容同上。

第四条　向每名员工颁发工作服使用证，以记载工作服的规格、编号、领用日、交换日等内容。

第五条　工作服的规格与编号。

（1）工作服分大、中、小和特大四种规格，分别以 S、M、L 和 XL 表示。

（2）工作服编号方法为：百位数为制作年度最后一位数；十位数及个位数分别为同一种类工作服在同一年度的配发顺序。

第六条　工作服编号应写在 10 厘米 ×4 厘米白布上，并缝制在指定处（有扣工作服缝在第二与第三个扣子内侧，裤子缝在第一个与第二个扣子的内侧。无扣工作服的编号应缝在不易磨损的内侧。帽子直接在内侧填写编号）。

第七条　办公人员必须严格按照不同的穿用期间穿用不同的工作服。

第八条　除清洗、修补外，工作服不得带出工作地。

第九条　工作服应保持清洁，有损坏时，应及时修补。

第十条　员工不得任意改动工作服的样式和穿着方法。

第十一条　总务部事务室应准确把握库存工作服数量，在正式换用新工作服两个月前，统计各类及各种型号工作服的需要数量，提交给总务部办公室。

第十二条　工作服到货后，由事务室负责验收。

第十三条　事务室负责对全体员工的身高、胸围、腰围及头部进行测量，并登记造表。

第十四条　配发工作服。

（1）事务室根据员工体位记录，自各类工作服穿用期间开始日前两天，开始配发工作服。分部的工作服配发也应如此。

（2）配发工作服时，事务室应填制工作服管理表，填发工作服使用证，后者随工作服一起交员工或分部。

（3）配发新工作服时，事务室还应收回旧工作服，并在工作服管理表和工作服使用证上填写有关项目。

（4）在配发工作结束后，事务室应及时向因故未领工作服、未交旧工作服或未办理换领手续的员工发出通知，督促其补办。

第十五条 事务室对由各分部上交的工作服，应作下列项目的检查，在填写下列记录后，入库保管。

（1）实物与管理表记载项目是否一致；

（2）实交数量；

（3）是否成套；

（4）清洗状况；

（5）修补状况；

（6）有无污损；

（7）布料磨损程度；

（8）褪色或变色程度。

如经检查，上交工作服无法穿用时，应将有关情况报告主管上级，由其作出处置决定。

第十六条 对于员工丢失工作服、不按要求穿着工作服等违纪行为，事务室应将详细情况报告主管上级，并提出详细处理意见。

第十七条 本规定自××××年×月×日起实施。在此前的规定同时作废。

▲员工着装管理办法

第一条 为树立和保持公司良好的社会形象，实现规范化管理，本公司员工应按本规定的要求着装。

第二条 员工在上班时间内要注意仪容仪表，总体要求是：得体、大方、整洁。

第三条 男员工的着装要求：夏天穿衬衫、系领带；着长袖衬衫时，不得挽起袖子或不系袖扣；不得穿皮鞋以外的其他鞋类（包括皮凉鞋）。

第四条 女员工上班不得穿牛仔服、运动服、超短裙、低胸衫，一律穿肉色丝袜。

第五条 女员工上班必须佩戴公司徽；男员工穿西装时要求佩戴公司徽。公司徽应佩戴在左胸前适当位置上。

第六条 部门副经理以上的领导，在办公室一定要备有西服，以便有外出活动或重要业务洽谈时穿用。

第七条 员工上班应注意将头发梳理整齐。男员工头发不过耳，不得留胡子；女员工上班提倡化淡妆，饰物的佩戴应得当。

第八条 员工违反本规定的，除通报批评外，每次罚款 50 元；一个月连续违反 3 次以上的，扣发当月奖金。

第九条 各部门领导应认真配合，督促本部门员工遵守本规定。员工一个月累计违反本规定超过 3 人次或其属下员工总数 20% 的，该领导亦应罚款 100 元。

▲服饰礼仪规范

第一条 办公室最基本的服饰礼仪就是无论员工在什么样的工作环境，都要遵守办公室的礼仪规范。

第二条 办公室着装的基本礼仪。

（1）每天换衣服。

（2）每天化淡妆。

（3）保持整洁、精神、清爽、美丽。

第三条 正式场合穿套装的礼仪。

（1）整洁，合体，尽量表现出好的质地和品质；体现出员工的着装品位。

（2）无论什么季节，什么款式，正式场合不能敞开上衣的纽扣。

（3）无论什么季节，女员工穿裙装时一定要穿透明的连裤丝袜、皮鞋，穿凉鞋时可以露脚跟但一定不能露脚趾，既不可以光脚穿凉鞋，也不可以穿靴子。

（4）冬天穿套装可在外面穿比较厚的大衣（不是羽绒服），但不要在套装里面穿厚重层叠的内衣。

（5）无论是出差、参加会议、商务活动还是每天在办公室，一定谨记每天换衬衫的原则。化妆、发型要与套装、整体形象协调。

▲西装着装礼仪规范

西装是男士的正装、礼服。在大多数社交活动中，男士都穿西装。西装可分为工作用的西装、正式场合用的西装、休闲用的西装等，对一般人来说，同样一套西装配上不同衬衫、领带，差不多就可以每天穿着并应付多数的交际活动了。在各种类别的服装中，男士穿西装的讲究最多，因此，下面着重介绍一下这方面的常识。

第一条 西装款式与场合。

现在男士常穿的西装有两大类，一类是平驳领、圆角下摆的单排扣西装；另一类是枪驳领、方角下摆的双排扣西装。另外西装还有套装（正装）和单件上装（简装）的区别。套装要求上下装面料、色彩一致，这种两件套西装再加上同色同料的背心（马甲）就成为三件套西装。套装如作正式交际场合的礼服用，色调应比较深，最好用毛料制作。在半正式交际场合，如在办公室参加一般性的会见，可穿色调比较浅一些的西装。

在非正式场合，如外出游玩、购物等，如穿西装，最好穿单件的上装，配以其他色调和面料的裤子。

第二条　西装穿着要领。

穿双排扣的西装一般应将纽扣都扣上。穿单排扣的西装，如是两粒扣的只扣上面的一粒，三粒扣的则扣中间的一粒。在一些非正式场合，可以不扣纽扣。穿西装时衬衫袖扣一定要扣上。西装的驳领上通常有一只扣眼，这叫插花眼，是参加婚礼、葬礼或出席盛大宴会、典礼时用来插鲜花用的，在我国人们一般无此习惯。西装的衣袋和裤袋里，不宜放太多的东西，最好将东西放在西装左右两侧的内袋里。西装的左胸外面有个口袋，这是用来插手帕用的。

第三条　西装与衬衫。

穿西装时，衬衫袖应比西装袖长出 1 ~ 2 厘米，衬衫领应高出西装领 1 厘米左右。衬衫下摆必须扎进西裤内。若不系领带，衬衫的领口应敞开。在正式交际场合，衬衫的颜色最好是白色的。

第四条　西装与领带。

领带是西装的灵魂。凡是参加正式交际活动，穿西装就应系领带。领带长度以到皮带扣处为宜。如穿马甲或毛衣时，领带应放在它们后面。领带夹一般夹在衬衫的第四、五个纽扣之间。

第五条　西装与鞋袜。

穿西装时不宜穿布鞋、凉鞋或旅游鞋。庄重的西装要配深褐色或黑色的皮鞋。袜子的颜色应比西装深一些，花色要尽可能朴素大方。

第六条　女性服饰。

女士的西式服装样式、花色繁多。不仅如此，即使许多男式服装女士也可以穿用，如夹克衫、牛仔装等。按传统要求，在正式的交际场合，女士一般应穿礼服。但现在多数西方国家对女士的穿着要求并不十分严格，在一般的交际场合女士可穿各式各样的裙子，正式一点的场合则穿西装套裙。

第七条　领带的学问。

在男士穿西装时，最抢眼的，通常不是西装本身，而是领带。因此，领带被称为西装的“画龙点睛之处”。一位即使只有一身西装的男士，只要经常更换不同的领带，往往也能给人以天天耳目一新的感觉。穿西装时，特别是穿西装套装时，不打领带往往会使西装黯然失色。

第八条　领带的款式。

领带的款式，即其形状外观。一般来说，它有宽窄之分，这主要受到时尚流行的左右。进行选择时，应注意最好使领带的宽度与自己身体的宽度成正比，而不要反差过大。它还有箭头与平头之别。前者下端为倒三角形，适用于各种场合，比较传统。后者下端平头，比较时髦，多适用于非正式场合。

第九条　领带的打法。

打领带时，应对领带的结法、领带的长度、领带的位置、领带的佩饰多加注意，才有可能将领带打得完美无缺。

（1）领带的打法。领带打得好不好看，关键在领带结打得如何。打领带结有三点技巧。其一，是要把它打得端正、挺括，外观上呈倒三角形。其二，是可以在收紧领带结时，有意在其下压出一个窝或一条沟来，使其看起来美观、自然。其三，是领带结的具体大小不可以完全自行其是，而应令其大体上与同时所穿的衬衫领子的大小成正比例。需要说明的是，穿立领衬衫时不宜打领带，穿翼领衬衫时适合扎蝴蝶结。

（2）领带的长度。成人日常所用的领带，通常长130～150厘米。领带打好之后，外侧应略长于内侧。其标准的长度，应当是下端正好触及腰带扣的上端。这样，当外穿的西装上衣系上扣子后，领带的下端便不会从衣襟下面“探头探脑”地显露出来，当然，领带也别打得太短，不要让它动不动就从衣襟上面跳出来。

（3）领带的位置。领带打好之后，应被置于合乎常规的既定位置。穿西装上衣系好衣扣后，领带应处于西装上衣与内穿的衬衫之间，穿西装背心、羊毛衫、羊毛背心时，领带应处于它们与衬衫之间。穿多件羊毛衫时，这种情况不合常规，最好不要出现，应将领带置于最内侧的那件羊毛衫与衬衫之间，不要让领带逸出西装上衣之外，或是处于西装上衣与西装背心、羊毛衫、羊绒衫、羊毛背心之间，更别让它夹在两件羊毛衫之间。

（4）领带的佩饰。打领带时，在一般情况下，没有必要使用任何佩饰。当清风徐来、快步疾走之时，听任领带轻轻飘动，是很能为男士平添一些潇洒、帅气的。有的时候，或为了减少领带在行动时任意飘动带来的不便，或为了不使其妨碍本人工作、行动，可酌情使用领带佩饰。领带佩饰的基本作用是固定领带，其次才是装饰。常见的领带佩饰有领带夹、领带针和领带棒。它们分别用于不同的位置，但不能同时登场，一次只能选用其中的一种。选择领带佩饰，应多考虑金属质地制品，并要求素色为佳，形状与图案要雅致、简洁。

①领带夹，主要用于将领带固定于衬衫上，因此不能只用其夹着领带，或是将其夹在上衣的衣领上。使用领带夹的正确位置，在衬衫从上朝下数的第四粒、第五粒纽扣之间。最好不要让它在系上西装上衣扣子之后外露。若其夹得过分往上，甚至被夹在鸡心领羊毛衫或西装背心领子开口处，是非常土气的。

②领带针，主要用于将领带别在衬衫上，并发挥一定的装饰作用。其一端为图案，应处于领带之外，另一端为细链，则应免于外露。使用它时，应将其别在衬衫从上往下数第三粒纽扣处的领带正中央。其有图案的一面，宜为外人所见。但是要注意，别把领带针误当领针使用。

③领带棒，主要用于穿着扣领衬衫时，穿过领带，并将其固定于衬衫领口处。使用领带棒，如果得法，会使领带在正式场合显得既飘逸，又减少麻烦。

总之，使用领带佩饰时，宁肯不用，也不要乱用。

▲传真使用管理规定

第一条 统一使用公司专用传真纸。

第二条 传真件应使用公司统一格式。

第三条 传真内容要全面、简洁、准确，不应有字、句错误或易产生歧义的用语。

第四条 传真内容应包括：发件日期、收件人或单位名称、收件人传真号码、发件人或单位名称、发件人传真号码、传真件页数、有关主题及内容、发件人联系方式。

▲办公传真管理规范

在利用传真对外通信联络时，必须遵守办公传真管理规定。

第一条 必须合法使用。

安装、使用的传真设备，必要时须办理相关手续。

如欲安装、使用自国外直接带入的传真设备，必须首先前往国家所指定的部门进行登记和检测，然后方可到电信部门办理使用手续。

使用自备的传真设备期间，按照规定，每个月都必须到电信部门缴纳通信费用。

第二条 必须得法使用。

使用传真设备通信，必须在具体的操作上力求标准而规范。不然，会令其效果受到一定程度的影响。

本人或本单位所用的传真机号码，应被正确无误地告知自己重要的交往对象。一般而言，在商用名片上，传真号码是必不可少的一项重要内容。

对于主要交往对象的传真号码，必须认真地记好，为了保证万无一失，在有必要向对方发送传真前，最好先向对方通报一下。这样做既提醒了对方，又不至于发错传真。

发送传真时，必须按规定操作，并以提高清晰度为要旨。与此同时，也要注意使其内容简明扼要，以节省费用。

单位所使用的传真设备，应当安排专人负责。无人在场而又有必要时，应使之处于自动接收状态。为了不影响工作，单位的传真机尽量不要同办公电话采用同一条线路。

第三条 必须以礼使用。

办公人员在使用传真设备时，必须牢记维护个人和所在单位的形象，必须处处不失礼数。

在发送传真时，一般不可缺少必要的问候语与致谢语。发送文件、书信、资料时，更是要谨记这一条。

出差在外，有必要使用公众传真设备，即付费使用电信部门所设立在营业所内的传真机时，除了要办好手续、防止泄密之外，对于工作人员亦须以礼相待。

人们在使用传真设备时，最为看重的是它的时效性。因此在收到他人的传真后，应当在第一时间内即刻采用适当的方式告知对方，以免对方惦念不已。需要办理或转交、转送他人发来的传真时，不得拖延时间，耽误对方的要事。

▲网络资讯查阅规范

出于工作需要，往往会上网查阅一些重要资讯或近期新闻。查阅的时候要遵守以下规则：

第一条　目标明确。

所查阅的内容必须与公务相关，不应该借机满足个人目的，在网上“冲浪”。尤其不能登录一些色情、反动网站。对于所需查找的内容或相关网址，应提前做好准备，有明确的目标，以便上网后直奔“主题”。不要随便下载、点击来历不明的内容，以免计算机感染病毒。

第二条　提高效率。

要熟练掌握查阅资料的技巧和方法，从而提高办公效率。对于所需要的资料可以及时下载，没有必要在网上长时间浏览。对于文字材料，直接下载的时候“另存为”纯文本文件就可以了。在网上发表个人意见时应简明扼要，不可长篇大论、自以为是。

第三条　用语规范。

在网上与人交流时，应当确保用语文明、规范，不得使用攻击性、侮辱性语言。

第四条　言语有度。

作为办公室人员，为维护自身形象，维护单位形象，不可以单位或部门名义在网上任意发表个人对新闻时事的看法，尤其不能泄露商业机密。不宜在网上发表个人消息。

▲网络邮件收发规范

电子邮件，是迄今为止最为方便、快捷的通信方式之一。收发电子邮件，是办公室人员利用网络执行公务最常见的内容，也是最重要的方式。

第一条　邮件的撰写。

(1) 在工作岗位上所发的邮件应该是因公邮件，不能损公肥私、工作时间处理私人邮件，把办公网络作私人联系途径所用。

（2）邮件的内容格式，要遵照普通信件或公文所用的格式和规则。邮件正文要简洁，不可长篇大论，以便收件人阅读。用语要礼貌，以示对收件人的尊重。

（3）注意邮件的大小。大部分的邮箱都对邮件大小有规定，一般不能超过2MB。如果超出规定大小，邮件将无法发送。

（4）任何一封邮件都要简短地写上邮件主题，便于对方对收到的信息有所了解、及时处理。

（5）不要随便发送无聊、无用的垃圾邮件，无端增加网络的拥挤程度。

（6）更不能发送涉及机密的邮件。

第二条　接收和回复。

接收和回复电子邮件的时候，通常应注意以下两点。

（1）应当每天打开收件箱，查看有无新邮件，以免遗漏或耽误重要邮件的阅读和回复。

（2）应当及时回复公务邮件。不要有所怠慢，使发件人免于担心邮件是否安全抵达。一般应在收到邮件后的当天予以回复。如果问题较难处理，就要先告诉发件人已收到邮件，事情正在处理之中，会尽快回复等。

第三条　保存和删除。

使用电子邮箱的时候，要注意电子邮件的保存与删除。

（1）要定期整理收件箱，对不同邮件分别予以保存和删除，不可使收件箱过于臃肿。

（2）对于有价值的邮件，必须予以保存，或者在复制后进行专门保留。

（3）对于与公务无关的垃圾邮件，或已无实际价值的公务邮件，应及时删除。

▲信件行文规范

第一条　信函称谓要写在第一行顶格，后面加冒号以示有下文。称谓一般用“先生”“小姐”，或称呼职位前加姓氏。

第二条　信函正文开始前，应加礼貌问候语，如：“您好”。

第三条　书写正文应另起一行空两格，要求内容明确，语言简洁。

第四条　回复信函要逐一答复对方提出的问题，如一时不能明确回复，也应把情况详细告知。

第五条　信函结尾写上祝颂语，一般企业、组织间常用“商祺”，给上级的可用“谨上”“谨禀”，普通信件可写“祝您万事如意”“诸事顺遂”等。

第六条　信函尾署名、日期，如需要，则加盖公章。署名应写在祝颂语下一行的右边，日期用年月日即可（公历）。

▲使用办公电话行为规范

随着科学技术的发展和人们生活水平的提高，电话的普及率越来越高，人离不开电话，每天要接、打大量的电话。看起来打电话很容易，对着话筒同对方交谈，觉得和当面交谈一样简单，其实不然，打电话大有讲究，可以说是一门学问、一门艺术。

第一条 重要的第一声。

当我们打电话给某单位，若一接通，就能听到对方亲切、优美的招呼声，心里一定会很愉快，使双方对话能顺利展开，对该单位有了较好的印象。在电话中只要稍微注意一下自己的行为就会给对方留下完全不同的印象。同样说："您好，这里是××公司"。但声音清晰、悦耳、吐字清脆，给对方留下好的印象，对方对其所在单位也会有好印象。因此要记住，接电话时，应有"我代表单位形象"的意识。

第二条 要有喜悦的心情。

打电话时我们要保持良好的心情，这样即使对方看不见人，但是从欢快的语调中也会受到感染，给对方留下极佳的印象，由于面部表情会影响声音的变化，所以即使在电话中，也要抱着"对方看着我"的心态去应对。

第三条 清晰明朗的声音。

打电话过程中绝对不能吸烟、喝茶、吃零食，即使是懒散的姿势对方也能够"听"得出来。如果在打电话的时候，弯着腰躺在椅子上，对方听到的声音就是懒散的，无精打采的，若坐姿端正，所发出的声音也会亲切悦耳，充满活力。因此打电话时，即使看不见对方，也要当作对方就在眼前，尽可能注意自己的姿势。

第四条 迅速准确地接听。

现代工作人员业务繁忙，桌上往往会有两三部电话，听到电话铃声，应准确迅速地拿起听筒，最好在三声之内接听。电话铃声响一声大约3秒钟，若长时间无人接电话，或让对方久等是很不礼貌的，对方在等待时心里会十分急躁，会给其留下不好的印象。即便电话离自己很远，听到电话铃声后，若附近没有其他人，也应该用最快的速度拿起听筒，这样的态度是每个人都应该拥有的，这样的习惯是每个办公室工作人员都应该养成的。如果电话铃响了五声才拿起话筒，应该先向对方道歉，若电话响了许久，接起电话只是"喂"了一声，对方会十分不满，会给对方留下恶劣的印象。

第五条 认真清楚地记录。

随时牢记5W1H技巧，所谓5W1H是指：

①When（何时）；

②Who（何人）；

③Where（何地）；

④What（何事）；

⑤Why（为什么）；

⑥How（如何进行）。

在工作中这些资料都是十分重要的。对打电话、接电话具有相同的重要性。电话记录既要简洁又要完备，有赖于5W1H技巧。

第六条 了解来电话的目的。

上班时间打来的电话几乎都与工作有关，公司的每个电话都十分重要，不可敷衍，即使对方要找的人不在，切忌只说“不在”就把电话挂了。接电话时也要尽可能问清事由，避免误事。我们首先应了解对方来电的目的，如自己无法处理，也应认真记录下来，委婉地探求对方来电目的，就可不误事而且赢得对方的好感。

第七条 挂电话前的礼貌。

要结束电话交谈时，一般应当由打电话的一方提出，然后彼此客气地道别，说一声“再见”，再挂电话，不可只管自己讲完就挂断电话。

▲通话用语礼仪管理规范

使用电话的过程实质上是用语言进行交流的过程，语言是信息传递的载体，因此语言的使用是电话形象中的一项重要内容。一般而言，办公室人员在使用电话时都应当遵循礼貌、规范、温和、文雅这四项基本的用语要求。

第一条 用语礼貌。

用语是否礼貌，是对通话对象尊重与否的直接体现，也是个人修养高低的直观表露。要做到用语礼貌，就应当在通话过程的始终较多地使用敬语、谦语。通话开始时的问候和通话结束时的道别，是必不可缺的礼貌用语。

通话人开口的第一句话事关自己留给对方的第一印象，因此要慎重对待。一句“您好”可以让对方倍感自然和亲切，而一张嘴就“喂喂”个不停，或者询问对方“有人吗”，甚至“单刀直入”地盘问“你找谁”“你是谁”“什么事啊”等，都是极不礼貌的开场白。

通话过程中，通话人应当根据具体情况适时选择运用“谢谢”“请”“对不起”一类礼貌用语；通话结束时须说“再见”，若通话一方得到了某种帮助，则应不忘致谢。通话结束可主动征求对方意见：“就谈到这里，好吗?”等对方说完放下话筒，再挂电话。

第二条 用语规范。

通话用语往往是有一定之规的，这种规范性主要体现在通话人的问候语和自我介绍这两项基本内容之上。

例如，发话人可以这样自报家门："您好，我是市邮政局局长郭××。"随后再告诉对方自己找的通话对象："请问金××先生在吗?"或者说："我可以和金××先生通话吗?"

如果需要总机转接，发话人可说："小姐您好！请帮我接分机号×××，谢谢!"

为了使发话人及时了解其所拨号码是否正确，或本人是否发话人所找之人，受话人同样应当主动自报家门："您好！市政府接待处，我是××。"如果是单位共用电话，则只需报上本单位名称即可。至于"请问您找哪一位"之类的话，则可说可不说。

第三条　用语温婉。

通话时语气的把握至关重要，因为它直接反映着通话人的办事态度。语气温和、亲切、自然，往往会使对方对自己心生好感，从而有助于交往进行；语气生硬傲慢、拿腔拿调，则无助于工作的顺利开展。

为确保信息的准确传递，通话人在通话过程中应当力求发音清晰、咬字准确、音量适中、语速平缓。要做到这一点，通话人应当在细节问题上予以充分的注意。例如，在通话过程中始终使话筒与嘴部保持2～3厘米的间距，就能有效保证音量的适度。

如果自己说话带有口音，或觉察到对方听着较困难，就应有意识地调整语速和音量；如果由于种种原因听不太清对方的话，则应委婉地告诉对方："对不起，我们这边线路有点问题，我听不清楚您的声音，请大点声好吗?"对方调整过来后再向对方致谢，切不可抱怨对方。

第四条　用语文雅。

通话过程中，为了不影响他人的正常工作，通话双方都应对自己的说话音量和方式加以控制。既不可大声嚷嚷、高声谈笑，或者一惊一乍、时高时低，从而打断他人工作思路；也不可窃窃私语，鬼鬼祟祟，无端吸引他人注意。

除了用语要文雅外，通话人的举止亦应保持文雅。话筒要轻拿轻放，不得用力摔挂。通话时应避免过分夸张的肢体动作，以防带来嘈杂之声。

▲印章管理制度

第一条　本制度就公司内使用印章的制度，变更与废止、管理及使用方法作出规定。

第二条　本规定中所指印章是在公司发行或管理的文件、凭证文书等与公司权利义务有关的文件上，因需以公司名称或有关部门名义证明其权威作用而使用的印章。

第三条　公司印章的制定、变更与废止的方案由总经理办公室主任提出。

第四条　总经理办公室主任必须在提出的议案中对新旧公司印章的种类、名称、形式、使用范围及管理权限作出说明。

第五条　公司印章的刻制由总经理办公室主任负责，变更或废止的印章应由规定的各管理人迅速交还总经理办公室主任。

第六条　除特别需要，由总经理办公室主任将废止印章保存3年。

第七条　公司印章散失、损毁、被盗时，各管理者应迅速向公司递交说明原因的报告书，总经理办公室主任则应根据情况依本章各条规定的手续处理。

第八条　总经理办公室主任应将每个印章登入印章登记台账内，并将此台账永久保存。

第九条　印章在公司以外登记或申报时，应由管理者将印章名称、申报年月日以及申报者姓名汇总后报总经理办公室主任。

第十条　公司印章的使用依照以下手续：

(1) 使用公司或高级职员名章时应当填写“公司印章申请单”（以下简称“申请单”）。写明申请事项，征得部门领导签字同意后，连同需盖章文件一并交印章管理人。

(2) 使用部门印章和分公司印章，须在申请单上填写用印理由，然后送交所属部门经理，获认可后，连同需要用印文件一并交印章管理人。

第十一条　公司印章的使用原则上由印章管理人掌握。印章管理人必须严格控制用印章范围和仔细检查用印申请单上是否有批准人的印章。

第十二条　代理实施用印的人要在事后将用印依据和用印申请单交印章管理人审查。同时用印依据及用印申请单上应用代理人印章。

第十三条　公司印章原则上不准带出公司，如确因工作需要，须经总经理批准，并由申请用印人写出借据并标明借用时间。

第十四条　常规用印或需要再次用印的文件，如事先与印章主管人取得联系或有文字证明者，可省去填写申请单的手续。印章主管人应将文件名称及制发文件人姓名记入一览表备查。

第十五条　公司印章的用印依照以下原则进行：公司、部门名章及分公司名章，分别用于以各自名义行文时；职务名称印章在分别以职务名义行文时使用。

第十六条　用印方法：

(1) 公司印章应盖在文件正面；

(2) 盖印文件必要时应盖骑缝印；

(3) 除特殊规定外，盖公司章时一律使用朱红印泥；

(4) 股票、债券等张数很多，盖章麻烦时，在得到经理批准后，可采取印刷方式。

第十七条　本规定从发布之日起实行。

▲印章处理制度

第一条　本制度规定本公司重要印章及一般交易印章的处理事项。

第二条　重要印章由总经理或总务部经理负责保管，交易用章由总务部秘书室保管。

第三条　须加盖重要印章或交易用章时依照以下手续进行。

（1）重要印章。

①须盖章时，持须盖章文件并填写《重要印章使用申请书》，经所属部门的负责人批准后报总务部秘书室；

②接到申请的秘书室主任，确认手续完备和申请单上填写无误后，将其与文件一起交总务部经理批复；

③总务部经理对文件的效用进行审查，对有关疑点进行质询后注明意见，呈报总经理；

④总经理在对上述过程及文件审查后，直接在文件上盖印章；

⑤盖过印章的文件及《重要印章使用申请书》由总务部经理返还秘书室，文件发还申请人，《重要印章使用申请书》的“处理结果”一栏由总经理填写，由秘书室统一保存；

⑥总经理若认为文件有不完善之处，由总务部经理、秘书室主任依次向申请者反馈。

（2）一般交易印章。

①将文件及填写的《交易印章施印登记表》交总务部秘书室；

②接收上述文件及表格的总务部秘书室主任要亲自处理用印事务；

③总务部经理作为秘书室主任的上级，负有管理用印的责任。

第四条　总经理因不得已的原因而不能自行用印时，要预先征得同意后委托常务董事代行用印。

第五条　办理用印事宜应在工作时间之内。

第六条　严禁将印章带出公司。如不得不带出公司时，须经总经理批准。

第七条　印章如发生丢失、损毁或被盗情况，应迅速向总经理或总务部经理汇报。

第八条　印章的新刻或变更由总务部经理获总经理批准后办理。

第九条　不论是重要印章，还是一般交易用章，用于文件和凭证时就代表着公司的权利和义务，因此，应将公司印章的印模制成印鉴簿，交由总务部经理保管。

第十条　本制度的制定下发和修改、废止，由董事会研究决定。

▲公章使用办法

第一条　公司可以对外使用的公章。

公司章、公司业务专用章（办公室章、人事部章、计划财务部章、国际合作部章、合同专用章等）。

第二条　公司章使用范围。

（1）以公司名义上报总公司的报告和其他文件。

（2）以公司名义与有关同级单位的业务往来、公函文件和联合发文等。

第三条　公司业务专用章使用范围。

（1）办公室章：以办公室名义开具联系工作的介绍信、刻制印章证明。

（2）人事部章：就有关人事、劳资等方面业务代表公司用章。

（3）计划财务部章：就有关计划、财务等方面业务代表公司用章。

（4）合同专用章：以公司名义签订的协议、合同和有关会议纪要等。

第四条　公司印章使用手续。

（1）公司章、计划财务章、合同专用章必须经总经理、副总经理或总经理助理批准方可使用。

（2）办公室章由办公室主任批准后使用。

（3）使用公章必须事先履行登记手续。

▲印章使用管理规定

第一条　印章的种类。

（1）印鉴：公司向主管机关登记的公司印章或指定业务专用的公司印章。

（2）职章：刻有公司董事长或总经理职衔的印章。

（3）部门章：刻有公司部门名称的印章。其不对外单位的部门章可加注“对内专用”。

（4）职衔签字章：刻有经理及总经理职衔及签名的印章。

第二条　印章的使用规定。

（1）对公司经营权有重大关联、涉及政策性问题或以公司名义对政府行政、税务、金融等机构的行文，盖公司章。

（2）以公司名义对国家机关团体、公司核发的证明文件及各类规章典范的核准行文等由总经理署名，盖总经理职衔章和公司印章。

（3）以部门名义于授权范围内对厂商、客户及内部规章典范的核准行文由经理署名，盖经理职衔签字章。

第三条 印章的监印。

(1) 总经理职章及特定业务专用章由总经理核定本公司的监印人员。

(2) 总经理职衔签字章的监印人员为管理部主管。

(3) 经理职衔签字章及部门章由经理指定监印人员。

第四条 印章盖用。

(1) 用印章前，先填写《用印章申请单》，经主管核准后，连同经审核的文件文稿等交监印人用印。

(2) 监印人除于文件、文稿上用印外，并应于《用印章申请单》上加盖使用的印章存档。

第五条 各种印章由监印人负责保管，如有遗失，由监印人负全责。

第六条 监印人对未经刊行文件，不得擅自用印，违者受处罚。

第七条 印章遗失时除立即向上级报备外，应依法公告作废。

第八条 本办法经总经理核准后施行，修改时亦同。

▲介绍信管理规定

介绍信一般由总经理办公室机要秘书负责保管和开具。开具介绍信要严格履行审批手续，严禁发出空白介绍信。介绍信的存根要归档，保存期 5 年。因情况变化，介绍信领用人没有使用介绍信，应即退还，将它贴在原存根处，并写明情况。如发现介绍信丢失，应及时采取相应措施。介绍信一般分信笺介绍信、存根介绍信和证明信三种。因类型不同，其管理方式也不同。

第一条 信笺介绍信。

这种介绍信多为联系某项工作。用这种信笺开介绍信，可以表达较为复杂的内容。

第二条 存根介绍信。

这种介绍信一般铅印，分成两联：一联是存根，即副联；另一联是外出用的介绍信，即正联。正副联中有一间缝；正副联都有连续号码。除要在正联下方盖公章外，在正副联间缝骑缝处也要盖公章。

第三条 证明信。

证明信是以企业的名义证明某人的身份、经历或者有关事件的真实情况的专用书信。一种是以组织名义发的证明信；另外一种是以个人名义发的证明信。除个人盖章外，组织也要盖章以证明此人的身份。

▲凭证管理规定

凭证包括介绍信、发票等票证。凭证管理有如下规定。

第一条　未盖公章或专用章的空白凭证，虽然还不具备生效的条件，但仍应严格保管好，不得丢失外流；

第二条　加盖公章并已具有效力的凭证，更应严格保管和使用。

对于凭证的管理，要做到：

（1）严格履行验收手续；

（2）建立凭证文书登记；

（3）选择保密的地点和坚固的箱柜，有条不紊地入库保存；

（4）定期进行检查，若发现异常情况，要随时提出处理意见；

（5）严格出库登记，对于有价证券和其他主要凭证，应参照国家规定的金库管理办法进行管理。

第三条　凭证文书，具有很高的查考价值，大多需要永久保存。因此，一切有关凭证的正件、抄件、存根、复写件以及文稿、草图、签发、资料，都应该及时整理，妥善保存，并按立卷归档的规定，随时分类入卷，定期整理归档，不得随意丢失，更不准自行销毁。

二、办公室综合管理制度相关表格

▲人事职能资格表

人事职能资格表

职层	职位	职能等级
管理职	经理、厂长、副厂长	Ⅴ等
	副厂长、科长、副理、股长	Ⅳ等
监督职	科长、股长、主任、组长	Ⅲ等
一般职	专员	Ⅱ等
	一般	Ⅰ等

▲人事权限划分表

人事权限划分表

项目	区分	总经理	厂长经理	工长	组长
任	非技术人员的任用	检核	核定	建议	建议
	特殊人员、事务职员	核定	建议		
	管理人员				
免	免职或辞职（一律）	核定	建议	建议	
	临时人员或一般作业员		核定	建议	
调	单位内互调		核定	建议	
	单位外互调	核定	建议		
调	管理人员调动	核定	建议		
薪	不分职等	核定	建议	建议	
升	不分职等	核定	建议	建议	
奖惩	不分职等	核定	建议		
出差	半天以上或管理人员	核定	建议		
	一般人员半天以内		核定	建议	
请假	一般人员1日以内（含）	核定	核定	核转	核转
	一般人员1日以上（不含）	核检	核转		
	管理人员不分长短	核定	核转		
加班	半天（4小时以内）		核定	转呈	
	5小时以上	检核	核定		
考核	一般人员	检核	核定	复核	初核
	管理人员	核定	复核	初核	
资遣退休	一律不分职等	核定	建议		
请购	文具用品300元以下		核准	代行	
	非文具用品的原物料	核定	核定		

▲职务说明书

职务说明书

<table>
<tr><td>单位</td><td colspan="3"></td><td>职称</td><td></td></tr>
<tr><td>职等</td><td colspan="2"></td><td colspan="3">主营工作</td></tr>
<tr><td>项目</td><td colspan="2">工作内容</td><td>平均每日
工作时间</td><td colspan="2">备　注
（偶发性工作需几天）</td></tr>
<tr><td>1.</td><td colspan="2"></td><td></td><td colspan="2"></td></tr>
<tr><td>2.</td><td colspan="2"></td><td></td><td colspan="2"></td></tr>
<tr><td>3.</td><td colspan="2"></td><td></td><td colspan="2"></td></tr>
<tr><td>4.</td><td colspan="2"></td><td></td><td colspan="2"></td></tr>
<tr><td>5.</td><td colspan="2"></td><td></td><td colspan="2"></td></tr>
<tr><td>6.</td><td colspan="2"></td><td></td><td colspan="2"></td></tr>
<tr><td colspan="6">上列职务应具备的基本资格及条件</td></tr>
<tr><td rowspan="4">个人条件</td><td>性别</td><td>性较佳</td><td rowspan="4">知能</td><td>领导力</td><td>□需要□不需要</td></tr>
<tr><td>年龄</td><td>岁以上</td><td>应变力</td><td>□需要□不需要</td></tr>
<tr><td>学历</td><td></td><td>计划力</td><td>□需要□不需要</td></tr>
<tr><td>经历</td><td></td><td>创造力</td><td>□需要□不需要</td></tr>
<tr><td rowspan="4">技能</td><td>语言</td><td></td><td rowspan="2">体能</td><td>脑力</td><td>□需要□不需要</td></tr>
<tr><td>专业知识</td><td></td><td>体力</td><td>□需要□不需要</td></tr>
<tr><td>操作设备</td><td></td><td rowspan="2">工作环境</td><td>工作场所</td><td></td></tr>
<tr><td>执照</td><td>□汽车□摩托车</td><td>危险性</td><td></td></tr>
</table>

▲行政办公工作说明表

行政办公工作说明表

1. 职称______ 2. 部门______ 3. 撰写日期____年____月____日 4. 姓名______ 5. 隶属部门______ 6. 同职称人数______人（含本人） 7. 管辖部门______

次序	工作概述（请分门别类扼要叙述工作内容）

▲行政办公职位规范表

行政办公职位规范表

职称		职位		直接主管	
管辖范围					
直接责任					
主要权力					
职务代理人					
条件要求					

▲印章样式规定表

印章样式规定表

姓　名	文　　字	字　体	形状及尺寸	材　质
×××	××股份公司总务部长之印	楷　书	圆形直径1.5厘米	黑水牛角

▲印章台账登记单

印章台账登记单

年 月 日

<table>
<tr><td colspan="3">秘 书 室</td><td colspan="3">呈 报 者</td></tr>
<tr><td colspan="2">主 任</td><td></td><td colspan="3"></td></tr>
<tr><td>登记年月日</td><td colspan="3"></td><td>名 称</td><td></td></tr>
<tr><td rowspan="2">管理人：</td><td colspan="3">种类：
□公司名章 □员工 □其他</td><td colspan="2">形状：
□方□圆□其他</td></tr>
<tr><td colspan="5">用途：</td></tr>
<tr><td rowspan="3">经手人：</td><td>制成日期：
年 月 日</td><td colspan="3">印章材质：
金属、水晶、牛角、其他</td><td>制印人：</td></tr>
<tr><td>废止：
年 月 日</td><td colspan="4">废止理由：</td></tr>
<tr><td>备注：</td><td colspan="4"></td></tr>
</table>

▲公章使用登记表

公章使用登记表

公章名称	公章管理人	施印人	施印代行人	备考	管理代行人
公司　　印 经理　　印 副经理　印 董事　　印	经理办主任				
存款、票据及行使股东权利的专用公司印章	会计部长	财务处长	财务副处长		会计副部长
经理印章	会计部长	会计部长	财务副处长		会计副部长
行使股东权限的专用会长印	财务部长				
股票、公司债券用经理印	财务部长				
现金收据专用章	计划负责人 会计部长 营业部长 分店经理 分公司经理 营业所长	会计处长		在京分公司的第一处处长	计算处长 会计处长 营业处长
经理室　　印	秘书处长				
秘　书　印	秘　书				
计划主管　印	计划主管				
考核主管　印	考核主管				
部门、部长　印	部　长				

▲印章管理登记表

印章管理登记表

种类	区分	名称	形式	印章内容	管理责任人	办理责任人	备注
公司印章	名印	公司名印（1号） 公司名印（2号） 公司名印（股份公司用）	正方形 圆形 正方形	公司全称 公司全称 公司全称	秘书处长 秘书处长 秘书处长	秘书处长 秘书处长 秘书处长	金属制
部门印章	部门印	总务部印	正方形	公司名、部门名	总务部长	××处长	
	分店工厂名	××分店印	正方形	公司名、分店名	××分店经理	××分店总务处长	
部门印章	职务印章	董事经理 董事（股份公司用）	圆形 圆形	职务名称 职务名称	秘书处长 秘书处长	秘书处长 秘书处长	金属制
	部长印	财务部长印（银行专用） ××研究所长印	正方形 圆形	公司名、职务名 职务名	财务部长 ××研究所长	资金处长 ××研究所长 总务处长	

▲用印章申请单

用印章申请单

单　　位		申请日期	年　月　日
用印章类别		份　　数	
文件名称及说明			
印　鉴　留　存		核　　准	申请人

第二章　人力资源管理制度

一、人力资源管理制度范本

▲人事部工作职责

第一条　实行计划管理。

（1）制订公司招工计划。由于人员流动，公司要不断招收新的员工，招工计划包括3～5年中长期计划和一年短期计划。此计划要考虑人才结构，确定每年吸收大学生、中专生和职业高中学生的比例和数量，逐步提高员工的文化程度，提高员工素质。招工需根据公司定编、定岗情况，使得人尽其才。

（2）制订退休计划。只要达到退休年龄，没有特殊情况都要列入退休计划，安排退休。对未到退休年龄但身体很差，不能正常上班者也可提前安排退休。

（3）制订内部员工调整计划。根据岗位工作需要，对公司现有的员工进行调整，优化劳动组合，及时补充缺岗员工。将富余员工调离岗位，安排其他合适的工作。在各部门、各岗位之间进行必要的员工调整，尽可能使工作能力、专业特长与本人实际工作相适应。

第二条　制定招聘标准。

（1）要根据整个公司员工编制需要面向社会统一招聘。招聘工作应遵照公开招收、公开考试、公开竞争、择优录用的原则。

（2）招聘标准主要包括：

①总人数、各主要工种人数；

②职业道德要求；

③文化程度、所学专业、外语要求；

④实际工作经验和工作技能；

⑤年龄；

⑥身体健康要求；

⑦其他条件。

（3）员工招聘一般应经过面试和笔试，在招聘中应坚持德、智、体、美全面要求。

第三条 制定岗位责任制。

公司每个岗位都应有上岗条件，符合条件的上岗，不符合条件的经培训合格再上岗，否则应调整工作。岗位标准包括从总经理到职员的各个岗位，以保证各岗位员工素质。

▲员工聘用制度

根据《中华人民共和国劳动合同法》与被聘用的人员签订劳动合同，同时，按以下制度执行。

第一条 经核定被聘用人员，由人事部根据甄选报名单发给“报到通知单”，请其于报到时携带下列资料：

①保证书；

②服务志愿书；

③员工资料卡；

④相片6张；

⑤户籍誊本；

⑥身份证复印件；

⑦体检表；

⑧扶养亲属申报表；

⑨学历证件复印件。

（以上应交资料视情况可增减）

第二条 员工被任用，视情况可发给《聘任书》。

第三条 新进人员于报到日，人事部即发给“报到程序单”，并验收其应交资料，若资料不全，应限期补办，否则首月薪资可暂扣发。

第四条 人事部随后应亲切有礼地引导新进人员依“报到程序单”上的顺序，逐项协助办理下列手续：

①领取员工手册及识别证；

②制考勤卡并解释使用；

③领制服及制服卡（总务科主办）；

④领储物柜钥匙（总务科主办）；

⑤若有需要，填《住宿申请单》；

⑥登记参加劳保及参加工会；

⑦视情况引导参观各部门及安排职前训练。

第五条 前逐项办理完毕后，人事部即填制《新进人员简介及到职通知》，引导新进人员向部门主管报到，由部门主管收存到职通知后依《职前介绍表》逐项给予说明，并于“报到程序单”上签章交回人事部，表示新员工报到完毕。

第六条　人事部依据“报到程序单”随后应办理下列事项：

①填《员工变动记录簿》。

②登记人事部管理用的《员工状况表》。

③发布《管理人员到职通报》。

④登记参保名册，安排参保。

⑤填制《薪资通知单》办理审核薪资。

⑥收齐报到应交资料（扶养亲属申报表转会计科）连同甄选报名单建立个人资料档案，编号管理。

▲测评要素拟定规则

拟定测评要素是把评价目标进一步具体化的过程，是面试者执行面试的依据。它主要说明目标的定义、操作定义、评价方法等内容。

第一条　思维能力。

（1）一般定义。思维能力含综合、分析、判断能力。综合是在头脑中将事物的各个部分或各种特征联合为整体。分析则是在头脑中将事物的整体分解为部分，找出这些部分的本质属性和彼此之间的关系。综合和分析在思维活动中起着重要作用，是思维的智力操作的重要组成部分。判断是在头脑中将事物的状态、属性及其发展趋势所作出的一种推测和断定。

（2）操作定义。对事物从宏观方面进行总体考虑。对事物从微观方面对其各个组成部分予以考虑。能注意整体和部分之间的相互关系及各部分之间的有机协调。说明充分，论证严密，分析、归纳正确，思维的逻辑性强，思维面广。

第二条　口头及书面表达能力。

（1）一般定义。以口头和书面语言针对不同的听众和读者采用不同的方式、风格将自己的思想、观点明白无误地表达出来，并试图让别人接受的过程。

（2）操作定义。理解他人的意思；口齿清晰，具有流畅性；内容有条理，富于逻辑性；使他人能理解并具有一定的说服力；用词准确、恰当、有分寸。

第三条　应变能力。

（1）一般定义。在有压力的情况下，思考、解决问题时能够迅速而灵巧地转移角度，随机应变，触类旁通，作出正确的判断和处理。

（2）操作定义。在有压力状况下思维反应敏捷、情绪稳定、考虑问题周到。

第四条　求职动机与拟任职位的匹配。

（1）一般定义。求职动机是指在一定需要的刺激下直接推动个体进行求职活动以达到求职目的的内部心理活动；个人的求职目的与拟任职位所能提供的条件相一致时，个体胜任该职位工作并稳定地从事该工作的可能性较大。

（2）操作定义。现实性需要（解决住房、户口迁移、专业对口等）与岗位情况；兴趣与岗位情况；成就动机（认知需要、自我提高、自我实现、服务他人的需要、得到锻炼等）与岗位情况。

第五条 举止仪表。

（1）一般定义。应聘者外在的穿着打扮和言行举止表现。

（2）操作定义。应聘者穿着打扮是否合体，言行举止是否符合一般的礼节，是否有多余的动作。

▲面试目标标准规定

第一条 思维能力：说理充分，论证严密，分析、归纳正确，思维的逻辑性强，思维面广。

第二条 言语表达能力：言语表达清楚、准确、简洁、流畅、有逻辑性，能够将自己的思想、观点、意见或建议顺畅地用语言表达出来。相反，言语表达不清、缺乏逻辑性，说明言语表达能力差。

第三条 计划组织能力：办事有计划，组织协调能力强，可行性高。相反，办事无计划，无组织协调意识，说明计划组织能力差。

第四条 人际合作能力：有很强的合作意识，有一定合作技巧，注意沟通。相反，无合作意识，合作技巧简单无效，较封闭，说明人际合作能力差。

第五条 责任感与进取心：回答问题诚实、负责、办事自信、有进取意识。相反，回答问题绕弯子，办事不负责、无进取心。

第六条 个性稳定性：情绪稳定，沉稳耐心，有一定的承受力。相反，情绪易激动，急躁，对外部压力特别敏感，说明个性稳定性差。

第七条 举止仪表：文化素养高，举止得体，穿着整洁，无多余动作。相反，文化素养低，穿着不当，多余动作较多，说明举止仪表差。

第八条 理解表达能力：语言的逻辑性、遣词造句的适当性、表达的简洁性较好，对发问理解正确、声音洪亮。

第九条 社会协调性：理解并尊重他人意见、不固执己见（与有独立见解区分开）、愿意帮助或协助他人做事、喜欢集体活动、与周围人和谐相处。

第十条 工作积极有进取心：有进取心、自我约束能力强，在工作上兢兢业业、刻意追求，不安于现状，努力把工作做好，工作中常有创新；进取心不强或没有什么进取心的人，必然是无所事事、安于现状，不求有功，但求能敷衍了事，因此对什么事都不热心，这样的人是难以做好本职工作的。

第十一条 求职动机与工作期望：了解应聘者为何希望来本单位工作，对哪种职位最感兴趣，在工作中追求什么，判断本单位所能提供的职位或工作条件能否满足其工作要求和期望。

第十二条 专业知识与特长：了解应聘者掌握专业知识的深度和广度，其专业知识与特长是否符合所要录用职位的专业要求，作为对专业知识笔试的补充。工作经验：了解应聘者的工作经历，查询其过去工作的有关情况，以考察其所具有的实际经验和程度。

第十三条 综合分析能力：是否能够抓住问题或事物本质进行综合分析，并且说理透彻、分析全面、条理清晰。

第十四条 反应能力：反应能力，即交谈反应能力，是通过考察交谈反应能力看其头脑的机敏程度，应聘者对面试者所提问题能否迅速、准确地理解并尽快作出相应的回答，而且答案简练、贴切，反映出其头脑的机敏程度的高低。借此来判断其在将来的工作中能否迅速准确地理解领导指令和意图，以及准确地判断面临的问题，恰当地处理突发事件的能力水平。

第十五条 自我控制能力：在遇到批评指责、压力或受到冲击时，能够克制、容忍、理智地对待；另外干工作要有耐心和韧劲。

第十六条 精力和活力：在面试中，通过了解应聘者喜欢什么运动，每天运动量等，可以考察其精力和活力。

第十七条 兴趣与爱好：应聘者休息时间喜好从事哪种活动，喜欢阅读哪些书籍以及喜欢什么样的电视节目，有什么样的嗜好等，可以了解一个人的兴趣与爱好，这对录用后的职位安排是有益的。

第十八条 判断能力：提出并形成可供选择的行动方案，作出以逻辑假设为根据的反映真实信息的决策能力。

第十九条 判断能力：准备作出决策，实施判断，采取行动或身体力行的能力。

第二十条 独立性：主要根据自己的判断而不是根据他人的意见采取行动。

第二十一条 坚韧性：在压力或反对下坚定地工作。

第二十二条 领导能力：能用适当的处理人际关系的方式和方法引导单个人（包括下属、同僚和上级）或一些人去完成任务。

第二十三条 主动性：不待外力推动而行动，并能积极努力去造成有利局面，计划性强，期望值高。

第二十四条 积极性：在工作中所从事的具体活动和承担的责任与个人所期望从事的活动和承担的责任相符的程度。

第二十五条 口头表达能力：在有准备的情况下能清楚地向一个人或一些人陈述意见或说明任务（包括用手势或口头表达）。

▲面试结果推荐书

面试结果推荐书

<table>
<tr><td colspan="3">姓　名</td><td colspan="2">日　期</td></tr>
<tr><td rowspan="2">外文知识</td><td>会　话</td><td colspan="3"></td></tr>
<tr><td>书　写</td><td colspan="3"></td></tr>
<tr><td colspan="2">智力水平</td><td colspan="3"></td></tr>
<tr><td colspan="2">专业知识</td><td colspan="3"></td></tr>
<tr><td colspan="2">创造性思维</td><td colspan="3"></td></tr>
<tr><td colspan="2">性格特征</td><td colspan="3"></td></tr>
<tr><td colspan="2">面试小组评语</td><td colspan="3"></td></tr>
<tr><td colspan="2"></td><td colspan="3"></td></tr>
<tr><td colspan="5">推　荐　书</td></tr>
<tr><td colspan="3" rowspan="2">□聘用</td><td colspan="2">职　　位</td></tr>
<tr><td>级　　别</td><td>薪金等级</td></tr>
<tr><td colspan="3">□待用</td><td></td><td></td></tr>
<tr><td colspan="3">□辞谢</td><td></td><td></td></tr>
<tr><td colspan="5">赞成此意见者（面试小组成员）签名：</td></tr>
<tr><td colspan="5">送达部门及主管：A　　　B　　　C</td></tr>
</table>

▲员工考核规定

第一条　员工考核分为试用考核、平时考核、年度考核三种形式。

（1）试用考核：员工试用期间（职员 3 个月，作业员 40 天）由试用部门主管经理负责考核，期满考核合格者，填写“试用人员考核表”报经总经理核准及公布后，方得正式聘用。

（2）平时考核：

①各级主管经理对于所属员工应就其操作、学识、经验、能力、工作效率、勤惰情况等，随时作严格的考核，凡有特殊功过者，应随时报请奖惩；

②人事部门应将员工奖惩情况随时记录，以为办理年度考核参考。

（3）年度考核：其办法另订。

第二条　考核成绩分为优、甲、乙、丙、丁五种。

第三条　员工年度考核定于每年元月举行，由各部门主管经理考核并由考核小组核定。

第四条　办理考核人员应严守秘密，不得徇私舞弊或贻误。

▲人事考核办法

绩效考核

考核方法选择依据：绩效考核方法决定了绩效考核所花费的时间和费用，决定了考核的侧重点。理想的绩效考核方法应便于操作，而且能使考核结果客观准确。因此，选择绩效考核方法应考虑以下几个因素。

第一条　适应性。

绩效考核方法的适应性是选择绩效考核方法的重要因素之一。绩效考核方法的适应性是指某一种绩效考核方法能适用于哪些人员。一般情况下，不同的绩效考核方法其适应性也不一样，某一种绩效考核方法可能仅适用于某一类或某几类人员。通常，为了取得较好的绩效考核结果和效果，对不同人员采用不同的考核程序、考核方法、考核标准。

第二条　易于操作。

绩效考核方法选择的又一因素为是否易于操作。绩效考核方法应能使绩效考核易于操作。

第三条　绩效考核的精度。

不同的考核目的，不同的考核方法，其精度也是不一样的。可以根据考核目的的精度要求，选择符合精度要求的绩效考核方法。当然绩效考核并不是精度越高越好。因此，绩效考核的精度是绩效考核结果反映被考核者绩效的详细程度。

第四条　考核信度和考核效度。

考核结果的信度和效度是选择绩效考核方法的一个重要因素。考核信度是指考核结果的前后一致性程度，即考核得分的可信程度有多大。考核效度是指考核所得到的结果反映客观实际的程度和有效性，也就是考核本身所能达到期望目标的程度有多大。一般来说，考核的效度高，信度也高；而信度高的考核，效度不一定高。信度和效度是反映考核效果的最重要的指标，而不同的绩效考核方法所产生的考核结果的信度和效度也是不同的。

第五条　绩效考核所花费的时间和其他费用。

绩效考核方法的选择必须考虑其所投入的时间和费用。投入的时间和费用是选择绩效考核方法的重要因素。绩效考核方法不同，其投入的时间和费用也不同，当然其效果也不同。

绩效考核的科学方法。

绩效考核的科学方法包括直接描述式和间接描述式两大类。在实际使用中，两种方式常常结合应用。直接描述式比较适合评价可见性强、事件感强的工作。间接描述式比较适合于评价可见性和事件感都不强的工作。

第六条　相互考核法。

相互考核的方法，又称为公评法，办法是由某人的同事或部门联合起来对他加以评定，是指同事之间、部门之间进行平行关系的考核，以作为升迁、考绩的参考。

相互考核的优点有：

（1）让下属有参与感，形成企业内的民主作风。

（2）大家都是朝夕相处的伙伴，彼此了解较深，力求做到客观性。

（3）在时间有限而人事变化迅速时，采用相互考核法可以把握时效。

相互考核的弊端有：

（1）人缘好的人往往得到好评，但人缘好未必表示他办事的能力强；

（2）相互考核法往往不为主管经理所接受，一方面得作统计，另一方面会觉得下属瓜分了他的权力；

（3）此办法有时会被善于心计者利用，他可能在人际关系方面下苦功，使别人产生错觉；

（4）此办法易造成同事间彼此的猜忌、内部失和、帮派之争等情形。

第七条　报告法。

报告法是利用书面的形式对自己的工作所作的总结。

报告法适用于较高级管理人员的自我评估，并且测评的人数不宜太多。

自我评估是自己对自己一段工作的总结，让被考核者主动地对自己的表现加以反省、评估，为自己作出评价，如下表所示。

报告法评价表

单位：　　职称：　　姓名：　　日期：

一、目标及工作情况 二、自我评价 三、意见 　　评审意见

因为传统的由上而下的考核方法往往会受主管经理自身主观因素的影响，而使得结果与事实有所出入。此时若受考核者不提出异议，则人事部门便将错就错，所采取的措施也会失去效果。因此，增加了自我考核，等于公开了考核所注重的范围，被考核者在平日工作中也可照此目标行事，同时，也可叙述工作情况及自我评价，以提供主管经理参考。

自我考核可以让被考核者写一份工作报告，对照岗位要求，回顾一年的工作及列出将来打算，并举出一年内1～3件重大贡献事例及1～3件失败的事，并对不足之处提出有待改进的建议。一般每年在年终进行，要求大家集中在一起，预先不清楚集中的目的，且要求没有助手参加，自己独立完成总结。

第八条　劳动定额法。

制定劳动定额，然后把员工的工作与工作标准相比较，以考核员工的绩效。工作标准确定了员工在某一工作岗位上正常的或平均的生产产出。工作标准一般是确定每小时生产多少或生产单位产品所需时间。这种工作标准使企业可以支付员工计件工资，但是制定工作标准不是一项简单的工作。时间研究可以用来制定特定工作岗位上员工的产出标准。

第九条　因素评分法。

因素评分法是将一定的分数分配给各项考核因素，使每一项考绩因素都有一个评价尺度，然后根据被考核者的实际表现在各因素上评分，最后汇总得出的总分，就是被考核者的考绩结果。因素评分法简便易行。

可将考核因素定为以下四项：

(1) 能力，占总分20%，分为上、中、下三等。技术高、能独立工作、完成任务好、胜任本职工作的评为上，低于这个技术水平的评为中或下。在考核阶段内如有1个月未完成下达任务的扣10分。

(2) 思想作风、组织纪律，占总分20%，分为上、中、下三等。工作服从分配、遵守规章制度、讲究文明礼貌、能团结互助的评为上，否则评为中或下。违反公司规章制度或因工作失职经公司处理者一次扣10分。

(3) 成绩，占总分30%，分为上、中、下三等。协调性好、积极主动工作、安全生产、完成任务好的评为上，较差的评为中，再差的评为下。在工作、生产中出现一次差错、造成损失的或在安全、质量方面发生事故经公司研究作出处理者一次扣10分，情况严重者不得分；如有1个月未完成下达任务的扣15分；病事假一天扣0.5分。

(4) 出勤，占总分30%，分为上、中、下三个等级。出勤率100%为满分(30分)，病事假一天扣1分，旷工一天扣20分，迟到或早退一次扣15分，旷工一天以上或缺勤30天以上者不得分。各考核因素的上、中、下三个等级的比例均分别控制在60%、25%、15%。

第十条 评级量表法。

评级量表法是把员工的绩效分成若干项目，每个项目后设一个量表，由考核者作出考核。评级量表法之所以被用得最多，是因为考核者发现它极易完成，而且费时又少，又好学，并且有效性也很高。

评级量表法之所以能实现考核目标，是因为它创造了一种数量化考核，它把员工绩效的每一因素都反映了出来。总考核成绩可以被看作绩效增长或被用作进行提升的依据。

评级量表

员工姓名：______ 考核日期：______年____月____日

考核者姓名：______ 考核期限：______ 汇总数____

说明：圈起最能表示员工绩效的评级

项　　目	低于平均	平均	高于平均	很好	很出色	很差
工作知识	1	2	3	4	5	
工作质量	1	2	3	4	5	
工作数量	1	2	3	4	5	
合　　作	1	2	3	4	5	
对顾客礼貌	1	2	3	4	5	
忠于公司	1	2	3	4	5	
学习能力	1	2	3	4	5	
依 赖 性	1	2	3	4	5	
安全习惯	1	2	3	4	5	
听从指示的能力	1	2	3	4	5	

在评级量表上，考核者只能主观地确定每个要素每一等级的水平。多数评级表都是非量化形式的，因为其考核内容与工作联系更紧，更针对员工的表现（见下表）。

非量化形式的评级表

<table>
<tr><td colspan="5">姓名：______　　考核期：______
部门：______　　工作岗位：______
说明：下表是一系列成功的要素。请在最能代表被考核者的等级处画“√”
精确性：是指工作任务完成的正确性</td></tr>
<tr><td>通常是精确的，只犯平均的错误</td><td>犯经常的错误</td><td>需要绝对最低限的监督；几乎一直精确</td><td>几乎不需监督；多数时间是精确的</td><td>粗心，反复犯错误</td></tr>
<tr><td colspan="5">警觉性：是指领会命令，适应变换了的条件和处理新的和有问题的局面的能力</td></tr>
<tr><td>需要高于平均水平的指导和解释</td><td>缓慢接受</td><td>特别的敏锐和警觉</td><td>平均的领会命令能力</td><td>通常很快地理解和学习</td></tr>
<tr><td colspan="5">创造性：是指产生新思想，发现新的更好的做事方式和富于想象的能力</td></tr>
<tr><td>不断地寻找新的更好的做事方式；特别富于想象</td><td>有平均的想象力；有合理数量的新想法</td><td>经常建议新的做事方式；非常富于想象</td><td>很少有新想法；没有想象力</td><td>偶尔产生一个新想法</td></tr>
<tr><td colspan="5">友好：（略）　个性：（略）　仪表仪容：（略）　体力：（略）　出勤：（略）</td></tr>
<tr><td colspan="5">依赖性：（略）</td></tr>
<tr><td colspan="5">岗位知识：（略）</td></tr>
<tr><td colspan="5">工作数量：（略）</td></tr>
<tr><td colspan="5">稳定性：（略）</td></tr>
<tr><td colspan="5">礼貌：（略）</td></tr>
<tr><td colspan="5">总体评价：是指相对于其他在该岗位上同期工作的员工</td></tr>
<tr><td colspan="5">根本不能满意　低于标准须提高　表现平均　表现高于平均　很出色</td></tr>
<tr><td colspan="5">考核者签字：　　日期：　　员工签字：　　日期：</td></tr>
<tr><td colspan="5">复审经理签字：　　日期：　　人事经理签字：　　日期：</td></tr>
<tr><td colspan="5">评语：</td></tr>
</table>

非量化形式的评级表通常有效性更强，因为它对评级表上的每一点的特征都作

了简短的说明，而不是简单地计量表上的数值。因此，考核者可以给员工（被考核者）的绩效一个更精确的评价。

每个测评单位可根据自己行业的特点，作出一些评级量表作为评价的依据，评级量表可以复杂些，也可简单些，只要能测出不同的品质就行。

评级量表的优点：

评级量表既简单又省事。同时，决策者发现评级量表可以满足很多考核目标，因为它给出了员工绩效的量化结果，这个量化结果可以用来调薪、调配工作等。

评级量表的缺点：

使用这种量表，考核者很容易产生晕轮效应误差和趋中误差。过于宽大的或中庸的考核者，就会把每个人的每个项目很快地评为高分或平均分。多数评级量表并不针对某一特别岗位，而是适用于组织的所有职位，因而不具有针对性。评级量表也容易使考核者的偏见或晕轮效应进入绩效考核中。

第十一条　排队法。

排队法，是指考绩者根据自己所管辖员工的工作成绩的大小进行排队而进行考核。排队法较为简单，在所属员工不多的情况下，省时迅速。常被用于进行月度考绩，以确定奖金的分配。

第十二条　点因素法。

“点因素”中，“因素”为考核的内容，“点”为各项内容的计算分数。“点因素”考核是从对每个员工的工作岗位情况（工作评定）和表现情况（表现评定）两个方面的考核进行的。每个工作岗位和每种工作表现，都有一套预先制定好的“点因素”评定标准和与各种点数相对照的报酬等级表。根据每个员工岗位工作职责和实际成绩，按考核标准进行评定，获得总点数，决定相应的等级。点数越多，等级越高，所得的报酬也就越多。

“点因素”考绩的程序是：

（1）根据员工担任的工作繁简、责任大小，把员工分为三类：一般工人为“类别一”；一般科室人员和助理工程师以下的技术人员为“类别二”；科室组长以上的管理人员和工程师为“类别三”。

（2）对每类员工根据其工作岗位情况和表现情况，设有不同的考核因素与计算标准。

第十三条　强迫选择法。

在强迫选择法中，考核者必须从三个或四个描述员工在某一方面工作表现的选项中选择一项（有时选两项）。考核者可能会发现所有的选项都描述员工的绩效，不过他只能从中选出一个或两个最能描述员工表现的项目。和评级量表不同，总经理认为是积极的或消极的绩效评价在描述语句中是不明显的。因此，考核者不知道一个员工的考核结果是低、高或是平均。采用强迫选择法可以避免考核者的趋中倾向、过宽倾向、晕轮效应或其他通常的考核误差。

如实例1和实例2所示，强迫选择法可以用来考核特殊工作的表现，也可以运用到适用于全企业的很宽的工作成绩描述。和评级量表法一样，强迫选择法最终的考核分也是数字，而且用起来又快又容易。

强迫选择法的弊端在于：考核者会试图猜出人力资源管理部门的哪种描述是积极的，哪种描述是消极的。

强迫选择法实例1

部门：______　　考核者：______

日期：______　　考核期：______

说明：把员工分为最差、较差、一般、较好、好五类，把部门中的员工分到各类中去，不要超过规定比例。

最差	较差	一般	较好	好
10%	20%	40%	20%	10%

强迫选择法实例2

说明：每四个中选一个，在最能描述员工行为的选项上画圈。

1.	a. 很快地回答他人的呼叫	b. 在工作时间学习新产品
	c. 不容易发怒	d. 讨厌循规蹈矩
2.	a. 精确地运用数字	b. 与管理者合作
	c. 不在打电话上浪费时间	d. 保障汽车干净
3.	a. 喜欢按自己的做法办	b. 友好地对待他人
	c. 经常超过销售目标	d. 不抱怨
4.	a. 无争辩地遵守命令	b. 忠于公司
	c. 聪明	d. 需要最低限度的监督
5.	a. 很少批评公司制度	b. 不超出规定花钱
	c. 与同事关系好	d. 保持良好的仪表
6.	a. 及时汇报	b. 遵守交通法规
	c. 不需要激励	d. 得到他人好的评价

第十四条 短文法。

短文法主要用来对员工开发的绩效考核。考核者书写一篇短文以描述员工绩效，并特别举出长处与缺点的例子。由于这种方法迫使考核者讨论绩效的特别事例，它也能减少考核者的偏见和晕轮效应。由于考核者得列举员工表现的特别事例，而且不使用评级量表，因此也能减少趋中和过宽误差。

短文法的弊端在于：考核者必须对每一员工写出一篇独立的短文所花费的时间是难以忍受的。另外，短文法不适用于估价目标，因为没有通用的标准，短文法描述的不同员工的成绩无法与绩效增长和提升相联系。这种方法最适用于小企业或小的工作单位，而且主要目的是开发员工的技能，激发其表现。

第十五条 面谈考核法。

录用时的面谈测验主要是为了了解书面测验无法反映出来的对本企业的适应性情况。为了减少人对人评价时的主观性，通常由多个面试者（3～5 人）同时与应聘者进行面谈，然后综合各人的考核评语。为了防止面谈内容发生偏颇，都预先拟定面谈考核表格，详细列出要考核的内容（考核因素），逐条进行考核。在有限的时间内，为了尽可能准确地作出评价，还可以采取“集体面谈”，即由面试者提出某一个话题，使一组应聘者展开自由讨论，面试者则从旁观察应聘者在讨论中表现出的能力和特点，记入考核表。当面试者认为一个话题的讨论不能完全反映情况时，可以引导或更换到其他话题直到足以作出评价为止。

对于中转员工的面谈测验，话题应紧紧围绕专业技术问题或预定要担负的工作职务内容，面试者主要是专业领导，也有人事领导参加。

晋升中的面谈答辩一般由多个上级领导组成面试团进行，但这种考核的结果并不具有决定性作用，因为晋升主要由长期以来日常考核评语的积累效果决定。

第十六条 关键事件法。

关键事件法利用一些从一线管理者或员工那里收集到的工作表现的特别事例进行考核。在关键事件方法中，几个员工和一线管理者汇集了一系列与特别好的或差的员工表现有关的实际工作经验。而平常的或一般的工作表现均不予考虑。特别好的或差的工作表现可以把最好的和最差的员工从一般员工中挑出来。因此，这种方法强调的是代表最好或最差表现的关键事例所代表的活动。一旦考核的关键事件选定了，所应用的特别方法也就确定下来了。关键事件法一般有如下几种。

（1）关键事件清单法。关键事件法可以开发一个与员工绩效相联系的关键行为的清单来进行绩效考核。这种考核方法对每一工作要给出 20 或 30 个关键项目。考核者只简单地检查员工在某一项目上是否表现出众。出色的员工将得到很多检查记号，这表明他们在考核期表现很好。一般员工将只得到很少的检查记号，因为他们仅在很少的某些情况下表现出众。

关键事件清单方法的优点是：关键事件清单方法常常给不同的项目以不同的权

重，以表示某些项目比其他项目重要。通常权重不让完成考核的考核者得知。某位员工关键事件清单上的检查记号汇总以后，就可以得到这位员工总的数量型的评价结果。由于这种方法产生的结果是员工绩效的数字型总分，因此这种方法用起来很快又很容易。它既可用于评价性目标也可用于开发性目标。关键事件清单方法的弊端是：很费时间而且费用也很高。

（2）行为定位评级表。这种量表把行为考核与评级量表结合在一起，用量表对绩效作出评级，并以关键行为事件对量表值作出定位。这种方法用起来很容易。这种量表用于评价性目标，它很容易获得与绩效增长和提升可能性相联系的数字型评价结果。这种方法也更能用于开发性目标，因为它是与工作紧密相连的，而且用代表好的工作成绩的关键事项作为评价事项。

（3）年度报告法。这种方法的一种形式是一线监督者保持考核期内员工关键事件的连续记载。监督者每年报告体现员工表现的记录。其中特别好的或特别差的事例就代表了员工在考核期内的绩效。在考核期中没有或很少有记录的员工所做的工作是令人满意的，他们的绩效既不高于也不低于预期的绩效水平（标准或平均绩效水平）。年度报告法的优点是它特别针对工作，其工作联系性强。而且由于考核是在特定日期就特定事件进行的，考核者很少或不受偏见的影响。

第十七条 目标管理法。

目标管理法，是最广泛的绩效考核方法。通常，目标管理程序如下。

（1）监督者和下属联合制定考核期内要实现的目标，并为实现特定的目标制定员工所需达到的绩效水平。

（2）在考核期内，监督者和下属根据业务或环境变化修改或调整目标。

（3）监督者和下属共同决定员工是否达到了目标，讨论失败的原因。所要研究的问题是像罢工、市场变化或劳动争议等导致偏离预期目标的原因。

（4）监督者和员工（下属）共同制定下一考核期的目标和绩效目标。

目标管理方法的优点是：

员工和监督者均参加考核程序。考核的焦点是特殊的目标而不是像合作性和依赖性等类似的泛泛的个人品质。目标管理方法特点是，目标是在考核期开始前事先确定的。事先讨论过的考核方法在员工成绩已经完成之后应用。由于目标管理程序在考核期开始前给员工以指导，因此它在定义员工努力的方向和成绩实现程度方面是开发性的。在绩效考核体系中，目标管理程序的目标制定方针也是独一无二的。

目标管理方法的弊端在于：

在考核中监督者和其部下都需花时间并作出努力。

第十八条 对照法。

对照法是依据一定的标准，根据标准进行比较，找出被评对象的差距的一种方法。管理人员要对属下进行评价，决定升迁某人时常采用此法。

（1）要将能力进行区分。同一能力，存在高低程度的差异，应该在量上加以区分。比如，外语知识的掌握情况，关于这点存在着个体差异是必然的，到底区别大小如何呢？我们将德语知识看成一种外语的综合能力，它包括日常会话、词汇量、语音、听力、书面理解能力以及语法知识等，具体地讲，我们将它分为五类（见下表）对于每个测评的对象作出衡量，指出其处于五类中的何位置，其他的能力也要作类似的划分。

外语知识的掌握

外　语　知　识	
E	外语水平达到能主持事务和专业会议
D	能没有困难地参加专业会议，并能在没有准备的情况下清楚地表达自己的想法，但不要求非常完美
C	有较好的理解能力，能参加专业会议，能表达简单的想法
B	能听懂简单的对话，能参加对熟悉话题的讨论，阅读常会发生理解性错误
A	能进行最简单的对话

（2）要对每一种能力作出详细解释，让评判者没有理解上的差别。

为了使对照更加科学，有必要对每一能力作一详细介绍，以便统一概念，制定共同的评价。下面是对各个项目能力的解释。

责任性：对自己的决策负责；对自己决策而造成的后果负责。

实际运用：（指在实际工作中运用理论知识和经验的能力）组织、计划能力；适应新工作的能力；对重要性和切合实际性的辨别能力。

制定目标能力：利用目标来引导部下；目标与上一级目标的一致程度；目标的现实性；协作性制定目标。

决策能力：收集、分析数据的系统性；利用他人经验的能力；对不同解决方法带来后果的预测能力；评价解决方法能力。

下放任务和权限能力：对下放任务和权限重视程度；利用任务和权限下放；鉴于部下的能力处理好任务和权限的关系。

专业知识：掌握本专业知识的程度；掌握邻近专业知识的程度；学习专业知识的能力；学习专业知识的愿望。

主动性：寻找新的问题、新的任务范围的主动性，对自己工作在时间、质量和数量上有要求；独立着手解决问题的能力；学习新技术主动性；改进工作方法主动性。

小组工作能力：交往能力；说服力；适应环境能力；与小组和决策的一致程度；领导小组能力；接受批评能力；宽宏大度。

评价和引导部下：对部下的成绩和行为的评价有规律、及时；让被评价者参与评价过程；制定和有效地使用引导手段。

处理信息：提供信息目的性明确；提供信息及时；表达准确；区分重要信息和次要信息能力；开发信息来源；选择正确的媒介；与部下、同事、上级交流信息的愿望。

绩效考核要素体系与绩效考核标准。

第十九条　绩效考核的内容。

（1）个人绩效考核要素体系。按考核对象的人数多少，绩效考核可以分为对群体或部门的绩效考核和对个体的绩效考核。

对个人的绩效考核对象不同，其绩效考核要素体系也不相同。一般情况下，可根据企业岗位分类分解的结果，分别对各类各级人员制定出相应的绩效考核要素体系。当然，是否对企业内每一小类每一级岗位均制定出绩效考核要素体系，要视企业的规模、被考核者人数以及考核目的等因素来确定。对于一般的企业，主要根据被考核者工作的性质，即根据岗位横向分类的结果来确定。

（2）群体绩效考核要素体系的内容。群体绩效考核根据其工作性质的不同，可分为管理性群体绩效考核、服务性群体绩效考核、科学性群体绩效考核和生产性群体绩效考核。对于管理性群体和服务性群体，其性质是比较相似的，它们一般不会有客观的成果产出，因此考核中应主要考核其工作效率、出勤率、工作方式、群体的气氛等指标。对于生产性群体，它一般有客观的物质产出。因此，对其考核一般应以最后工作成果如生产数量、生产质量等为主要考核指标，同时也要考核其工作方式、群体气氛等指标。而科学性群体则可能会产生客观成果，也可能产生不出客观成果，介于前述三种群体之间，因此应兼顾工作过程与工作成果两个方面。实际上，企业内更多的、更常用的还是对个人的考核。

第二十条　设计方法。

（1）绩效要素图示法。绩效要素图示法就是将某类人员的绩效特征，用图表描绘出来，然后加以分析研究，确定须考核的绩效要素。这种方法一般将某类人员的绩效要素按需要考核程度分档，然后根据少而精的原则进行选取。分档可以是三档（即非考核不可、非常需要考核、需要考核），也可以是五档（即非考核不可、非常需要考核、需要考核、需要考核程度低、几乎不需要考核）。

根据绩效考核要素体系设计原则，对需要考核的人员进行分类考核，如对推销员的绩效进行考核，主要应考核以下要素指标：销售额及其增长率、销售费用、不良绩效比率、对客户及顾客礼貌、从公司全局出发五项指标。

（2）问卷调查法。这种方法是设计者以一种书面形式将项目和问题表示出来，分发给有关人员填写，收集、征求不同人员意见的一种方法。问卷调查法的程序包括：

第一步，根据考核目的、对象等情况，确定调查绩效考核要素。

第二步，给每个调查要素一个定义，以明确它的内涵和外延。

第三步，根据调查的目的和单位的具体情况，确定问卷采用的形式、调查对象、范围和方法。

第四步，编制调查问卷。将需要调查的内容，以一定的格式编制成问卷。这一步是很重要的。对于调查问卷中所提的问题、问题的回答方式、答题次序等都要慎重考虑。对于其中所提的问题要注意：在一个问题中不要包含两个或两个以上问题，提问的措辞要认真推敲，要防止诱导。对于回答问题的方式，有封闭式和开放式两种。两者各有优点，可根据需要选择。在回答问题的次序上，可按逻辑性、先易后难的顺序回答。

第五步，分发问卷。通过一定的渠道分发问卷给调查者，选择的渠道应是可靠的。

第六步，回收问卷，进行统计分析，处理调查结果。

第二十一条　评估程序。

这是一种评估考核系统的方法，是最高管理当局向管理者提供反馈。向管理者提供关于他们的考核质量是有好处的。这种活动既简单且费用低廉，而且管理人员意识到了他们作为考核者的表现是需接受评估的。最重要的是，让考核者了解了其他考核者的考核等级。其程序大致如下。

（1）面谈。与来自各部门的管理人员面谈。讨论集中在考核系统的长处和劣势以及考核系统改进的建议上。

（2）员工记录的分析。运用随机抽样法以发现可能的歧视、趋中误差、宽大误差和晕轮效应误差。

（3）员工和他们考核等级之间的相关分析。员工的考核等级是和某些个人或工作因素（如年龄、种族等）相关的。询问员工是否与他们进行了考核结果的讨论。

（4）考核系统的比较分析。把公司所用的考核系统和其他公司所用的考核系统比较。

通过设计新的考核系统校正考核系统的问题，其工作包括：

（1）开发两种分离的考核表，一种用于非管理人员，一种用于管理人员和高级职员；

（2）根据与工作的相关性程度大小给每一个考核因素加权；

（3）用行为来定义评级因素，以使得考核更客观；

（4）设计一个管理性和职业性员工的目标管理体系，员工和他们的监督者共同决定绩效目标。

在某些时候可以用群体考核补充管理者（也是考核者）对他（或她）的员工的个人的考核，因为在多数工作情况中，单个员工的绩效明显地要受到工作群体的影响。如果员工有互相考核的机会，作为监督者的考核者就能得到一些很有价值的信息。考核者可以利用群体互相考核的结果去检验对单个员工自己考核的精确性。如果同事同样地具有互相考核的机会，考核将会更公正，因为他们不必互相面对。群体考核可以使考核者不会凭感觉考核。群体考核的另一个好处是不会像监督者考核一样，群体的观点不会被员工个人抵消。另外，有证据表明，群体考核的有效性较高。

第二十二条　考核要素体系设计步骤。

确定绩效考核要素体系，一般可分为四个步骤。

（1）工作分析（岗位分析）。根据考核目的，对被考核对象岗位的工作内容、性质以及完成这些工作所应具备的条件等进行研究和分析，从而了解被考核者在该岗位工作所应达到的目标、采取的工作方式等，初步确定出绩效考核要素。

（2）进行要素调查，确定要素体系。根据工作分析所初步确定的要素，运用绩效考核要素体系设计方法，进行要素调查，最后确定绩效考核要素体系。在进行要素调查和要素体系的确定时，往往将几种方法结合起来使用，使要素体系更加准确、完善、可靠。

（3）修订。为了使确定好的要素更趋合理，还应对其进行修订。修订分为两种：一种是考核前修订。通过专家调查法，将所确定的要素提交领导、学术权威或专家会议，征求意见，修改、补充、完善绩效考核要素体系；另一种是考核后修订。根据考核及考核结果应用之后的效果等情况进行修订，使考核要素内容更加理想和完善。

（4）理论验证。依据绩效考核的基本原理与原则，对所设计的绩效考核要素进行论证，使其具有一定的科学依据。

第二十三条　考核标准和编制原则。

绩效考核标准一般有两种：一种是分解提问标准；另一种是综合等级标准。

（1）分解提问标准。把反映考核要素内涵和外延等诸多方面的特征独立并列。对独立并列的特征以一定的方式进行提问，根据提问的内容，提供对每一问题不同程度的回答。

编制分解提问标准时，在明确了解各要素的行为特征之后，以行为特征为指标，选择确切的描述进行提问。问题的内容应尽可能具体，接近于客观实际和日常工作，尽可能隐含所要考核的要素。问题明确后，再根据问题编制评定标准。分解提问标准的一般格式，如下表所示。

分解提问标准参照格式

题号	问题内容	参考答案				
		P_1	P_2	……	P_{k-1}	P_k
1						
2						
……						
n-1						
n						

注：题号 n 表示 n 个问题，参考答案 P_1，P_2，……，P_{k-1} 表示每个问题提供的不同程度（等级）回答的标号，k 表示 k 级。

（2）综合等级标准。把反映绩效考核要素内涵及外延等诸方面的特征进行综合，并根据综合结果按照反映绩效考核要素综合结果的不同程度顺序进行等级划分，并指派一定的值。在考核时，考核者可根据考核要素，参照等级划分标准，来确定被考核者在某个要素上所处的等级位置。

编制综合等级标准时，首先应明确各要素所具有的特征，然后把这些特征收入到每一个等级档次中，看这些特征在各个等级中的具体体现是什么，将每个具体体现用文字描绘出来，就成为这个等级档次的标准。

综合等级标准的一般格式，如下表所示。

综合等级标准参照格式

序号	考核标准	要素定义	考核参照标准内容				
			Z_1	Z_2	……	Z_{n-1}	Z_n
1							
2							
……							
B							
C							

注：序号 C 表示 C 个考核要素，Z_1，Z_2，……，Z_{n-1} 表示每个考核要素等级的标号。n 代表第 n 等级。表示 Z_1，Z_2，……，Z_n 的表现形式可分为优、良、中、可、差，或 A、B、C、D、E 等。

标准的制定依不同的社会形态，企业的目标和性质而略有不同，因而各个评价中心测量的指标是不同的。

绩效考核标准对于一定时期员工的努力方向和积极性有重要影响，因此应慎重对待。在编制时要遵循如下原则。

（1）内容要先进、合理。所谓先进，是指考核标准要反映企业的科学技术水平、管理水平；所谓合理，是指考核标准又合乎道理。在一般情况下，应以多数员工都能达到的水平为考核的及格分。

（2）定量要准确。标准能用数量表示时，应尽可能使用数量表示。如对推销员的销售额要素，假如分成三档的话，用“50 万元以上为‘合格’得 1 分，100 万元以上为‘良好’得 3 分，150 万元以上为‘优秀’得 5 分”的标准就比“‘较少’得 1 分，‘较多’得 3 分，‘很多’得 5 分”的衡量标准要好。同时，标准的定量必须准确。定量准确包括三个方面：一是各要素标准的起止水平应是合理确定的；二是各标准的含义，相互间的差距应是明确合理的，评分应是等距的；三是选择的等级档次数量要合理。

▲员工考绩办法

第一条　宗旨。

（1）为使公司员工考核达到授权合理化、分层负责化、管理制度化，以公平合理评定员工。

（2）提供各员工对本身工作职责绩效作自检的机会。

（3）提供主管与部下间双向沟通的机会以增进彼此了解。

（4）确定员工个人专长、兴趣，使其能量才使用。

（5）对个人的贡献与成绩，切实衡量，为绩效核定提供公平合理的依据。

第二条　作业说明。

（1）本公司技术员以上考核采用自我考核方式，每 3 个月实施一次，助理技术员每半年实施一次。

（2）各级主管评分时，请事先协调，以避免评分差异太大，造成考核不公。

（3）考核中面谈考核者应事先拟定面谈重点，以达到面谈目的。

（4）技术员由科长主管负责面谈，上级主管认为负责面谈主管觉得有疑问时可再进行面谈。

（5）考核时请考虑下列因素作评估：

①经营需要；

②本身所负责任；

③人力编制；

④组织长远发展；

⑤员工发展需要。

（6）自我考核或主管评估时，请尽可能以具体且可以衡量的方式表达，如能以数字表达，则更可收到明显效果。

（7）全盘考核作业，要秉持公平、公正、客观的态度进行，以达考核的目的。

（8）各部要准时将自我评估考核表送到管理部，时间另定。

第三条　考核分布。

考核等级表

考核等级	优	甲	乙	丙	丁
分数	100～91	90～81	80～71	70～61	60 以下
比率	5%	25%	40%	25%	5%

第四条　考核应注意事项。

（1）严守考核分布的比率。

（2）考核时易犯的错误：

①受过去的记录影响而牵涉最近表现。

②受员工讨人喜欢的举止影响，如只会频频点头同意的人。

③因最近一次表现突出，而认定以往均表现优异，反之亦同。

④因某人具有某项优点，但对公司无甚帮助之条件所影响。

⑤只视其在表或报告上写得尽善尽美，而给予高评估。

⑥因主管的期望值太高，而否定部下正常的表现。

⑦因部下经常提出异议，而认定部下工作不力。

⑧因往往将部下工作与自己工作作比较，而予考核。

（3）考核时避免牵涉此人家庭背景、人际关系及个人私情。

（4）将考核意见让部下知悉，使部下能改进。

（5）考核表为个人考绩之评核，要具体翔实书写。

▲试用期员工综合考核管理办法

第一章　总　　则

第一条　完善现有的考评体系，明确公司的价值导向，不断增强公司的整体核心竞争力。

第二条　通过对试用期员工的考核沟通，帮助他们尽快了解公司，明确岗位需求，融入公司文化，并为决定新员工的去留及转正定级提供依据。

第三条　本制度适用于公司本部、驻外机构及事业部的所有试用期员工。

第四条　试用期是指在劳动合同期限内所规定的一个阶段的试用时间。在此期间用人单位进一步考察被录用的员工是否真正符合聘用条件，能否适应公司要求及工作需要。同样，劳动者也可进一步了解用人单位的工作条件是否符合招聘时所提供的情况，自己能否适合或胜任所承担的工作，从而决定是否继续保持劳动关系。试用期一般为1～6个月，最长不超过6个月。

第五条　实事求是原则：考核要以日常管理中的观察、记录为基础，定量与定性相结合，强调以数据和事实说话。

第六条　区别对待原则：相对于正式员工的绩效改进考核而言，对于试用期员工的考评是综合考评，需要对其任职状况、劳动态度和工作绩效作全面的评价。

第七条　考、评结合原则：对于试用期员工的考核，以日常的月度考核与试用期结束的期终评议相结合的方法进行综合评价，力求客观、公正、全面。

第八条　效率优先原则：对于考核结果证明不符合录用条件或能力明显不适应工作需求、工作缺乏责任心和主动性的员工要及时按规定中止试用期，解除劳动合同。管理者未按公司规定而随意辞退员工或符合公司辞退条件而未及时提出辞退建议，致使造成不良后果或不良影响的，相关人员要承担相应责任。

第二章　考核形式、周期及内容

第九条　试用期员工的考核分月度考核和试用期结束的期终评议两种形式。月度考核每月进行一次；期终评议原则上在试用期结束时通过笔试、答辩等方法进行。

第十条　试用期员工月度考核要素分为工作态度、作业能力、工作绩效三大项。

（1）工作态度：包括责任心、合作性、主动性、纪律性、自我提高的热情、基本行为准则等内容。

（2）作业能力：主要指业务能力，含学习接受能力、解决问题能力、应用创造能力、协调能力等岗位必需的能力。

（3）工作绩效：员工是否能按时保质保量地完成所布置的工作或学习任务，并达成每月的改进目标。

第十一条　期终评议结合岗位标准，全面考评员工试用期间的任职资格：品德、素质、能力（应知应会）、绩效、经验。

具体实施办法及考核用表可由各人事部（处）根据具体情况设置。

第三章　相 关 责 任

第十二条　一级考核者或主要考核责任人必须就考核结果向被考核者进行正式的面对面的反馈沟通，内容包括肯定成绩、指出不足及改进措施，共同制订下一步学习/工作目标或改进计划。反馈是双向的，考核者应注意留出充足的时间让被考核者发表意见。考核者与被考核者都负有对考核结果进行反馈、沟通的责任。

第十三条　反馈时，被考核者无论认不认可考核结果，都须在考核表上签字。签名仅代表知晓考核结果，并不一定代表认可。

第十四条　被考核者如果不认同考核者对自己的考核结果，在与考核者沟通后仍不能达成共识，可向考核者的上级主管、人事部（处）或人力资源部投诉。投诉的受理者须在受理日起10个工作日内作出处理，并将处理意见反馈给投诉人。

第四章　操作程序

第十五条　试用期员工综合考核操作步骤。

（1）由考核办确定各部门考评小组人员名单及考评日程安排。

（2）考评办负责布置考核任务，讲解考核要求，下发人事考核表等。

（3）员工填写自我评价卡，填后移交考评办。

（4）考评时采取现场答辩的方式，先由被考核者陈述个人季度工作表现，考评小组依据陈述内容及每月的工作记录卡填写人事考核表。

（5）考评办对每人的资料进行汇总，并与计划处、总裁办及有关人员组成综合评议小组，负责对考核用表进行审核，审核完成后，考评结果将通知被考核者本人，对不合理的地方，被考核者可填写考核意见卡，考评经分析后，提出考评调整建议。

（6）考评调整建议将及时通知考核者与被考核者本人。

（7）考评办对有异议的地方进行协调，包括组织考核者与被考核者面对面地交流等，考评办协调不了的，将进入特殊考核程序。

第五章　考核的准备及结果应用

第十六条　考核者综合各方面收集到的考核信息，客观公正地评价员工，信息来源一般有以下几种。

（1）主管记录员工工作过程中的关键行为或事件。

（2）员工的历次培训记录。

（3）员工定期工作总结及日常汇报材料。

（4）同一团队成员的评价意见或证明材料。

（5）相关部门或个人的反馈意见或证明材料。

（6）主管与员工沟通过程中积累的有关信息。

第十七条　不论是月度考核、期终评议还是综合评定，其考核结果都包括评语和等级（A、B、C、D）两部分。

第十八条　考核等级（A、B、C、D）的定义如下。

A：杰出。相对于试用期员工而言，各方面都表现突出，尤其是工作绩效方面，远远超出对试用期员工的要求。

B：良好。各方面超过对试用期员工的目标要求。

C：合格。达到或基本达到对试用期员工的基本要求。

D：不合格。达不到对试用期员工的基本要求。

第十九条　综合月度考核和期终评议结果决定员工的转正（提前转正、正常转正、延期转正）、定级与辞退。

（1）试用期员工连续两月得“D”者，原则上取消试用资格，不再参加期终评议。

（2）连续两月得“A”，且业绩突出者，可由部门安排，提前参加期终评议。评议“杰出”者，由部门提出申请，报人力资源部批准后，原则上可给予提前转正定级。

（3）其他情况原则上要求参加试用期结束时的期终评议。根据期终评议和月度考核两个方面成绩决定其转正定级。

第二十条　试用期员工的转正除第十九条规定的提前转正、提前辞退外，其他主要看其综合评定结果。

（1）综合评定为“D”者，原则上取消试用资格，说明情况后公司不再试用。

（2）综合评定为“C”者，根据实际情况，给予正常转正或延期转正。延期转正者根据时限内的工作表现进行重新评价，评价内容及程序同上述相关条例。

（3）综合评定为“A”“B”者，公司给予正常转正。

第二十一条　试用期员工的职位及薪酬级别的决定主要依据对其任职资格的评定结果，参照公司职位说明书、职位及薪酬等级对应表，及相应的任职资格标准及管理办法。

第六章　附　　则

第二十二条　本暂行办法的解释、修订和废止权归人力资源管理部。

第二十三条　本办法自签发之日起开始生效。

第二十四条　各部门可在本办法的原则范围内进行细化，并组织实施。

▲员工考评制度

第一条　考评的原则。

（1）公司各部门应把考评工作作为一项常规工作来抓，每个季度进行一次，并协同人事部做好对员工的考评，使之制度化、程序化、合理化。

（2）在考评前应认真做好准备，对员工的工作表现要有充分的了解，收集其自上次考评以来的工作表现记录，包括出勤情况、奖惩记录、直属主管的日常反映等，确保考评结果的准确性。

（3）常用的考评方式是考评者与被考评员工直接面谈交换意见。面谈应选择一个不受外界干扰的安静环境，使考评双方能在宽松而宁静的气氛中坦诚交谈，以提高考评效率。

（4）在客观公正的考评基础上，根据每一员工的业绩与表现，将其考评的结果与对员工的合理使用和相应的报酬待遇结合起来，以提高工作效率，调动员工的积极性。

（5）考评者工作要认真、仔细，实事求是，确保考评工作的公平性和客观性。

第二条　考评的内容。

（1）态度。主要指员工的事业心与工作态度，包括其遵守纪律、出勤情况、工作的主动性与积极性等。

（2）素质。包括员工是否有上进心，是否忠于本职工作及其可信赖程度，还包括纪律性、职业道德、个人卫生与仪容、仪表等。

（3）能力。根据员工的不同职别层次，对其业务能力、管理能力、工作能力作分类考评。

（4）绩效。主要考评员工对公司的贡献与完成工作任务的数量及质量方面的情况。

第三条　考评的方法。

（1）上、下级面谈。上级领导通过直接面谈方式对其属下员工进行考评。

（2）对象比较。由被考评员工的直属上司执行，对被考评的一组员工，按照工作要求的标准，相互比较，然后采用评分或评语方式，对被考评员工工作表现进行评价。

（3）班组评议。由所在部门的同事有组织、有准备地讨论评议。班组评议由班组长或领班负责召集并汇集评议结论。考评标准或提纲由人事部和员工所在部门制定。班组评议结论须经本人阅读并签字后方可生效。

（4）个人鉴定。由被考评员工对本人的工作表现，参照公司人事部门和所在业务部门所规定的工作标准，以书面形式作自我总结。

▲员工能力考核规程

第一条　能力评价。

能力评价分为实务能力评价与测验、考试。

第二条　实务能力评价、实施期。

实务能力评价每年一次，即上年的3月1日至本年的2月28日。在这期间，对被考核者通过工作及成果所反映出来的能力进行评价。

第三条　评价者与调整者。

（1）实务能力评价，按照一次评价、二次评价和调整的顺序进行，评价者与调整者如下表所规定。

评价者与调整者人员表

被评价者	一次评价者	二次评价者	调整者
普通工人，中层管理一级、二级（除班长）	股长	科长	部长
中层管理二级班长、三级、四级（除科长）	科长	—	部长
中层管理四级科长、五级、高层管理一级、二级（除部长）	部长	—	—

（2）在一次评价与二次评价为同一人时，二次评价省略。

第四条　实务能力评价实施细则。

实务能力实施细则以及实施要领另作规定。

第五条　实务能力评价的档次决定。

（1）实务能力评价的档次决定，根据评分以及全员的整体水平决定。

（2）实务能力评价的档次决定者规定如下表。

档次决定者人员表

被评价者	档次决定者
普通工人	事业部人事科科长
中层管理一级、二级（除班长）	人事部人事科科长
中层管理二级、三级、四级（除科长）	人事部部长
中层管理四级、五级，高层管理一级、二级（除部长）	人事董事

第六条　实务能力评价档次。

实务能力评价档次分为5档，规定如下：

（1）极优秀；

（2）优秀；

（3）良好；

（4）中；

（5）差。

第七条　测验与考试。

测验与考试，是本公司特殊的能力考评方法。

第八条　种类。

按照职务工种的要求，以及考核对象的具体情况，采用公认的方法进行测验和考试，具体方法的种类如下：

（1）笔试（普通工人三级以下）；

（2）专题报告（普通工人）；

（3）专题论文以及面试（中层管理二级以下）。

第九条　测验与考试的实施期。

测验与考试的实施期一年一次。具体实施细则届时公布。

第十条　特殊职务。

警卫、驾驶员以及医务工作者，不参加能力评价。

▲试用及报到制度

第一条　新聘用人员应试用合格才录用，试用期为3个月，期满合格者方予录用为正式员工。

第二条　员工在试用期内品行和能力欠佳不适合工作者，可根据《中华人民共和国劳动合同法》相关规定执行。

第三条　员工录用前应办理报到手续，并按规定时间上班。

（1）填写个人履历表；

（2）交登记照片5张；

（3）交身份证复印件1份；

（4）交学历证明复印件1张。

▲招聘员工体检规定

第一条　目的。

招聘新员工时，依据本规定进行体检，以为企业聘用身体健康的员工，同时为以后的企业内部健康管理打下基础。

第二条　原则。

健康的体魄，是新员工承担以后繁忙工作的前提条件。所以，对应聘者的体验必须严格认真。

第三条　体检项目。

体检项目一般应包括：身高、体重、耳鼻、视力、血压、肝功、心电、胸透、内外科等。

第四条　健康体检表。

依据体检结果，要填制健康体检表。由企业有关部门存档。

第五条　健康评价。

依据体检结果，对应聘者的健康状况分四类：

（1）健壮；

（2）健康；

（3）应注意健康；

（4）体弱多病；

其中 1、2 类为合格者，3、4 类为不合格者。上述评价的唯一作出者是企业承认的体检医生。

▲管理人员任用考试操作要点

第一条　企划部门。

（1）询问作为管理者应如何展开工作？以此考察应考者的工作能力。

（2）对下级和对上级在管理方法上有何区别？

（3）在经营管理过程中，企划部门的地位、作用和职权范围是什么？

（4）企业经营方针的主要内容是什么，如何制定？如何判断企业经营方针正确与否？

（5）如何改善企业的经营管理，企业企划与经营管理的关系如何？

（6）企业经营管理的组织机构如何设置，如何使之合理化？

（7）企业规章制度的地位及重要性。制定和修订规章制度应注意的问题。

（8）业务管理制度与财务管理制度的关系。

（9）企业内部培训教育工作应如何开展？

（10）在经营管理过程中，不可缺少的会议及组织方法。

（11）在自己提出的建议遭到否决时，应如何处理？

第二条　业务部门。

（1）作为业务部门的管理者，应如何开展工作，发挥自己的作用？

（2）对下级和对上级应分别采用怎样的管理方法？

（3）在经营管理过程中，业务部门的地位、作用和职权范围。

（4）在起草对外联系文书时，应注意什么问题？

（5）文书及业务文件的处理程序与方法。

（6）业务工作的分类、内容及处理方法。

（7）经营管理中必需的业务日报和月报有哪些？

（8）从企业内部和外部收集信息的渠道与主要方法有哪些？

（9）固定资产的内容和分类有哪些，其管理要点有哪些？

（10）股份制企业的运行方式与管理方法。

（11）业务部门的人员构成及分工如何？

第三条　人事部门。

（1）作为人事部门的管理者，应如何开展工作，发挥自己的作用？

（2）对下级和上级应分别采用怎样的管理方法？

（3）在经营管理中，人事部门所处的地位、作用和职权范围。

（4）企业从社会吸引、招聘人才的主要渠道及办法。

（5）在招聘录用人员过程中，最重要的环节是什么？

（6）对原有员工和新员工的管理、指导和教育培训的目的有何不同，各自应采用什么方法？

（7）对员工考勤管理的作用何在，具体方法有哪些？

（8）工资制度主要种类有哪些，各自有什么优缺点？

（9）人事考核的主要方法有哪几种，你认为本企业应采用哪种方法？

（10）解聘员工应采取什么方式？

（11）企业的生活福利制度主要有几种，各自有什么优点和弊病？

（12）什么是社会保险，其具体操作方法是什么？

第四条　销售部门。

（1）作为销售部门的管理者，应如何开展工作，发挥自己的作用？

（2）对下级和上级应分别采用怎样的管理方法？

（3）在经营管理过程中，销售部门的地位和作用是什么？

（4）什么是销售计划，它与生产计划的关系是什么？如何使销售活动正常化？

（5）举例说明销售部门与商业机构的相互关系。

（6）如何制订销售额计划，其具体方法有哪些？

(7) 什么是销售统计，具体指标有哪些?
(8) 销售活动中最应该注意的问题有哪些?
(9) 如何进行销售活动管理?
(10) 如何进行促销活动，其主要方法有哪些? 举例说明。
(11) 如何进行广告促销活动。
(12) 当销货款被拖欠时，应采取什么方法收回货款?

第五条 采购与仓储部门。

(1) 作为采购与仓储部门的管理人员，应如何开展工作，发挥自己的作用?
(2) 对下级和上级在管理方法上有何不同?
(3) 在企业经营管理过程中，采购与仓储部门的地位和作用是什么?
(4) 采购的目的和任务是什么?
(5) 采购活动的一般流程是什么?
(6) 如何进行生产资料市场调查，常用方法有哪些?
(7) 采购活动中需要重点注意的问题有哪些?
(8) 如何使采购、仓储和生产过程紧密衔接?
(9) 原材料订货有哪些优点和弊病。在管理上应注意哪些问题?
(10) 最合理的原材料、半成品和成品的保管方式是什么?
(11) 合理库存的含义是什么，怎样实现合理库存?
(12) 如何提高采购和仓储效率?

第六条 管理部门。

(1) 作为管理部门的管理人员，应如何展开工作，发挥自己的作用?
(2) 对下级和上级在管理方法上有什么区别?
(3) 在经营管理过程中，管理部门的地位和作用是什么?
(4) 筹措奖金平衡表，如何编制?
(5) 什么是奖金平衡表，如何编制?
(6) 你认为本企业成本核算正确与否? 并陈述理由。
(7) 简述从账目往来到决算的主要过程。
(8) 节减经费开支的主要措施。
(9) 会计核算与管理的主要功能。
(10) 折旧的主要方式有哪些，如何加速折旧?
(11) 什么是盈亏分界点，其利用价值何在?
(12) 企业税务管理的主要目标是什么?

第七条 生产部门。

(1) 作为生产部门的管理者，应如何开展工作，如何发挥自己的作用?
(2) 对下级和上级在管理方法上有何区别?

（3）如何制订生产计划？
（4）生产管理的主要方法有哪些？
（5）怎样加强对生产工人的教育与管理？
（6）如何提高生产者的生产效率？
（7）什么是可行性分析和项目承包责任制？
（8）如何保证生产的均衡性和连续性？
（9）如何提高生产设备的利用率？
（10）生产超额奖的利弊、确定和支付方法。
第八条　技术部门。
（1）作为技术部门的管理者，应依据什么原则开展工作？
（2）对下级和上级在管理方法上有何不同？
（3）在经营管理过程中，技术部门的地位和作用是什么？
（4）在新产品开发、老产品更新过程中应注意的问题？
（5）在机器设备改造、生产工具改善过程中应注意什么问题？
（6）如何建立技术档案？
（7）如何采用新材料和新能源？
（8）技术部门在技术研究、开发和利用及引进先进技术方面应做好哪些工作？
（9）采用什么方法对生产人员进行技术指导最有效？
（10）技术部门对提高产品质量的作用有哪些？
（11）技术部门与生产车间和销售部门的相互关系是什么？
（12）如何调动技术人员的积极性？

▲技术管理人员任用规定

第一条　目的。
本规定适用于由社会聘用技术管理人员，旨在为企业选择更好的技术管理人才。
第二条　原则。
对技术管理人员的聘用，原则上依据增员计划进行。
第三条　聘用标准。
对技术管理人员的选聘主要考虑学历、年龄和知识水平等因素。
学历要求一般为大学以上或同等学力者。年龄原则上应在30岁以上。
知识水平包括：
（1）基础知识。其基本要求是：具备大学理工科应具备的基础知识；具有与本企业生产技术特点相应的技术知识；对本企业的生产设备、生产过程、工艺流程等有清楚的理解。

（2）具有相当大学程度的应用学历、电子、机械、建筑工程等专业知识，具体包括：材料学、结构学、机械设计、电气工程、建筑学等，以及与此相适应的有关专业知识。

（3）计划学知识，包括能够制订工程预算、工程进度计划、技术开发与改造计划等。

（4）研究开发能力。能够从事新产品的开发、技术改造、改造生产流程，提高生产技术管理水平。能够熟练设计产品说明书、工作原理图，能够独立购置和验收机械设备。

第四条　个人资料提出。

应聘技术管理人员者，应提交下列个人资料：

（1）任职调查表；

（2）履历表；

（3）照片；

（4）技术资格证明；

（5）家庭与社会关系表；

（6）学习成绩单；

（7）身份证明；

（8）任职业绩表。

第五条　推荐信。

要由推荐者提交推荐信，详述推荐理由。

▲新进员工面试聘用办法

第一条　招聘新进员工，应以人事计划及各部门的实际需要为依据。各部门如有职务空缺或需要增加人员时，须先行提交人员需求申请及人员增补申请表，属于新设职务者，还应同时提交工作说明书，呈总经理核准后，由人事部办理。

第二条　人事部选择适当时机登报招聘，在应聘人员通过初审后，寄出人员增补申请表和面试通知。应聘人员应持填妥之人员增补申请表，按时前来参加面试。

第三条　面试由申请进人部门的主管、特聘专家及人事部职员进行，申请进人部门主管为主试。面谈时应尽量利用人员增补申请表所包含的内容进行发问。面谈完毕时，主试人应立即将评语及所得印象记录在面谈记录表上。

第四条　专业考试的命题及阅卷工作由用人单位担任，考试行政事务由人事部担任。

第五条　专业考试及面试合格与否应由用人单位决定。人事部对考试合格者，应对其人事档案加以调查，以了解其过去就学、工作情况及行为表现。

第六条　人事部将利用新进员工考试成绩记录——记录专业考试、面谈评定等成绩及个人档案资料，供用人单位决定录取与否。应聘人一经决定录取，即成为本公司新进员工储备人员。人事部应将此消息立即通知录取人。

第七条　专业考试及面谈的标准录取分数均不得低于60分。另外，还应参加有关部门组织的心理测验，测验结果供用人单位录取时参考。

▲新进人员试用制度

第一条　新进人员试用期根据《中华人民共和国劳动合同法》相关规定执行，届满前一周由人事单位提供《考核表》，分甲（管理人员）、乙（一般人员）两种，并登记被考核人试用期间出勤资料，依人事权限划分表顺序，逐级考核。

第二条　人事单位根据考核表发给《试用期满通知》。

第三条　人事单位发出《试用期满通知》后，依不同的批示，分别办理下列事项：

（1）试用不合格者，另发给通知单。

（2）调（升）职者，由人事单位办理调（升）职。

（3）薪资变更者，由人事单位填制《薪资通知单》办理调薪。

（4）前务办理完毕后，《考核表》应归入个人资料袋中。

（5）新进人员在试用期内，表现不合要求，单位主管认为有必要停止试用时，可按《中华人民共和国劳动合同法》规定立即提前办理考核，并签人事变动申请单，报请权限主管核定停止试用。

▲员工考勤管理规定

第一条　为加强公司员工考勤管理，特制定本规定。

第二条　本规定适用于公司总部，各下属全资或控股企业参照执行或另行规定，各企业自定的考勤管理规定须由总公司规范化管理委员会审核签发。

第三条　员工正常工作时间为上午8：30至12：00，下午1：30至5：00，每周六、日不上班，因季节变化需调整工作时间时由总裁办公室另行通知。

第四条　公司员工一律实行上下班打卡登记制度。

第五条　所有员工上下班均须亲自打卡，任何人不得代理他人或由他人代理打卡，违反此条规定者，代理人和被代理人均给予记过一次的处分。

第六条　公司每天安排人员监督员工上下班打卡，并负责将员工出勤情况报告值班领导，由值班领导报至劳资部，劳资部据此核发全勤奖金及填报员工考核表。

第七条　所有人员须先到公司打卡报到后，方能外出办理各项业务。特殊情况须经主管领导签卡批准，不办理批准手续者，按迟到或旷工处理。

第八条　上班时间开始后5分钟至30分钟内到班者，按迟到论处，超过30分钟以上者，按旷工半日论处。提前30分钟以内下班者按早退论处，超过30分钟者按旷工半日论处。

第九条　员工外出办理业务前须向本部门负责人（或其授权人）申明外出原因及返回公司时间，否则按外出办私事处理。

第十条　上班时间外出办私事者，一经发现，即扣除当月全勤奖，并给予警告一次的处分。

第十一条　员工一个月内迟到、早退累计达3次者扣发全勤奖50%，达5次者扣发全勤奖100%，并给予一次警告处分。

第十二条　员工无故旷工半日者，扣发当月全勤奖，并给予一次警告处分，每月累计3天旷工者，扣除当月工资，并给予记过一次处分，当月无故旷工达15天以上者，给予除名处理。

第十三条　员工因公出差，须事先填写出差登记表，副经理以下人员由部门经理批准；各部门经理出差由主管领导批准；高层管理人员出差须报经总裁或董事长批准，工作紧急无法向总裁或董事长请假时，须在董事长秘书室备案，到达出差地后应及时与公司取得联系。出差人员应于出差前先办理出差登记手续并交至劳动工资部备案。凡过期或未填写出差登记表者不再补发全勤奖，不予报销出差费用，特殊情况须报总经理审批。

第十四条　当月全勤者，获得全勤奖金200元。

▲部门经理考勤管理制度

第一条　部门经理和副经理须按企业规定的上班时间提前到岗，总经理办公室负责考勤。

第二条　因病、因事不能上班者，提前到总经理办公室请假并说明原因，或事前打电话，办公室记录备案。

第三条　因公外出，事前通知总经理办公室，并说明外出原因，记录在案。

第四条　因病、因事、因公不到岗又未及时说明者，按旷工处理。

第五条　总经理办公室严格统计考勤，每月及时上报总经理。

第六条　部门经理考勤情况将作为考评及工作绩效的依据之一。

▲考勤员工作制度

第一条　随着考勤系统操作权限的分散及考勤工作流程的变更，考勤员的工作职责将随之作相应调整。考勤员的工作从原来的面向人力资源管理部改为直接面向各系统，主要从事公司的组织结构管理、时间管理及部分人员基本信息的维护。

第二条　组织结构管理。

（1）保证系统中的部门组织结构与实际情况一致，确保部门隶属关系与部门名称的准确性。

（2）及时反馈系统中部门组织结构的变更信息。

（3）有关部门组织结构的变更，包括：部门增减合并、隶属关系变更、名称变更等，应随时以管理部（或一级部门）联络单的形式在5个工作日内将变更信息反馈至人力资源管理部。同时应注明发生变更的部门人员归属情况。

第三条　时间管理。

（1）对公司员工的考勤状况进行有效管理，为相关部门提供有借鉴意义的统计数据，辅助人事管理。

（2）监督员工严格执行公司相关的考勤管理制度，及时、准确地维护系统考勤数据，使其真实反映员工的考勤状况。

①考勤数据的审核与及时录入。对本部门员工忘记刷卡、外出公干、请假、销假、加班原始数据进行及时审核和录入。在条件允许的情况下，外出公干、请假及加班的原始数据可通过相应的电子流直接录入系统。考勤数据的录入，应在有效单据到达后2个工作日内完成。

②考勤异常情况的处理。人力资源部每天定时在SAP系统中处理员工的考勤记录，各部门考勤员应每天定时查询1次，并跟踪异常情况的原因，在2个工作日内完成对异常情况的处理。

③负责对公司考勤管理制度的宣传与咨询，受理部门员工考勤状况查询。

④有驻外机构（办事处、研究所等）的部门，应在每月第3个工作日上报驻外机构人员的考勤报表及加（值）班汇总表。

第四条　人员基本信息维护。

（1）确保系统中相关人员基本信息的准确性。

（2）及时维护系统中人员的班次、上班地点、职类、职位及职位代码信息。

（3）对于本部门人员的班次、上班地点、职类、职位及职位代码信息的变更，应随时跟踪并在变更发生后3个工作日内在系统中作相应调整。

▲工作考勤制度

严格考勤制度是强化管理、提高工时利用率、考核劳动效率的重要措施，是计发员工工资、奖金等的重要依据。

第一条　考勤工作组织与程序。

（1）考勤管理由企业人事部负责，各部门要选派认真负责、公正无私的人员担任考勤员，并将名单报人事部备案。

(2) 考勤员负责逐日如实记录本班组员工到岗、离岗时间和休假时间。月底填写考勤汇总表（各种假条核准附后，并附本月班次情况），经部门经理审核签署后送人事部。

(3) 员工加班必须由部门经理提前向人事部提出申请，经批准后方可按加班处理。月底考勤员应填写加班表，连同考勤一起上报人事部。质检办根据部门上报的加班申请、员工打卡记录及加班表逐一核对后方可生效。

(4) 人事部负责员工考勤、汇总工作，并有权随时对各部门确认考勤情况进行检查。

(5) 考勤员工作应认真负责，一丝不苟，凡漏报、谎报、错报，一经查出，扣减考勤员当月浮动工资的20%，部门经理扣减30%。

第二条　工作时间和公休假。

(1) 实行每周40小时，每天8小时工作制。

(2) 上、下班时间以钟卡为准，上班必须提前10分钟打卡，下班必须推迟10分钟之后打卡，特别情况以部门签到考勤为准。

(3) 法定节假日期间根据国家的规定安排休假。

第三条　员工打卡制度。

(1) 打卡机由保安部全权管理、监督、检查。

(2) 打卡机按要求固定位置，任何人无权擅自挪动或拆卸。

(3) 每日员工上、下班时均须打卡。

(4) 保安人员认真检查、监督，发现作弊行为，托人打卡或代人打卡，一律严肃处理。

(5) 因公外出不能回岗，由主管经理盖章证明。

(6) 不管何种原因丢失工卡，须立即补领新卡。

▲员工迟到早退及请假制度

第一条　员工迟到早退制度。

(1) 逾上、下午上班时间到班在半小时以内的，即视为迟到一次。

(2) 到班时间在上、下午上班时间后半小时以上的，即视为请假半天，应即补办请假手续，并照常上班工作。

(3) 在工作时间内因业务上的需要而离开工作场所或早退外出时，应事先报请直属主管核准。如是因私事而离开工作场所，或早退外出时，应办理请假手续。

(4) 因天灾、人祸或其他人力不可抗拒的情况而迟到，经提出报告且查明确实者，或报经核准后而早退的，将免按迟到早退计算。

第二条　员工请假制度。

（1）员工因私事或疾病而请假时，应依规定觅妥经办事务代理人并填写请假单，于事先报请主管核准。

（2）病假及3日以下的事假应由各部门经理核准，3日以上事假应由各部门经理核转总经理室核准。

（3）请病假时，应随同请假单附医师诊断书。诊断书逾期时应即补交新诊断书。公司认为必要时，并得指定医师重新开具诊断书。

（4）员工请假，除因病及遇有人力不可抗拒造成无法上班，不能先行报准的，得于事后补办请假手续外，其余非经核准不得先行离开工作岗位，否则以旷职论。虽经请假但假满后仍未到岗且未续假的，亦以旷职论处。

（5）员工请假期间内如遇有公休日或节假日不得扣除计算。

▲员工牌、工作证管理制度

第一条　公属的员工牌、工作证按部门分号，各部门的排号以本公司的机构设置为序，由人事部统一编排造册发放。

第二条　员工牌、工作证上面应有本人正面彩色免冠照片，加盖公司公章，上面注明其本人姓名、所属部门、职位、入职日期、员工号等。

第三条　工作证编号由人事部编排，向员工收发时应做好登记。

第四条　工牌号码由总经理室、人事部、保安部、本部门各保存一份。

第五条　员工应保管好员工牌和工作证，不得和其他人交换使用，不得在上面乱涂乱画。

第六条　员工牌、工作证若有遗失，应及时向人事部反映，并及时补办。

第七条　员工调动或离开公司时将工作证交回人事部。

▲从业人员出勤规定

第一条　公司依人事管理规章的规定并参考公司业务上所需的工作时间，对从业人员所应遵循的出勤时间规定如下。

（1）总公司从业人员：

星期一至星期五从上午8：30到12：00，下午1：00到5：30。

（2）工厂厂部从业人员：

①星期一至星期五从上午7：30到12：00，下午1：00到4：30。

②星期六采取轮休制，其工作时间与前项规定相同。

（3）特殊勤务人员

①警卫、临时聘用的人员、计时人员等的出勤时间，由各所属部门主管人员视其业务需要个别制定，并送交人事科备查。

②其他从事特殊职务的专职人员的出勤时间，应视工作上的需要由人事科另行制定。若因业务上需要不得不延长其工作时间，则须依规定给付超时勤务津贴。

第二条　缺勤扣除。各部门从业人员应依公司所规定的勤务时间上下班，若有违反下列规定者，则须从工资中扣除其缺勤额。

（1）迟到、早退、私自外出。迟到、早退或在规定勤务时间私自外出在 30 分钟以内者，则视为缺勤一次并列入出勤考绩范围内。

（2）病假。员工因病请假而缺勤时，须提交医院证明（请假在 1 日以内则免扣），并按实际缺勤日数的总和，根据日工资额减半扣除。

（3）事假。员工因私人事由不得不亲自处理时，应事前请假，请假员工应在事先将工作妥善交接后再办请假手续。如遇突发事情或急病，须委托他人或电话口头请假，事后补办手续并视实际缺勤日数金额扣除。

第三条　因业务工作负伤或疾病而缺勤时，应于 1 周内提交医院证明，执行国家相关的规定。

第四条　下列特别休假时，工资仍照常给付。

（1）婚假、丧假。

（2）年度带薪休假。

（3）行使公民权时。

（4）公司例会时。

（5）星期例假日。

（6）法定休假日。

（7）女性员工的产假。

（8）休假日加班后补休。

（9）公假。

第五条　执行轮班制工作的员工的休假，由各部门主管人员编排后，交由人事科建档管理。

▲薪酬管理办法

第一条　本企业从业人员的薪酬，实行职务给予制，按其所派任职位、职务的繁简及责任的轻重，给予不同职等的薪酬。

第二条　本企业从业人员薪酬，分为 6 个职等，每个职等分为 16 ~ 24 薪级。外务人员、营业主任薪酬办法另定。

第三条　薪酬的薪点，本企业得在适当期内，予以调整。

第四条　新派任各等职位人员，原则上均自所派任职位的职等第一薪级起薪，但有下列情形之一者，将提高其薪级 1 ~2 级。

（1）其所具工作经验，已超过该等所需专业工作 3 年以上。

（2）所具能力特别优异，具为本公司所需的人才。

第五条　各职位派任的资格，应符合于该职位“最低资格条件”的规定。其因工作需要，致派任者的资格，未能完全符合规定者，应予权任。权任期中，支给职位最低职等低一等薪酬。权任以 1 年为原则，权任期满成绩合于工作要求者，可免除权任，并改支该职位职等的薪酬。

第六条　由低职等职位，调任高职等职位工作，应改支所调任职位职等的第一薪级，如原支薪酬，已超过调任职位职等的第一薪级，可改支较原支薪点一级的薪级。

第七条　由高职等职位，调任低职等职位工作，应改支该低职等与原支薪点最接近的薪级。

第八条　本企业每年终得视盈利状况，经董事会核定，发给从业人员特别奖金。

第九条　本办法经董事会通过后施行，修正时亦同。

▲从业人员奖惩制度

第一条　从业人员之奖励，分为嘉奖、记功、奖金及升迁或晋级四种，其处理范围如下。

（1）有下列情况之一者，应予嘉奖：

①品德良好，足为同人表率，有具体事迹的；

②其他有利于本公司或公众利益之行为，且有证明者。

（2）有下列情况之一者，视情节轻重应予记功或记大功：

①细心维护公司财物及设备，致节省费用有显著成效者；

②担任临时重要任务，能如期完成，并达到预期目标者；

③及时制止了重大意外事件或变故的发生者。

（3）有下列情况之一者，应发给奖金：

①对业务、维护或管理有重大改善，因而提高质量或降低成本者；

②对公司设备维护得宜或抢修工作提早完成，因而增加效益者；

③对业务、维护或管理之方法作重大改革之建议或发明，经采纳施行而成效显著者；

④对采购销售、会计处理、财物调度、人力运用等方法有重大改善，因而降低

成本或增加收入可明确计算其价值者；

⑤对天灾、人祸或有害于公司利益之事件，能奋勇救护或预先防止，使公司免受损失有事实为证者。

以上奖金之数额，应视实际贡献之价值决定。

（4）有下列情况之一者，应予升迁或晋级：

①一年内曾记功两次以上者；

②对本身主管业务表现出卓越的才能，品德优良，服务成绩特优，且有具体事迹足以为证者；

③工作上有特殊功绩，使公司增加收益或减少损失者。

以上晋级可视实际情况晋升 1～2 级。但其薪级已达本等最高级者，可改发相当级数薪水之全年份奖金。

第二条　从业人员之惩戒，分为警告、记过、降级及免职四种，其处理范围如下。

（1）有下列情况之一且有具体事证者，应予警告。

①携带不必要物品入厂者。

②未经准许擅带外人入厂参观者。

③擅用他人经管之工具及设备者。

④拒绝警卫检查其携带之物品者。

⑤涂写墙壁、机械用具有碍观瞻者。

⑥携带家属小孩在工作场所有碍秩序者。

（2）有下列情况之一者，视情节轻重应予记过或记大过处分。

①未经准假而擅离工作岗位者。

②无正当理由，延误公事致公司蒙受损失者。

③对上级主管之命令，有不同意见，未予说明，或虽经陈述，未被采纳，而擅自违抗指挥者。

④行为不检，有损公司声誉者。

⑤指挥不当或监督不力，导致部下发生重大错误，使公司蒙受损失者。

⑥在工作场所喧哗、发生口角者。

⑦故意涂改、丢失计时卡者。

⑧对同事有胁迫、恫吓及欺骗行为者。

⑨在工作时间瞌睡者。

⑩在公司易燃场所吸烟者。

（3）有下列情况之一者，应予降级。

①在公司或工厂内酗酒滋事，妨害秩序者。

②向外泄露公司商业机密者。

③在工作时间内偷懒睡觉者。

④对上级主管不满，不通过正当渠道陈述己见或提供建议，而任意谩骂者。

⑤对本身职务不能胜任者。

⑥一年内记过两次者。

以上降级，应视各款实际情况降1～2级，无等级可降者，应予降等改任。

（4）有下列事情之一者，应予免职。

①无故连续旷工至3日以上，或一月内无故旷工累计达6日以上者。

②未经许可，擅自在外兼职，或参加经营与公司业务有关之事业者。

③胁迫上级主管，或蓄意违抗合理指挥，或打骂侮辱主管行为情节重大者。

④利用公司名义，在外招摇撞骗者。

⑤利用职权营私舞弊者。

⑥未按照规定或指示，擅自改变工作方法，致使发生错误，使公司蒙受损失者。

⑦故意损坏公司财物者。

⑧有偷窃行为，经查明属实者。

⑨在公司内赌博或有伤风化的行为者。

⑩携带武器、凶器或违禁品前来公司者。

⑪在公司内打人或互相打骂者。

⑫散播有损本公司之谣言，而妨害工作秩序者。

⑬因故意或过失之行为，而引起灾害者。

⑭触犯刑律，经判有期徒刑确定者。

⑮一年内记过三次者。

第三条 从业人员之奖惩事项，由各部门主管列举事实，逐级核定，除嘉奖、记功、警告、记过由各部门经理核定外，其余均须呈请总经理核定。

第四条 其他未经列举而应予奖励或惩戒事项，可视情节轻重分别予以奖惩。

第五条 从业人员奖惩可累计，以嘉奖三次作为记功一次，记功三次作为记大功一次，警告三次作为记过一次，记过三次作为记大过一次，同一年度功过可以互相抵消，以嘉奖抵警告，记功抵记过，记大功抵记大过。

▲员工培训制度

第一条 员工培训的原则。

（1）理论与实际相结合。在搞好员工专业技能等实践方面的培训后，不能忽视对其提高理论水平培训。

（2）因人而异，因材施教。

（3）近期目标与长远目标相结合。

第二条 培训目的。

（1）提高员工队伍素质和企业管理水平。

（2）挖掘企业潜力，提高经济效益。

第三条 组织领导与任务。

在党委、总经理室领导下，劳动人事部负责具体员工培训工作的实施。

其培训任务为：

（1）各类专业技术人员业务培训教育的组织与考核；

（2）各级行政管理人员培训教育与考核；

（3）新员工岗前培训教育与考核；

（4）干部任职前的培训教育与考核；

（5）特殊专业外出学习、取证工作管理；

（6）其他临时性培训任务。

第四条 培训内容。

（1）政策、法规教育；

（2）专业技术理论、知识技能和本岗实际操作教育；

（3）管理理论、知识、工作方法及相关的业务知识教育；

（4）其他专项教育内容。

第五条 培训方式。

（1）长期脱产培训（3个月以上）；

（2）短期脱产培训；

（3）业余培训。

第六条 审批程序。

（1）本企业原则上严格控制长期脱产培训人员，若确实因工作需要，必须填写外出培训审批表，经主管经理同意批准，劳动人事部备案。

（2）主要是用于上岗前的短期脱产培训，由劳动人事部与主管经理协商后实施。

（3）业余学历培训，企业不负担各项支出。培训人员须在劳动人事部备案。

第七条 培训期间的待遇。

（1）长期脱产培训人员的学费由企业负担，其工资、福利不变。学习期间不享受奖金。

（2）短期脱产培训人员的待遇和在职员工一样。

（3）没有经批准利用工作时间外出学习的人员，一律按旷工处理。

第八条 培训档案与合格证书。

（1）劳动人事部建立员工培训档案，为员工的晋升、使用提供参考依据。

（2）劳动人事部对参加培训人员，经考核合格者发放证书，不合格按企业劳动管理的有关制度执行。

▲培训中心管理办法

第一条　凡经企业培训中心培训的新进及在职员工均应遵守本管理办法。

第二条　本企业员工接获培训通知时，应准时报到。逾时以旷职论，因公而持有证明者除外。

第三条　受训期间不得随意请假，如确因公请假，须提出其单位主管的证明，否则以旷职论。

第四条　上课期间迟到、早退依下列规定办理，因公持有证明者除外。

（1）迟到、早退达 4 次者，以旷职半日论。

（2）迟到、早退达 4 次以上 8 次以下者，以旷职 1 日论。

第五条　受训期间以在训练中心食宿为原则，但因情况特殊经培训中心核准者不在此限。

第六条　受训学员晚上 10 时以前应归宿，未按时归宿者，以旷职半日论。

第七条　培训中心环境应随时保持整洁，并由公推的班长指派值日员负责维持。

第八条　培训中心寝室内严禁吸烟、饮酒、赌博、喧闹。

第九条　上课时间禁止会客或接听电话，但紧急事故除外。

会客时间定为：

（1）休息时间　12：00～14：00。

（2）休息时间　17：00～20：00。

第十条　本办法由培训中心依实际需要制定。

▲员工培训制度

第一条　本公司为陶冶员工品德，提高其素质及工作效率，举办各种教育培训，被指定参训员工，除有特殊原因外，不得拒绝参加。

第二条　员工培训分为职前培训、在职培训和专业培训三种。

（1）职前培训：新进人员应实施职前培训，由人事部门统筹办理，内容为：

①公司简介及人事管理规则的讲解。

②业务特性、机器性能、作业规定及工作要求说明。

③指定资深及专业人员辅导作业。

（2）在职培训：员工应不断研究学习本职技能、相互砥砺；各级主管尤应相机施教，以求精进。

(3) 专业培训：视生产或业务需要，推选优秀干部至各职业培训机构相关班次，接受专业培训，或邀请专家学者来本公司作系列专题演讲，以增进其本职学术技能，以利于任务的完成。

▲员工离职处理细则

第一条 本办法是依据人事管理规则的规定订立。

第二条 本公司员工被解职或调职时应办理移交，除另有规定外均依本办法办理。

第三条 本公司员工的移交分下列级别。

(1) 主管人员：是指部经理、室主任、科（股长）。

(2) 经管人员：是指直接经管某种财务或某种事务的人员。

第四条 移交事项规定如下。

(1) 造具移交清册或报告书（格式另订）。

(2) 交还所领用或保管的公用物品（簿册、书类、图表、文具、印章、轮锁等）。

(3) 应办未办及已办未结案应交代清楚。

(4) 其他应专案移交事项。

第五条 主管人员的移交清册应由各该层次人员或经管人员编造，经管人员移交清册应自行编造，并均由各有关人员加盖印章，做成三份，一份送人事科，另两份分别由移交人和接管人留存。

第六条 移交清册应合订一册，移交人、接管人、监交人应分别签名盖章，监交人在科由主管科长办理，部科长以上人员由经理办理，经理、协理由副总经理或派专人办理。

第七条 各级人员移交应亲自办理，倘是调任或重病或其他特别原因不能亲自办理时可委托有关人员代为办理，对所有一切责任仍由原移交人员负责。

第八条 前任人员在规定或核准移交期限届满，未将移交表册送齐，致使后任无法接收或短交遗漏事项经通知仍不依限期补交者，应由后任会同监交人员呈报以逾期不移交或移交不清论，徇情不报的，应予论处。

第九条 后任核对或盘查交案，发现亏短舞弊时应会同监交人员或单独报上级主管，倘有隐匿，除予议处外，应与前任负连带赔偿的责任。

第十条 本办法经董事长核准后施行，修改时亦同。

▲员工辞职管理制度

第一条 为加强本公司劳动纪律，提高员工队伍素质，增强公司活力，促进本公司的发展，特制定本规定。

第二条　公司对违纪员工，经劝告、教育、警告仍不改的，有辞退的权利。

第三条　公司员工如因工作不适、工作不满意等原因有辞职的权利。

第四条　公司对有下列行为之一者，给予辞退：

（1）一年内记过 3 次者；

（2）连续旷工 15 日或全年累计超过 30 日者；

（3）营私舞弊、挪用公款、收受贿赂者；

（4）工作疏忽，贻误要务，致使企业蒙受重大损失者；

（5）违抗命令或擅离职守，情节严重者；

（6）无故聚众罢工、怠工、造谣生事，破坏正常的工作与生产秩序者；

（7）仿效领导签字、盗用印章或涂改公司文件者；

（8）因破坏、窃取、毁弃、隐匿公司设施、器材制品及文书等行为，致使公司业务遭受损失者；

（9）品行不端、行为不检，屡劝不改者；

（10）擅自离职为其他单位工作者；

（11）违背国家法令或公司规章，情节严重者；

（12）泄露业务上的秘密，情节严重者；

（13）办事不力、玩忽职守，且有具体事实，情节严重者；

（14）精神或机能发生障碍，或身体虚弱、衰老、残废等经本公司认为不能再从事工作者，或因员工对所从事工作，虽无过失，但不能胜任者；

（15）为个人利益伪造证件，冒领各项费用者；

（16）年终考核成绩不及格，经考察试用仍不合格者；

（17）工作期间因受刑事处分而经法院判刑确定者；

（18）员工在试用期内试用发现不符合录用条件者；

（19）由于其他类似原因或业务上之必要者。

第五条　本公司按第 4 条规定辞退员工时，必须事前通告其本人，并由其直属主管向员工出具《员工辞退通知书》，其预告期依据下列规定：

（1）连续工作 3 个月以上，未满 1 年者，10 日前告之；

（2）连续工作 1 年以上，未满 3 年者，20 日前告之；

（3）连续工作 3 年以上者，30 日前告之。

第六条　辞退员工时，必须由其直属主管向公司人力资源部索取《员工辞退证明书》，并按规定填妥后，持证明书同工会协商，在听取工会的意见后再向公司有关部门办理签字，再送人力资源部审核。

第七条　被辞退员工要及时办理移交手续，填写移交清单。

第八条　被辞退的员工对辞退处理不服的，可以在收到《员工辞退证明书》

之日起的15日之内，向劳动争议仲裁部门提出申诉，对仲裁不服的，可以向人民法院上诉。

第九条　被辞退员工如果无理取闹，纠缠领导，影响本公司正常生产、工作秩序的，本公司将提请公安部门按照《中华人民共和国治安管理处罚法》的有关规定处理。

第十条　人力资源部在辞退员工后，应及时登记《人员调整登记表》。

第十一条　本公司下属各分部、发展部辞退员工，必须经由公司人力资源部总裁审核批准方可执行。

第十二条　本公司员工因故辞职时，应首先向人力资源部索取《辞职申请书》，填写后交上级主管签发意见，再送交人力资源部审核。

第十三条　公司员工无论经何种理由提出辞职申请，自提出之日起，仍需在原工作岗位继续工作1个月。

第十四条　员工辞职申请被核准后，在离开公司前应向人力资源部索要《移交清单》，办理移交手续。

第十五条　员工辞职申请被核准后，人力资源部应向其发出《辞职通知书》并及时填写《人员调整登记表》。

第十六条　辞退员工，由员工所在部门提出意见，并说明辞退理由。

人力资源部根据部门的意见，对该员工进行考察，认为确实不能胜任工作，具有本规定规定的辞退条件之一的，应当填写《员工辞退辞职审批表》，报主管领导批准后，办理相应的辞退手续。

第十七条　员工辞职，由员工所在部门提出同意或者不同意的意见，如果不同意则要说明理由。部门同意申请人辞职的，可以由人力资源部直接办理辞职手续。除非认为该员工的工作直接关系到本公司的利益的，可由人力资源部提出处理意见，报主管领导审定。

第十八条　公司员工辞退、辞职手续未按规定程序办理的，公司相关部门将视其情况按有关规定作适当处理。

第十九条　本规定自发布之日起施行。

▲出差管理制度

第一条　公司出差人员出差前应填写《出差申请单》。

第二条　出差人凭经理批准的《出差申请单》向公司财务部暂支相当数额的差旅费，返回后一周内填具《出差旅费报告单》，并结清暂支款。

第三条　国内出差4天内由部门经理核准，6天内由副总经理核准，部门经理以上人员出差一律由总经理核准。

第四条　国外出差一律由总经理核准。

第五条　出差不得报销加班费，但假日出差酌情予以计算。

第六条　出差途中除因病或遇意外灾害，或因工作实际需要电话联系请示批准延时外，不得因私事或借故延长出差时间，否则除不予报销差旅费外，并依情节轻重进行处罚。

第七条　交通费、住宿费、膳食费、通信费和交际费按规定标准凭据报销，超标自付，费用未达到标准时按实际发生额报销。

▲国内出差管理规定

第一条　本公司所属员工因公在国内出差，均按本规定预支和结算差旅费。

第二条　本公司员工乘坐火车、飞机、轮船时按标准发给交通费。

（1）乘坐轮船、火车及长途汽车时凭相应的票据报销。

（2）逢紧急公务必须搭乘飞机时，应事先报告主管领导批准后方可成行，事后凭飞机票报销。

（3）搭乘公司交通工具者，不予报销交通费。

第三条　出差员工的伙食、住宿、杂费按下列标准核发：

主管级为每日 120 元；

一般级为每日 90 元。

第四条　出差期间因公支出下列费用，如能提出书面理由并报请主管上司批准，可准予按实报销，并按下列规定办理。

（1）乘坐出租车应取得出租汽车公司开具的统一发票，并据此报销。

（2）邮费凭邮局证明报销。

（3）因公宴客费用，凭饭店正式发票报销。

（4）因公携带的文件资料和行李托运费，凭公交部门正式托运费收据报销。

第五条　员工出差，由派遣出差部门的主管填写通知单一式两份，送请核准后，一份送秘书处登记，一份由出差人员保存。

第六条　员工出差返回后 3 日内填具出差旅费报销单，送请单位主管核批后，送秘书处审签，出纳人员方得予以报销。

第七条　员工出差前，凭核准的派遣出差通知单预借旅费，于出差完毕报销旅费时扣还结清。

第八条　市内及短程（1 日内）出差人员，除按实报销车费外，可报销合理次数的误餐费。

（1）下午 1 时以后出差回来者准予报销午餐费。

（2）晚 8 时以后出差回来者准予报销晚餐费。

第九条 奉令调遣人员，可依照以上有关条文报销交通费、伙食费及行李托运费。在公司用餐者不得报销误餐费。

▲差旅费开支标准

第一条 凡因公出差，须由部门填报《出差申请表》，写明出差事由、姓名、地点、天数、交通工具种类、交际应酬费金额、须借款总额，报公司主管副总并经总经理批准，凭申请表借支差旅费。

第二条 出差人员乘飞机要从严控制，出差路途远，为了节省时间，部门经理以上人员可以乘飞机。一般应乘火车或其他交通工具，特殊情况须搭乘飞机，须经总经理批准。

第三条 正、副经理，可乘坐火车软席，轮船二等舱位（年纪较大并有高级专业技术职称的人员，可参照执行）。其余人员，乘火车硬席，轮船三等舱位。

第四条 乘坐火车，从晚8时至次日晨7时之间，在车上过夜6小时以上的，或连续乘车时间超过12小时的，可购硬席卧铺票；符合乘坐火车卧铺而未乘的，可按硬席座位票价发给补助费，乘坐特别快车的为50%，乘坐直快或慢车的为60%。

第五条 符合乘坐火车硬席卧铺的人员，若买不到卧铺票，也可改乘软席座位，但不得改乘软卧，同时不享受票价补助费。

第六条 出差期间，市内公共汽车费凭据报销，一般不得乘坐出租汽车，乘出租汽车的出租车票，须经主管副总、总经理批准后方可报销。

第七条 住宿标准及出差伙食补助标准按照国家有关规定办理。

第八条 出差返回后3日内要到财务部门及时报销。

▲出差手续及差旅费支付制度

第一章 总 则

1 第一条 本制度旨在确定公司管理人员和员工因公司业务出差的手续及差旅费支付标准。由于出差目的、性质、时间及费用支出千差万别，难作统一规定，故本制度仅作一般性规定。

第二条 本制度未涉及事项，均按有关细则处理。对海外出差，将另行规定。

第三条 出差分为“近距离外出”“当日出差”（当日回来）和“住宿出差”三类。

第四条 近距离外出是指利用交通工具，以公司总部为中心，半径为×千米范围的外出。外出范围由总务部主管与总经理协商决定。在必要时，近距离外出可变更为当日出差，或作住宿出差处理。

第五条　当日出差，是指从公司出发后，当日可返回的出差。当日出差的地域范围由总务部主管与总经理协商决定。但它不得与前条所述地域重复。地理偏僻或交通不便地区，可按住宿出差处理。

第六条　住宿出差，是指出差到较远的地方，通常需要住宿的出差。因出差内容和需要时间的差别，有些住宿出差也可以作为近距离外出或当日出差处理。

第七条　出差路线一般应选择最短的且最方便的线路。应尽量减少出差所用时间。出差途中如遇天灾人祸等不可抗拒因素，须改变路线时，须得到总务部主管同意，按实际旅费支付。

第八条　员工私人旅行兼公务出差时，公司向其支付用于公务出差部分的差旅费。

第九条　出差费在区分“近距离外出”“当日出差”和“住宿出差”前提下分别支付。

第十条　出差费及报销。

（1）出差费包括以下内容：

①铁路、船舶、飞机票费；

②交通费；

③出差补贴；

④住宿费；

⑤通信费；

⑥其他伴随出差发生的正当费用。

（2）铁路、船舶、飞机票费依种类和等级实报实销。

（3）交通费指短距离乘坐公共汽车、地铁等的费用，据个人申报，按实际费用支付。原则上不得乘坐出租车。

（4）出差补贴用于出差者的饮食和杂费支出，按出差回报定额支付。上午出差按全额支付，下午出差按半额支付，晚上 8 时以后不支付。

（5）住宿费按定额住宿天数支付，在火车上过夜的按半额支付。

（6）出差中的电话、传真、信函、汇款、邮票等通信费依据报销凭证按实际费用支付。

第十一条　出差费原则上应在一周前，通过《出差计划表》提出预算，经分公司主管批复后支付。

第十二条　当交易客户、相关公司人员或公司管理人员随行，或因不得已的理由，出差费超出规定时，经随行管理人员证实、公司主管及公司财务主管批准后，按实际费用报销。

第十三条　驾驶或搭乘公司车辆出差时，不支付交通费。

第十四条　出差过程中，利用出租车仅限于有交易客户同行、紧急情况、有可能耽误出发时间或携带物品过重、下雨天访问客户等情况。这时按实额支付出租车费。但必须在出差费报销单中说明理由，并经分公司主管批准。

第十五条　出差过程中，如遇出差人公休日，应以公务为重，继续执行出差任务。但是，如遇出差单位公休日，无法开展工作时，可安排休息。为避免这种情况发生，出差前，应事先与有关单位联系。出差归来后，可补足休息日。

第十六条　出差过程中，因生病、交通中断或其他意外情况超过预定期限停留时，在查清事实基础上，可按长期滞留费标准支付费用。

第十七条　在出差过程中，如需向客户提供礼金（用于庆贺、吊唁、探望等），或赠送土特产时，其金额应限定在××元以内。超出此金额须经上级主管批准。

第十八条　在出差地招待客户，原则上应先在《出差计划表》中提出具体预算，并经上级主管批准。其金额一般限定在××元之内，部门主管以上限定在××元之内。

第二章　近距离外出及当日出差

第十九条　出差者必须提交《出差申请表》，经主管批准后方可出发。

第二十条　出差者归来时，必须向上级主管报到。不能按期回公司时，须通过电话等与公司联系。

第二十一条　当日出差者完成出差任务，回公司后，应填写出差回报，提交给上级主管。

第二十二条　近距离外出，仅对交通费实报实销。当日出差，依不同职务支付出差补贴和交通费。

第二十三条　日常性的当日出差费，可依据出差计划表提出概算，并预付出差费。

第二十四条　当日出差如遇紧急情况或其他不可抗拒的原因，须在外住宿时，按住宿出差的有关规定支付住宿费。但应提前与上级主管联系，并得到其批准。

第三章　住 宿 出 差

第二十五条　出差者必须事先提出《出差计划表》，提交上级主管批准。

第二十六条　出差者依据批复的《出差计划表》，向财务部提出出差费预算，并申请预付出差费。财务部对未清算上次出差费者，拒绝预付出差费。

第二十七条　出差者必须每日自出差地向上级主管寄送出差回报一式两份。但出差时间为两天者，可回公司后提交。

对不按规定邮送或提交出差回报者，停发相应的出差补贴，但经上级主管认为特殊情况者除外。

第二十八条　出差者回公司后，应于两日以内填写出差费表，经上级主管签字后，提交给财务部，以作结算。

如出差者回公司后遇公休日，原则上应在次日办理出差费结算。

第二十九条　对住宿出差者依不同职务支付铁路、船舶、飞机票费以及住宿费和交通费。

第三十条　出差者原则上应在公司指定的旅馆住宿。如变更旅馆，须事先进行联系。

第三十一条　在特殊情况下，经上级主管批准后，可搭乘快速列车或飞机出差。除总经理外，一般坐经济舱。

第四章　特别旅费处理

第三十二条　出席招待会、客户接待出差、投宿于公司驻外机构时，不支付住宿费。

来往于公司总部和各分公司之间的出差，原则上必须利用公司的住宿设施。

投宿于亲友家时，支付50%的住宿费。

第三十三条　在同一地区连续停留超过7日时，视为长期滞留出差。

第三十四条　出差目的与内容跟一般出差有区别的，为特殊业务出差，如参加研讨会、招待客户、陪同客户出差、到本公司分公司赴任等。

特殊业务出差的出差费支付标准如下：

（1）出席研讨会时，支付火车、船舶、飞机票费，住宿费及其他必要的费用，原则上实报实销；

（2）因招待客户出差时，支付预算范围内的接待费，火车、船舶、飞机票费，住宿费、其他杂费和相当于30%的补贴，原则上实报实销；

（3）异地赴任则按另行规定处理。

第三十五条　出差中不允许进行私人旅行。在不得已情况下，如欲进行私人旅行，须得到上级主管的批准。

私人旅行日数应从本制度中的出差日期数中扣除。

第五章　附　　则

第三十六条　本制度自××××年×月×日起实施。

▲差旅费、工作餐等费用开支标准

为了加强财务管理，节约开支，特就差旅费和工作餐开支制定以下规定。

第一条　差旅费。

（1）住宿费。

①公司领导、处级干部和副高级职称者、其他人员住宿标准分别为××元、××元、××元（一般地区）或××元、××元、××元（特殊地 区）。

②住宿费按实际住宿天数计算，实际住宿费超过以上限额部分原则上由个人负担，特殊情况下须经公司领导特批方可报销，低于规定的节约部分奖励个人50%。

③开会统一安排住宿时，有会议证明者，可按实报销。

④住宿费一律凭单据报销。

⑤住宿费已由接待方提供的，一律不再报销。

（2）交通费。

①处以上干部和有高级职称者出差可乘飞机，其中公司级领导和教授级人员可乘飞机一等舱、火车软席、轮船二等舱；其他人员出差一般坐火车硬席、轮船三等舱，因工作需要乘飞机的，须事先经公司主管财务的领导批准。

②出差外地的市内交通费实行包干使用，每人每天×元，不再报销车票；在国内出差一般不准乘出租车，情况特殊时可由部门领导在出租车票据背面签字特批，方可报销，但不再发给市内交通费。

③乘火车过夜或时间超过12小时的，可购硬席卧铺，未购卧铺票的，按实际乘坐的火车硬座票价的一定比例（特快50%、慢车或直快60%）发给个人。

按规定能乘飞机而改乘火车的，可将差价的50%发给个人。

④陪外宾出差，因工作原因需要与外宾同乘车（船、飞机）、同住饭店的，经总经理批准，可按实报销。

（3）伙食补助费。

①出差每人每天的伙食补助标准一律为一般地区××元，特区××元。参加会议、培训班等，已有伙食补助的不再计发伙食补助费，如没有，可凭证明领取伙食补助。

②长期（1个月以上）驻外省市人员，每人每天伙食补助标准为××元。

③部门设在总公司大厦外部，且没有食堂和就餐条件的，每个工作日发伙食补助×元。

④出差人员一律不发夜餐费、加班费。

（4）员工探亲路费。

①员工探亲须事前填写探亲申请单，经部门领导签字、公司领导审批、办公室

备案，方可办理借款和报销。

②年满 50 岁以上，并途中连续乘车超过 48 小时的探亲员工，可乘硬席卧铺，如未乘卧铺，可比照差旅费报销办法给予补助。不具备以上条件的员工探亲报硬座票价。乘船报四等舱位票价。

③享受一年一次探亲假的员工，报销一次往返路费。享受四年一次探亲假的员工，探亲路费在本人标准工资（岗位工资 + 工龄工资）30% 以内的，由本人自理，超过部分单位报销。

（5）其他费用。

①订票手续费、电话费等凭单据按实报销，出差期间的游览和非工作需要的参观所开支的一切费用均由个人自理。

②工作人员到远郊区、县出差，按到外地出差的规定办理。

第二条 宴请与工作午餐费开支规定。

（1）严格控制宴请，确实需要的，经单位领导批准后方可安排。

（2）宴请外宾 5 人以内，我方人员最多不得超过 1∶1，超过 5 人的，我方人员酌减，宴请标准为每人 × 元。

（3）宴请内宾标准为每人每次 × 元，陪同人员不得超过 2 人。

（4）宴请后，由经办人填写宴请报销单，经部门领导审核、财务主管经理签字后方可报销。

▲支付业务费用的开支标准及批准权限

为进一步强化成本控制，降低业务费开支，一般是：

第一条 各部门经理（包括总经理助理）原则上不能宴请，必须宴请的按规定须事先报总经理审批。

第二条 副总经理（含总会计师）、部门经理每月人均内部签单不超过 2000 元，超过部分事先报总经理审批。

第三条 总经理每月内部签单不超过 4000 元人民币，超过部分应事先报董事会同意。

▲国（境）外工作人员报领有关费用规定

第一条 国（境）外工作是指本公司在职员工被派遣到与本公司业务有关系的海外企业，在那里工作 3 个月以上，并享受海外企业生活福利的对外劳务出口。

第二条 国（境）外工作期间自出发日算起，到回国日截止。

第三条 对国（境）外工作人员出国准备金的支付，原则上依照本公司的国

（境）外差旅费规定支付。归国准备金按国（境）外公司的差旅费规定支付。

第四条　国（境）外工作人员及其配偶的出国差旅费原则上由国（境）外公司支付。其随用物品的运输费亦由国（境）外公司负担。

第五条　因迎送国（境）外工作人员的有关费用，依照国（境）外出差规定的有关条文办理。

第六条　经国（境）外公司允许，且本公司认为确有必要时，国（境）外工作人员可让家属随行。

第七条　本公司不向国（境）外工作人员支付报酬，全部由国（境）外公司支付。奖金等也相同。

第八条　符合第六条规定的家属生活费由国（境）外公司支付，支付标准为：

（1）配偶。相当于出差员工在国（境）外公司报酬的30%。

（2）子女。一个子女时，相当于出差员工在国（境）外公司报酬的10%。

第九条　留守补助是指为维持国（境）外工作者家属在国内的生活，向其支付的生活补助。

（1）对其配偶及子女分别支付相当于本人报酬的50%和25%。

（2）对除配偶和子女以外的抚养人口，支付其本人报酬的50%。

（3）对没有扶养义务的人员，按有关法律规定，支付相当于其本人报酬的25%，作为留守补助。

第十条　国（境）外工作人员因故暂时回国，必须得到国（境）外公司的同意，并事先向本公司报告。回国的差旅费按第四条规定办理。

第十一条　国（境）外工作人员归国后的报酬须参考其在国（境）外公司的业绩，参照同职位的报酬确定。

第十二条　本公司为国（境）外工作者及其随行者投保海外旅行伤害保险。

（1）公司部门主管××美元。

（2）一般员工××美元。

（3）配偶相当于本人投保的1/2。

（4）子女相当于本人投保的1/4。

第十三条　国（境）外工作人员因违反国（境）外公司有关规定，且给本公司带来不良影响时，应强制其回国。

第十四条　国（境）外工作人员未经本公司许可，不得辞去在国（境）外公司的工作。

第十五条　本规定未涉及事项，由公司部门主管会议决定。

第十六条　本规定自××××年×月×日起施行。

二、人力资源管理制度相关表格

▲管理人才储备表

管理人才储备表

制卡日期：　　年　月　日

姓名		年龄		最高学历	
现职				担任本职年数	
历年考绩					
专长优点					
弱点					
发展性					
可升调职位 1				升调时间	
所需训练					
可升调职位 2				升调时间	
所需训练					

▲员工出勤日报表

员工出勤日报表

月　　日

现场人员									办公室人员								
单位	编制人数	本日实到	迟到人数	病假	事假	公假	旷职	原因不明	单位	编制人数	本日实到	迟到人数	病假	事假	公假	旷职	原因不明
合计									合计								
本日到离职人数	报到人数								报到人数								
	离职人数								离职人数								
	停薪留职								停薪留职								

总经理　　　　审核　　　　填表

▲个人周工作记录表

个人周工作记录表

姓名： 所属部门： 日期：

日期	工作纪要	结果/进度	问题/建议/要求
星期一			
星期二			
星期三			
星期四			
星期五			
星期六			
周工作总结表			
本周主要工作（承担的任务、任务下达时间、计划完成时间、本月所处状态）：			
下周工作重点：			
目前存在的问题及合理化建议：			
导师指导与建议：			

▲员工加班报告单

员工加班报告单

部别单位：　　　　　　　　　　　　日期：　　年　月　日

卡号	职　称	姓　名	加班时间		备　注
			起　～　讫	合　计	
			～	小时	
			～	小时	
			～	小时	
			～	小时	
			～	小时	
			～	小时	
			～	小时	
			～	小时	
			～	小时	
			～	小时	
			～	小时	
			～	小时	

部别经理：　　　　　　单位主管：　　　　　组长（领班）：

▲员工请假单

员工请假单（一）

姓名：________职别：________单位：________
到职日期：________年________月________日
特别假核定日数：____________天

（正面）

年度

△请假须知△

1. 员工因故必须请假者，应先填写请假单办妥请假手续后，方可离开工作岗位。如遇急病或临时重大事故不能亲自办理请假手续者，得于当日内委托同事、家属、亲友或以电报、电话、限时信函报告单位主管代为办理。
2. 未经核准而先行离开职守，或假期已满未准续假仍延不到勤者以旷职论，连续旷职三日者免职。
3. 员工请假者以小时计，不满 1 小时者以 1 小时计。事假一次不得超过五天，全年累计不得超过十四天，超过日数均以旷职论。请病假须缴验劳保医院或特约医院证明，全年病假以三十天为限，逾期以事假及特别假抵充，若再逾期者留职停薪。
4. 员工捏报请假理由经查明属实者以旷职论。
5. 员工请假须依规定检附证明文件，如其请假理由不充分或有妨碍工作可能时其主管得酌情不准给假或缩短假期或延期给假。

▲请假记录表

请假记录表

日期		假别	天数						备　　注
月	日		事假	病假	公假	婚假	丧假	产假	

▲请假单存根

请假单存根

编号	姓名	请假原因	请假时间

单位：　　编号：　　年　　月　　日

请假人	代理人	请代办事项
病假	自填病名	请假时间
		月　日至　月　日
事假		请假时间
	家属有病	月　日至　月　日
	家有喜事	月　日至　月　日
	修屋	月　日至　月　日
	会友	月　日至　月　日
婚丧产假		请假时间
	产假	月　日至　月　日
	配偶丧	月　日至　月　日
	父母丧	月　日至　月　日
	祖父母丧	月　日至　月　日
	子女结婚	月　日至　月　日
	本人结婚	月　日至　月　日
公假		请假时间
	特别休假	月　日至　月　日
	工伤	月　日至　月　日
	义务劳动	月　日至　月　日
	教育召集	月　日至　月　日

说明：①请假人按原因在适当栏内划✓即可。

②请假人应寻妥代理人，并请代理人签署。

③请假期间及准假权责按人事管理规则第十一条及第十八条之规定办理。

④假期核定本单位登记后转送总务部查考。

▲员工公休假期通知单

员工公休假期通知单

NO.

姓名：	年龄：	入职时间：
住　　址		联系电话
从事部门		
何时休息		
人事部意见		
总经理意见		

公休假期通知单

__________部（室）：

兹有__________同志享受公假共计__________天，从__________年__________月__________日起至__________年__________月__________日止。

（假期内不影响全勤评奖）

行政人事部

年　　月　　日

▲人事主管假期申请表

假期申请表

致：经理部

由：__________部　姓名______工号______日期______

部分__________职位______参加工作时间____年____月

假期种类：

□年假　□探亲假　□产假　□婚假

□事假　□计划生育假　□补假　□其他

探亲由往：____

请假时间：

由______年______月______日至______年______月______日止，共______天。

说明：____

审批：

部门意见：____

______签章　　日期______

人事部意见：____

______签章　　日期______

总经理意见：____

______签章　　日期______

备注：____

▲员工申请报告单

员工申请报告单

病假□　事假□　辞职□　辞退□　开除□　补休□　年假□

部门		姓名		入职时间		性别	
申请理由	签名：　年　月　日						
班组意见	签名：　年　月　日						
部门意见	签名：　年　月　日						
人事意见	签名：　年　月　日						
总经理意见	签名：　年　月　日						

▲员工考绩登记表

员工考绩登记表

单位　　　　　　　　　　　　　　　　　　　　　　页次

职别工号	姓名	90年上	90年下	91年上	91年下	92年上	92年下	93年上	93年下	94年上	94年下	优	甲	乙	丙	丁

▲考绩记录表

考绩记录表

年度 考绩成绩													
绩分													
绩等													
考评													

▲员工奖励通知书

员工奖励通知书

<table>
<tr><td>执行单位</td><td></td><td>文件编号</td><td></td><td>文件页码</td><td>1</td></tr>
<tr><td>内
容</td><td colspan="5">致______先生/小姐　部门：________职位：______
由______部（处）______先生/小姐　签发日期：______
一、奖励详情：1.
2.
3.
二、鉴于上述情况，给予如下奖励：
□书面嘉奖（通报表扬）。
□奖励________________元。
□晋职________________（职位）。
□晋级________________（级别）。
□其他（请注明）________________________________
三、签认意见：
____
签名：________　日期：________
四、部门经理意见：________________________________
____
签名：________　日期：________
五、总经理意见：________________________________
签名：________　日期：________</td></tr>
<tr><td>抄报部门</td><td></td><td>签发人及
签发日期</td><td></td><td>签收人及
签收日期</td><td></td></tr>
</table>

▲员工过失通知书

员工过失通知书

<table>
<tr><td>执行单位</td><td></td><td>文件编号</td><td></td><td>文件页码</td><td>1</td></tr>
<tr><td>内
容</td><td colspan="5">致______先生/小姐　　部门：________职位：______
由______部（处）______先生/小姐　签发日期：______
一、过失详情：
1.
2.
3.

二、鉴于上述情况，给予如下纪律处分：
□口头批评。
□扣除薪金________________元。
□其他（请注明）______________________________

三、签认意见（如不签认，请见证人签字）：
____
签名：________　日期：________
四、部门经理意见：______________________________
____
签名：________　日期：________</td></tr>
<tr><td>抄报部门</td><td></td><td>签发人及
签发日期</td><td></td><td>签收人及
签收日期</td><td></td></tr>
</table>

▲员工警告通知书

员工警告通知书

<table>
<tr><td>执行单位</td><td></td><td>文件编号</td><td></td><td>文件页码</td><td>1</td></tr>
<tr><td>内
容</td><td colspan="5">致______先生/小姐　部门：________职位：______
由______部（处）______先生/小姐　签发日期：______
一、过失详情：1.
2.
3.

二、鉴于上述情况，给予最后警告，并予以如下纪律处分：
□降职为________________（职位）。
□降薪________________级。
□其他（请注明）______________________________

三、签认意见（如不签认，请见证人签字）：
____
签名：________　日期：________

四、部门经理意见：______________________________
____
签名：________　日期：________

五、总经理意见：______________________________
签名：________　日期：________</td></tr>
<tr><td>抄报部门</td><td></td><td>签发人及
签发日期</td><td></td><td>签收人及
签收日期</td><td></td></tr>
</table>

▲职员奖惩月报表

职员奖惩月报表

受奖惩者			奖惩方式	奖惩原因	奖惩日期
性别	姓名	服务部门			

填表说明：

①各单位依照权责划分办法在授权范围内对所属职员有奖惩时，应于每月终汇填本表两份，分送总管理处人事处及主管单位备查，当月内如无奖惩事项，亦应填送此表，并于奖惩原因栏内注明“无奖惩”字样；

②奖惩方式栏应按单位主管核定之奖惩办法填入，如“书面嘉奖”“记功一次”“书面申诫”“记过一次”等；

③奖惩原因一栏叙述宜简明扼要，注意时间、地点、事物及有关人员之责任等；

④本表由各单位依式自行印制备用，纸张大小一律以J3为准。

单位主管：____　主办人员：____　制表：____　____年____月____日填

▲考核要素及测评表

考核要素及测评表

考核要素＼职务		一般职务	中层管理职务	上层管理职务
成绩考核	工作速度	○	工作完成程度○	工作完成程度○
	工作的正确性	○		
	工作的严密性	○		
	工作的改进与改善		○	○
	指导与教育		△	△
能力考核	知识	○	○	○
	工作技能	○	○	○
	理解能力	○		
	判断能力	○	○	
	创造能力	○		
	计划能力		○	○
	表现能力	○		
	协调能力		○	○
	指导能力		○	○
	管理能力			○
考核要素＼职务		一般职务	中层管理职务	上层管理职务
态度考核	积极性			
	责任感		○	△
	协作性	○		○
	服从	○	○	
	忍让与忍受能力		○	○
	魄力			○

▲考核时间安排表

考核时间安排表

	考核日	考核期间	考核种类
上期考核	5 月 1 日	上年 11 月 1 日 ~4 月 30 日	业绩考核
下期考核	11 月 1 日	5 月 1 日 ~10 月 31 日	能力考核

▲员工签到簿

员工签到簿

____年____月____日至____月____日

部　门	姓　名	月　日		月　日		月　日		月　日		月　日		月　日	
		上班	下班	上班	下班	上班	下班	上班	下班	上班	下班	上班	下班

总经理：________　经理：________　经办：________

▲员工奖惩月报表

员工奖惩月报表

受奖惩者			奖惩方式		原　因	日　期
性　别	姓　名	工作部门	奖	惩		

单位主管：____　　主办人员：____　　制表：____　　____年____月____日填

填表说明：

①各单位依照权责划分办法在授权范围内对所属员工有奖惩时，应于每月终汇填本表两份，分送总管理处人事处及主管单位备查，当月内如无奖惩事项，亦应填送此表，并于奖惩原因栏内注明“无奖惩”字样；

②奖惩方式应按单位主管核定之奖惩办法填入，如“书面嘉奖”“记功一次”“记过一次”等；

③奖惩原因一栏叙述宜简明扼要，注意时间、地点、事物及有关人员之责任等；

④本表由各单位依式自行印制备用，纸张大小一律以A4为准。

▲纪律处分通知单

纪律处分通知单

编号：______ 日期：______

<table>
<tr><td>姓　名</td><td></td><td>工作证号</td><td></td><td>职　位</td><td></td><td>所属部门</td><td></td></tr>
<tr><td colspan="8">所犯过失：
□擅自旷工
□屡次迟到
□工作时打瞌睡
□故意不服从上级或拒绝接受正当命令
□故意不以适当方法工作
□屡次逃避工作
□工作时间在公司赌博
□行为不检点　　　　发生日期：</td></tr>
<tr><td colspan="8">处分：
□谴责　□停职　由×年×月×日至×年×月×日
共　　日
注意：如果有重犯将受撤职处分</td></tr>
<tr><td colspan="8">撤职生效日期：×年×月×日
请于撤职生效日期前往人事部报到
备注：</td></tr>
</table>

▲员工出差申请单

员工出差申请单

部门：______ 年 月 日

编　号				出差人		签章	
出差地点				职务代理人		签章	
起讫时间：				出差事由：			
主　管　签　章							人事部门登记

▲出差通知单

出差通知单

年 月 日

姓　名			所属部门				
出差地点及对象			预计起讫日期				
出差事由							
核　章		主管		主管		出差人	

▲业务员出差报告表

业务员出差报告表

访问客户			报告事项	订货及收据
1	客户名称			
	地　　址			
	电　　话			
	目　　的			
	接 洽 人			
2	客户名称			
	地　　址			
	电　　话			
	目　　的			
	接 洽 人			
3	客户名称			
	地　　址			
	电　　话			
	目　　的			
	接 洽 人			
4	客户名称			
	地　　址			
	电　　话			
	目　　的			
	接 洽 人			

经理：______　　部门主管：______　　出差人：______

▲预支差旅费申请单

预支差旅费申请单

编号：______

姓　　名		拟搭乘交通工具种类	
出差地点与事由			
拟出差日期			
拟借支金额	人民币（大写）　　千　　百　　拾　　元整	申请人签章	

审批人：______　　日期：______

▲差旅费支付明细表

差旅费支付明细表

年　　月　　日

出差人		出差日期		核付金额	
出差事由：					

日期		起止时间		起止地点		交通费	膳食费	住宿费	杂　费	合计	工作要领
月	日	起	止	起	止	金额					

经理：______　　财务主管：______　　部门主管：______　　出差人：______

第三章　办公室会议、提案管理制度

一、办公室会议、提案管理制度范本

▲会议管理制度

第一章　会议组织

第一条　公司级会议：公司员工大会、公司技术人员大会以及各种代表大会，应报请总经理办公室批准后，由各部门分别负责组织召开。

第二条　专业会议：全公司性的技术、业务综合会（如经营活动分析会、质量分析会、生产技术准备会、生产调度会、安全工作会等），由分管副总经理批准，主管业务部门负责组织。

第三条　系统和部门工作会：各部门召开的工作会，由各部门主管决定召开并负责组织。

第四条　班组（小组）会：由各班组长决定并主持召开。

第五条　上级公司或外单位在我公司召开的会议（如现场会、报告会、办公会等）或业务会（如联营洽谈会、用户座谈会等），一律由总经理办公室受理安排，有关业务对口部门协助做好会务工作。

第二章　会议安排

第六条　例会的安排。

为避免会议过多或重复，公司正常性的会议一律纳入例会制，原则上要按例行规定的时间、地点、内容组织召开。例行会议安排如下。

（1）行政技术会议。

①总经理办公会。研究、部署行政工作，讨论决定公司行政工作重大问题。

②行政事务会。总结评价当月生产行政工作情况，安排布置下月工作任务。

③班组长以上经营管理大会（或公司员工大会）。总结上期（半年、全年）工作情况、部署本期（半年、新年）工作任务。

④经营活动分析会。汇报、分析公司计划执行情况和经营活动成果，评价各方面的工作情况，肯定成绩，指出失误，提出改进措施，不断提高公司经济效益。

⑤质量分析会。汇报、总结上月产品质量情况，讨论分析质量事故（问题），研究决定质量改进措施。

⑥安全工作会（含治安、消防工作）。汇报总结前期安全生产、治安、消防工作情况，分析处理事故，检查分析事故隐患，研究确定安全防范措施。

⑦技术工作会（含生产技术准备会）。汇报、总结当月的技术改造、新产品开发、科研、技术和日常生产技术准备工作计划及其完成情况，布置下月技术工作任务，研究确定解决有关技术问题的措施方案。

⑧生产调度会。调度、平衡生产进度，研究解决各部门不能自行解决的重大问题。

⑨部门事务会。检查、总结、布置工作。

⑩班组会。检查、总结、布置工作。

（2）各类代表大会。

①员工代表大会。

②部门员工大会（或员工代表小组会）。

③科协会员代表大会。

④企业协会会员代表大会。

（3）民主管理会议。

①公司管理委员会会议。

②总经理、工会主席联席会。

③生产管理委员会会议。

④生活福利委员会会议。

（4）论文、成果发布会。

①科协年会。

②企业协会年会。

③思想政治工作研究会年会。

④质量控制成果发布会。

⑤科技成果发布会。

⑥信息发布会。

⑦企管成果发布会。

第七条　其他会议的安排。

凡涉及多个部门主管参加的各种会议，均须于会议召开前 10 天经分管副总经理批准后，并由总经理办公室统一安排，方可召开。

（1）总经理办公室每周六应将公司例会和各种临时会议，统一平衡并编制会议计划，分发到公司主要管理人员及有关服务人员。

（2）凡总经理办公室已列入会议计划的会议，如需改期，或遇特殊情况需安排新的其他会议时，召集单位应提前两天报请总经理办公室调整会议计划。未经总经理办公室同意，任何人不得随便打乱正常会议计划。

（3）对于准备不充分、重复性或无多大作用的会议，总经理办公室有权拒绝安排。

（4）对于参加人员相同、内容接近、时间相近的几个会议，总经理办公室有权安排合并召开。

（5）各部门会议的会期必须服从公司统一安排，各部门小会不应与公司例会同期召开（与会人员不发生时间上的冲突除外），应坚持小会服从大会、局部服从整体的原则。

第三章　会议的准备

第八条　会议主持人和召集单位与会人员都应分别做好有关准备工作（包括拟好会议议程、提案、汇报总结提纲、发言要点、工作计划草案、决议决定草案，落实会场、安排好座位，备好茶具茶水、奖品、纪念品，通知与会者等）。

第九条　参加公司办公例会的人员无特殊原因不能请假，如请假须经主持人批准。

第十条　有以下原因，副总裁以上的高层管理人员可提议临时或提前召开公司办公例会：

（1）有重要事项须提交公司办公例会讨论决定；

（2）各部门重要业务管理人员的录用及辞退。

第十一条　《会议纪要》属公司内部重要文件，具有一定范围的保密性，未经批准不得外传。

第十二条　与会人员应知无不言、集思广益，一经会议决定之事，应按期完成。

第十三条　与会人员必须严格遵守会议纪律，不得随意走动，不得使用手机。

▲会议管理规定

第一条　公司会议主要由办公例会、日常工作会议组成。

第二条　例会中的最高级会议通常情况下每月至少召开一次，就一定时期工作事项作出研究和决策。会议由集团总裁主持，参加人为公司总裁、副总裁、各部门主任等领导班子成员。

第三条 公司办公例会是为贯彻落实作出的决议、决定召开的会议。会议由总裁主持，参加人员为各部门负责人及有关人员。

第四条 公司办公例会由公司行政管理部组织。行政管理部应于会前3天将会议的主要内容书面通知与会的全体人员，并在会后14小时之内整理、发布会议纪要。

（1）会议纪要的形成与签发：

①公司办公例会会议纪要、决议，由行政管理部整理成文；

②行政管理部根据会议内容的需要在限定时间内完成纪要和决议的整理工作；

③会议纪要和决议形成后，由与会的公司领导班子成员签字确认；

④会议纪要发放前应填写《会议纪要发放审批单》，审批单内容包括纪要编号、发放范围、主管领导（或主持会议的领导）审批意见；

⑤会议纪要应分类存档，并按重要程度确定保存期限。

（2）会议纪要作为公司的重要文件、已研究决定的事项，发至参加会议的全体人员，以便对照核查落实。

第五条 日常工作会议由会议召集者填写《会议申请单》，经主管副总裁批准方可召开，会议通知由行政管理部根据申请部门的要求发出。如会议需要撰写会议纪要，由会议召集部门撰写完毕后报有关人员及行政管理部。

▲每周例会制度

第一条 部门管理人员例会每周举行一次，由总经理主持，副总经理及各部门经理级人员参加。

第二条 会议主要内容为：

（1）总经理传达主管或上级公司有关文件，董事会、总经理办公会议精神；

（2）各部门经理汇报一周工作情况，以及须提请总经理或其他部门协调解决的问题；

（3）由总经理对本周各部门的工作进行讲评，提出下周工作的要点，进行布置和安排；

（4）其他需要解决的问题。

第三条 会议参加者在会上要畅所欲言，各抒已见，允许持有不同观点和保留意见。但会上一旦形成决议，无论个人同意与否，都应认真贯彻执行。

第四条 严守会议纪律，保守会议秘密，在会议决议未正式公布以前，不得私自泄露会议内容，影响决议实施。

▲会场布置管理规定

第一条　实施布置前必须考虑周详，根据布置任务来确定执行人员，并做好明确分工。

第二条　会议现场要做好清洁保护工作，地毯、大理石面应落实好保护措施。

第三条　根据会议通知单，按时、按规格做好绿化布置。

第四条　绿化布置力求整齐、美观，植物干净、无尘、无虫口、无黄叶，花盆机架的主体、台面插花要卫生清洁，色彩鲜艳、造型端庄。

第五条　布置完毕后，应清理好现场，再重新清理、喷水一次，以取得最佳布置效果。

▲会议事务处理规定

第一条　会议计划检查要点：

项　　目	审　核　备　注
会议名称	
开会地点	
开会日期	
开会时间	
会议宗旨及议题	
与会单位、人员	
人　　数	
主持人	
会议召集单位	
会议主要工作人员	
与会者应备资料	
会场标志资料	
召集者拟分发资料	

第二条 会议筹备审核要点：

项目		审核备注
会议目的	本次会议是否确实需要？（是否是一次偏重于形式的例行会议？有没有其他更好的解决方法？）	
	开会的目的是否明确？	
会议要领	开会的时机、时间是否妥当？	
	开会的地点、场所是否合适？	
	邀请对象是否恰当？	
开会通知	与会人员是否已得到通知？	
	开会的主旨、议题是否已通知与会人员？	
	与会人员是否已就议题做好准备？	
	是否要求与会人员事先备妥有关资料？	
会议准备	是否已拟就议题的进行顺序及时间的分配？	
	是否应分发参考资料？准备工作是否已完全充分？	
	是否已安排好会议记录？	
	是否使用幻灯机或录影机等机器设备？	

第三条 会议活动细节审核要点：

（1）活动的主旨；

（2）活动的规范；

（3）预算；

（4）招待对象的层次；

（5）总人数（查邀请回函）；

（6）活动日期及时间（注意是否与其他同业的活动冲突）；

（7）活动天数；

（8）筹备单位；

（9）活动负责人；

（10）活动作业明细分工表；

（11）会场的预订（主会场、分会场、洽谈室、展示室、来宾休息室、演艺人员休息室）；

（12）制作来宾名册（姓名、地址、公司名称、电话、职衔等的核对）；

（13）邀请函（信封、邀请卡、回函明信片的定制张数、投递日期）；

（14）纪念品（纪念品的选定、包装、定制数量）；

（15）交通工具（飞机、火车、面包车、轿车）；

（16）酬谢费（给司机、演艺人员等）；

（17）会场布置（主席台、会标、灯光、音响效果、录音、座次、台下座位、应急疏散方案、茶水饮料供应）；

（18）宴会的形式（餐桌入座式、自助餐入座式、半入座式自助餐）；

（19）看板、标示板类（欢迎看板、大门看板、方向标示、发放座位牌）；

（20）拍照摄影（纪念照片、快照、纪录摄影）；

（21）选择桌子（圆桌或方桌）；

（22）座位顺序（桌面标示卡、桌面标示卡的书写）；

（23）胸章、名牌（颜色、大小、种类的选定）；

（24）新闻（新闻稿，文字记者、摄影记者、录像记者及电源准备）；

（25）资料的收发；

（26）住宿安排（安排来宾的住宿、领导人的住宿、工作人员的住宿，预订房间、妥善分配房间）；

（27）特设专用柜台；

（28）支付的负担范围（住宿费、餐费、取用冰箱内的食物费用等）；

（29）安排用餐（住宿者的用餐事宜、来宾的用餐、服务人员的用餐、演艺人员的用餐）；

（30）活动行程方面（司仪开场白、主持人致辞、来宾致辞、宣读贺电、致谢词、活动行程表、播放背景音乐）；

（31）服务柜台的工作（来宾出缺席之确认、发放胸章、发放活动行程表、引导来宾到休息室、发放纪念品、设置临时电话）；

（32）支付旅馆费用（支付的日期，汇款、前来收款、当天支付现金，出纳员）。

▲提案管理办法

第一条　为了推动公司科学技术的发展，鼓励全体员工提出合理化建议和参与技术革新、技术开发活动，加强科技成果的管理、推广和应用，不断提高科技水平，根据上级有关规定，结合我公司的实际，制定本管理办法。

第二条　本办法所称合理化建议，主要是指有关改进和完善生产和经营管理等方面的办法和措施；所称技术革新、技术开发，主要是指对科学技术、业务的开发和对生产设备、工具、工艺技术等方面所作的改造和挖潜。

第三条　本办法由总工室组织实施。

第四条　项目的范围：

（1）适用于市场的新产品、新技术、新工艺、新材料、新设计；

（2）对引进的先进设备和技术进行消化、吸收、改造；

（3）开拓新的生产业务；

（4）计算机技术在通信生产和管理中的应用；

（5）发展规划的理论和方法、公司经营管理、人员培训等软科学的研究；

（6）生产中急需解决的技术难题。

第五条　项目的来源：

（1）由上级单位下达的项目；

（2）由本公司有关部门下达的项目；

（3）各部门根据生产和管理需要提出的项目。

第六条　任何单位及个人无正当理由，不得阻止有关人员进行项目申报和奖励申请。

第七条　对弄虚作假、骗取荣誉者，公司科技项目评审委员会有权撤销其荣誉称号，追回奖金，情节严重者，追究其行政或刑事责任。

第八条　本办法自颁布之日起开始施行。

▲提案建议管理条例

总则

第一条　为了调动广大员工的积极性、创造性，推动公司提案建议和技术革新、技术开发工作的开展，促进生产技术的进步，改善经营管理，增加公司活力，特制定本条例。

第二条　提案建议和技术革新、技术开发工作是公司管理的重要组成部分，是提高公司素质的重要手段。各部门要积极发动、支持和鼓励员工开展这项活动。

第三条　本条例由总工室和科技项目评审委员会组织实施。

奖励范围

第四条　本条例实施奖励的范围包括两个方面：一是被采纳取得效果的合理化建议；二是取得成果的技术革新、技术开发项目。

第五条　合理化建议和技术革新、技术开发项目应该在如下诸多方面发挥效用：

（1）改善经营管理，提高通信质量和经济效益；

（2）应用新技术、新设备、新材料、新工艺，推广新的科技成果，对引进的先进设备和技术进行消化、吸收、改造，取得明显的经济效益；

(3) 开拓新的业务，增加企业收入；

(4) 计算机技术的应用取得明显的经济效益；

(5) 改善劳动组织，减轻劳动强度，改进设备维护、业务操作方式方法，提高劳动生产效率；

(6) 节约能源及其他费用开支，降低生产成本；

(7) 降低工程造价，节约基建投资；

(8) 解决公司在生产中急需的重大技术难题。

奖励的申报和审查

第六条 成果评审鉴定后，对于需要申报奖励的项目，已在上级主管部门立项的由总工室按有关规定向上申报；未在上级主管部门立项的由公司各部门填写《科学技术进步奖申请表》报总工室。

第七条 向上报奖的项目由上级主管部门审查，其余项目由公司科技项目评审委员会负责审查。

第八条 公司科技项目评审委员会将从各部门申报的项目中选择优秀项目，向上申报科学技术进步奖。

第九条 未向上报或上报而未获奖的项目，由公司科技项目评审委员会组织评定奖励。

奖励标准

第十条 对符合奖励条件的合理化建议或技术革新、技术改造项目，按其产生经济效益的大小参照下列数额作一次性奖励。

年节约或创造经济效益奖励标准

年节约或创造经济效益	奖金数额
10 万元以下	1000～5000 元
10 万～50 万元	5000～20000 元
50 万～100 万元	2 万～3 万元
100 万～500 万元	3 万～5 万元
500 万～1000 万元	5 万～10 万元
超过 1000 万元	10 万元以上

第十一条 对于经济效益不容易估算的项目，评审委员会可按其作用大小、技术难易、创新程度、推广价值，给予科学、客观、公正的评判，确定相应的奖励等级。

奖励标准

奖励等级	奖金数额
特　等	50000 元以上
一　等	10000 元
二　等	6000 元
三　等	4000 元
四　等	2000 元
五　等	1000 元
六　等	500 元

附则

第十二条　公司科技项目评审委员会必须公正、实事求是地对合理化建议和技术革新、技术开发项目进行评奖，评审人员及其他与项目无关人员不能在奖金中分成。

第十三条　对获奖项目及人员有争议的，须待争议解决之后才能给予奖励。

第十四条　本条例自颁布之日起开始实行。

▲员工建议管理办法

第一条　为倡导员工参与管理，并激励员工就其平时工作经验或研究心得，对公司业务、管理及技术，提供建设性的改善意见，借以提高经营绩效，特制定本办法。

第二条　本公司各级员工对本公司的经营，不论在技术上或管理上，如有改进或革新意见，可向行政管理部索取建议填写表格，将拟建议事项内容详细填列。如建议人缺乏良好的文字表达能力，可洽请行政管理部经理或单位主管协助填列。

第三条　建议书内容有如下几项。

（1）建议事由：简要说明建议改进的具体事项。

（2）原有缺失：详细说明在建议案未提出前，原有情形之未尽妥善处以及应予革新处。

（3）改进意见或办法：详细说明建议改善之具体办法，包括方法、程序及步骤等项。

（4）预期效果：应详细说明该建议案经采纳后，可能获得的成效，包括提高效率、简化作业、增加销售、创造利润或节省开支等。

第四条　建议书填妥后，以邮寄或面递方式，送交行政管理部经理。

第五条　建议书内容如偏于批评，或无具体的改进或革新实施办法，或不具真实姓名者，行政管理部经理可不予交付审议，其有真实姓名者，由行政管理部经理据实委婉签注理由，将原件密退原建议人。

第六条 本公司为审议员工建议，设置员工建议审议委员会（以下简称“审委会”），各下属单位主管为当然审议委员，会议经理为召集人，在必要的时候，行政管理部经理与召集人洽商后，可邀请与建议内容有关的单位主管出席。

第七条 审委会的职责如下：

（1）审议员工建议案件；

（2）员工建议书评审标准的研讨事项；

（3）建议书奖金金额的研议；

（4）建议书实施成果的检验；

（5）其他有关建议制度的研究改进事项。

第八条 行政管理部收到建议书后，认为应审议的，应于收件后3日内编号密封送交审委会先行评核。

前项审委会的审议除因建议书特殊可延长至30天外，一般应于收件日起15天内完成审议工作。

第九条 本公司员工所提建议，具有下列情形之一者，应予奖励：

（1）对于公司组织研提调整意见，能收到精简或强化组织功能效果的；

（2）对于公司商品销售或售后服务研提具体改进方案，具有重大价值或增进收益的；

（3）对于商品修护的技术提出改进方法，值得实行的；

（4）对于公司各项规章、制度、办法提供具体改进建议，有助于经营效能提高的；

（5）对于公司各项作业方法、程序、报表等提供改进意见，具有降低成本、简化作业、提高工作效率的；

（6）对于公司未来经营的研究发展等事项，提出研究报告，具有采纳价值的。

第十条 奖励的标准，由审委会各委员依员工建议书评核表各个评核项目分别逐项研讨并评定分数后，以总平均分数依下表拟定等级及其奖金金额。

奖励标准

等　级	奖　金
一等	200 元
二等	400 元
三等	600 元
四等	800 元
五等	1000 元
六等	2000 元
七等	3000 元
八等	5000 元
九等	7000 元
十等	10000 元
特等	50000 元

第十一条　建议书经审委会审定认为不宜采纳施行的，应交由行政管理部经理据实委婉签注理由，通知原建议人。

第十二条　建议书经审委会审定认为可以采纳、施行的，应由审委会召集人会同行政管理部经理于审委会审定后 3 日内，以书面详细注明建议人姓名、建议书内容及该建议书施行后对公司的可能贡献、核定等级及奖金数额与理由，连同审委会各委员的评核表，一并报请经营会议复议后由总经理核定。

经审委会核定其等级在第四等以下者，由审委会决议后即按等级发给奖金。经经营会议复议后认为可列为第十等者，应呈请董事长核定。

第十三条　为避免审委会各委员对建议人的主观印象，影响评核结果的公平，行政管理部经理在建议书未经审委会评定前，对建议人的姓名予以保密。

第十四条　建议书如系由两人以上共同提出者，其所得的奖金，按人数平均发给。

第十五条　有下列各情形之一者，不得申请评奖：

（1）各级主管人员对其本身职权范围内所作的建议；

（2）被指派或聘用从事专门研究工作而提出与该工作有关的建议方案者；

（3）由主管指定从事业务、管理、技术的改进或工作方法、程序、报表的改善或简化等作业，而提出改进建议者；

（4）同一建议事项经他人提出并已获得奖金者。

第十六条　本公司各单位如有问题或困难，需要解决或改进时，经呈请总经理核准后可公开向员工征求意见，所得建议的审议与奖励，依本办法办理。

第十七条　员工建议书的最后处理，应由行政管理部通知原建议人。员工所提建议，不论采纳与否，均应由行政管理部负责归档。经核定给奖的建议书，应在公司公布栏及公司月刊中表扬。

第十八条　本办法经呈请总经理核准后公布施行，修订时亦同。

▲提案改善制度

目的

第一条　为集中个人的智慧与经验，鼓励员工提出更多的有利于公司生产改善、业务发展的建议，以达到降低成本、提高质量、扩大公司经营、激励同人士气的目的，特制定本办法。

范围

第二条　提案内容包括本公司生产、经营范围，具有建设性及具体可行的改善方法等。

（1）各种操作方法、制造方法、生产程序、销售方法、行政效率等的改善。

（2）有关机器设备维护保养的改善。

（3）有关提高原料的使用效率，改用替代品原料，节约能源等。

（4）新产品的设计、制造、包装及新市场的开发等。

（5）废料、废弃能源的回收利用。

（6）促进作业安全，预防灾害发生等。

第三条　提案内容如属于下列范围，为不适当的，不予受理：

（1）攻击团体或个人的；

（2）诉苦或要求改善待遇的；

（3）与曾被提出或被采用过的提案内容相同的；

（4）与专利法抵触的。

提案

第四条　提案人或单位，应填写规定的提案表，必要时可另加书面或图表说明，投入提案箱。每周六开箱一次。

审查

第五条　审查组织。

（1）各厂成立“提案审查小组”，由有关主管组成；

（2）公司成立“提案审查委员会”，由各厂长及公司有关部门主管组成，并设执行秘书。

第六条　审查程序。

（1）各提案表均须先经各厂“提案审查小组”初审并经评分通过后，方可汇报“提案审查委员会”（公司各部门提案均送委员会）；

（2）“提案审查委员会”每月视需要，召开1～2次委员会会议，审查核定各小组汇送的提案表及评分表，必要时并请提案人或有关人员列席说明。

第七条　审查准则。

（1）提案审查项目及配合：

①动机20%；

②创造性15%；

③可行性25%；

④回收期投资30%；

⑤应用范围10%。

（2）成果审查项目及配合：

①动机15%；

②创造性20%；

③努力程度15%；

④投资回收期25%；

⑤效益25%。

处理

第八条　审议采用的提案，由有关部门实施，除通知原提案人外，予以进行成效检查。

第九条　不采用的提案，将原件发还原提案人。

第十条　保留的提案，须经较长时间考虑的，先将保留理由通知原提案人。

第十一条　成果检查。

（1）实施的提案，各实施部门应认真执行，每月应填具成果报告表，呈直接主管核定后，转呈各厂“提案审查小组”。经3个月的考核，并予评分后，再呈“提案审查委员会”。

（2）“提案审查委员会”依“审查小组”所报的成果报告表及评分表作审查核定。

奖励

第十二条　提案奖励：改善提案由“审查委员会”评定，凡采用者发1200～6000元的提案奖金，未采用者发50元的奖金。

第十三条　成果奖励：“审查委员会”依提案改善成果评分表，可核发5000～10000元的奖金。

第十四条　特殊奖励：提案采用、实施后，经定期追踪，成果显著、绩效卓越者，由“提案审查委员会”核计实际效益后，报请核发20000～100000元的奖金。

第十五条　团体特别奖：以科为单位，6个月内，每人平均被采用4件提案以上，发给前三名特别奖。

第一名：锦旗及奖金 5000 元；
第二名：锦旗及奖金 3000 元；
第三名：锦旗及奖金 2000 元。
附则
第十六条　提案内容如涉及国家专利法者，其权益属本公司所有。
第十七条　本办法经呈董事长核定后，公布实施，修改时亦同。

▲会议提案改善方案

第一条　为各单位主管踊跃提供其有利于营运改进的意见，借资提高经营的效率，并使会议能疏通及统一与会人员的意志，避免会而不议，议而不决，决而不得的弊病，与会人员除口头提出工作报告外，特制定本方案。

第二条　提案建议书，其内容如下：
（1）有关管理改进事项。
（2）提案规章的修订。
（3）有关制造技术及品质的改良，操作方法或程序及机械配置的改进事项。
（4）有关设备的设计或改造事项。
（5）有关新产品的创意或包装的改良事项。
（6）有关成本的减低事项。
（7）有关物料的节省及废料的利用事项。
（8）有关工厂安全或机械、工具的保养事项。
（9）部门间的协调事项。
（10）有关业务的调整方案。
（11）其他有利于本公司改革发展事项。

第三条　提案手续如下。
（1）应使用规定的提案建议书用纸（略）。
（2）提案建议书记载下列事项：
①提案人；
②所属单位；
③案由；
④具体内容说明（必要时附改善前后的数值比较、图画或说明资料）；
⑤研议事项（由总经理填写）。

第四条　为处理提案的顺利，请照规定时间送达总经理室以便汇编处理。

第五条　本方案经呈准后通知实施，修改时亦同。

▲提案项目申报立项制度

第一条　合理化建议由建议人填写提案申报卡，交总工室。

第二条　技术革新、技术开发项目由各部填写项目申请书报总工室。若要申请经费，须填报项目经费申请表及可行性报告。

第三条　由总工室组织相关部门对所报项目进行评审筛选、汇总后报总工程师审批。

第四条　批准立项后，由总工室向相关部门下达项目计划，项目承担部门按计划实施。

第五条　需要向上申请立项的项目，由总工室上报上级主管部门。

第六条　为了避免项目低水平重复开发，任何项目须经部门同意后才能上报，经公司立项后才能实施。

第七条　技术革新、技术开发经费列入公司管理开支。财务部每年按自有收入的1%左右作出安排，由总工室掌握使用。

▲客户提案意见处理规定

第一条　目的。

本规定的提出，旨在广泛听取客户意见，使客户的提案与意见处理规范化、标准化，做到广泛听取、及时处理、迅速反馈。

第二条　对象。

以本企业销售的全部产品为对象，企业的全部客户都应视作提案（意见或合理化建议）的提出者。

第三条　提案内容。

客户购买、使用本企业产品，最终目的在于降低使用成本。因此提案内容归结为降低使用成本，提高产品质量两方面。具体包括：

（1）提高产品标准化程度的有关建议；

（2）降低物流成本，改善销售渠道与方式的建议；

（3）有关为提高加工组装和质检效率等方面的技术性建议；

（4）提供新材料、新零部件方面的信息；

（5）有关改善售后服务等方面的建议；

（6）其他。

第四条　提案目标。

资材科每半年提出提案目标和提案收集计划，并及时通知客户。

第五条　提案的受理与处理方法。

(1) 客户将自己的提案填入统一表格，返还资材科。

(2) 资材科受理后，做受理记录，送交相关部门研究分析。

(3) 相关部门的研究分析时间原则上不超过一个月，否则，应报告具体日程安排。

(4) 相关部门将研究结果记入提案表，返还资材科，资材科告知客户提案采纳与否的同时，并就实施时间，改进措施等通报客户。

(5) 因客户提案而产生所有权问题时，如属本企业开发研制，则归本企业所有；如属本企业与客户共同开发研制，双方协议解决。

第六条　提案成果分配。

(1) 提案成果享有权为一年，其分配比例为本企业40%，客户60%；

(2) 提案实施一年后，其成果为本企业独享。

第七条　表彰与评价。

(1) 对提案成果明显的客户，依据《客户提案表彰规定》，予以表彰奖励；

(2) 提案的评价标准以供求计划确定时的成本降低额和提案件数为依据。

第八条　本规定自××××年×月×日起施行。

二、办公室会议、提案管理制度相关表格

▲会议室使用申请表

会议室使用申请表

年　月　日

日　期	时　间	会议名称	主持人	地　点	人　数	备　注

申请使用单位			管理单位		
名　称	填表人	主　管	管理人	事务科长	副经理

▲会议登记簿

会议登记簿

会议名称	会议时间	会议地点	主　席	参与人员及人数	会　次	主要决议事项

▲会议通知

兹定于　　年　　月　　日　　午　　时　　分召开　　会议，请准时参加。
随本通知送提案书一份，若有提案请填写后于开会前提交。

　　此致

×××先生/女士

召集人：

提　案　书

提案书：　　　　提案人：
提案内容：

▲会议议程表

会议议程表

会议议事日程				年　月　日
序号	程　　序	主 持 人	时间分配	备　　注
1				
2				
3				
4				
5				
6				
7				

▲会议记录表

会议记录表

编号：

开会时间：　　年　月　日　时　分至　时　分
开会地点：
会议名称：
主持人：
参加人员：
记录：
出席人员：
主持人报告：
讨论事项及结论：

▲会议决定事项催办通知单

催办通知单

<table>
<tr><td colspan="2">编号</td><td>通字〔　〕号</td><td colspan="2">催办人</td><td colspan="2"></td></tr>
<tr><td>催办内容</td><td colspan="2"></td><td>催办日期</td><td colspan="3"></td></tr>
<tr><td>受催部门</td><td colspan="2"></td><td>联系人</td><td></td><td>联系电话</td><td></td></tr>
</table>

▲年度会议计划表

年度会议计划表

会议名称	
开会地点	
开会日期	
开会时间	
会议宗旨及议题	
与会单位	
人数	
主持人	
会议召集单位	
会议主要工作人员	
与会者应备资料	
会场标志资料	
会场拟分发资料	

▲合理化建议采用通知单

合理化建议采用通知单

建议书编　号	提案内容	提案人姓　名	提案人所属单位	提案人电　话

________部门

合理化建议方案已于____月____日第____次评定会议决议采用，请尽快实施，并请开设备申请单，改善方法细节请阅提案说明。

此致

合理化建议审查委员会

年　月　日

▲提案记录表

提案记录表

年　月

提案编号	提案人	所属部门	性质			提案事项	收件日期	审核日期	审核人	结果			实施结果	核发奖金
			制程	设备	其他					可用	可试	不佳		

▲提案评定表

提案评定表

提案编号：

<table>
<tr><td>提案人</td><td></td><td>所属单位</td><td></td><td>提案日期</td><td>年　月　日</td><td>评定日期</td><td>月　日</td></tr>
<tr><td colspan="8">提案名称及大概内容</td></tr>
<tr><td rowspan="8">评定成绩</td><td>评定标准</td><td>评审意见</td><td>最高评分</td><td>评　分</td><td colspan="3" rowspan="8"></td></tr>
<tr><td>经济效益</td><td></td><td>50%</td><td></td></tr>
<tr><td>提案完整性</td><td></td><td>10%</td><td></td></tr>
<tr><td>创造性</td><td></td><td>10%</td><td></td></tr>
<tr><td>应用范围</td><td></td><td>10%</td><td></td></tr>
<tr><td>研究观察花费时间</td><td></td><td>10%</td><td></td></tr>
<tr><td>改善成本</td><td></td><td>10%</td><td></td></tr>
<tr><td>合　计</td><td></td><td>100%</td><td></td></tr>
<tr><td colspan="8">评审者其他建议：</td></tr>
<tr><td colspan="8">奖金金额评定：
①经济效益显著者：所得经济效益　　　×20%
②经济效益不明显者：评分　　　奖金</td></tr>
</table>

董事长	总经理	审查主任委员	审查小组	评定员

▲提案审查通知单

提案审查通知单

提案人：　　　　收案日期：　　　　提案编号：

所属部门：

提案事项：

预定审查日期：

经办人：__________

第四章　办公室文书档案管理制度

一、办公室文书档案管理制度范本

▲文书管理制度

第一章　总　　则

第一条　为确保文书事务顺利进行，促进与提高组织管理工作的效率，特制定本制度。

第二条　所谓“文书”是指业务工作上往来公文、报告、会议决议、规定、合同书、专利许可证书、电报、各种账簿、图表、参考书等一切业务用书。

第三条　关于文书的相关规定。

（1）文书的收发、领取与寄送，原则上由总公司办公室负责；

（2）分公司或分支机构的文书管理，另有文书管理细则作出规定。

第二章　文书的收发

第四条　到达文书全部由办公室的文书主管部门接收，并按下列要点处置。

（1）一般文书予以启封，分送各部门；

（2）私人文书不必开启，直接送收信人；

（3）分送各部门的文书若有差错，必须立即退回办公室。

第三章　文书的处理

第五条　文书按机密程度可分为以下几类。

（1）绝密，指极为重要并且不得向无关人员泄露内容的文书；

（2）机密，指不宜向公司以外人员透露内容的文书；

（3）秘密，指次重要并且所涉及内容不能向公司内外无关人员透露的文书；

（4）普通，指非机密文书。如果附有其他调查问卷之类的重要东西，则另当别论；

（5）传阅，指在本公司内部传递传看的文书。

第六条　普通文书的处理原则如下。

（1）由部门经理以上级别的主管负责对文书进行审阅、回答、批办以及其他必要的处理，或者由其指定下属对文书进行具体处理；

（2）如果遇到重要或异常事项，必须及时与上一级主管取得联系，按上级指示办理；

（3）各种有关联的事项，必须与各部门商议后方能处置。

第七条　机密文书的处理原则如下。

（1）机密文书原则上由责任者或当事者自行处理；

（2）指名或亲启文书，原则上应在封面上注明文书所涉及事项的要点和发文者姓名，并由发文者封缄；

（3）到达的指名或亲启文书，原则上由信封上所指名的人开启，其他人不得擅自启封。如果某主管在职务上有权替代文件所指名者，不受本条规定的约束。

第八条　文书的阅览原则如下。

（1）某文书被阅览后，阅览者必须签字，表示已经阅览完毕。如有必要，可在文书的空白处填写阅览后的意见，并转给或交还文书的主管；

（2）有必要在各部门传阅的文书，必须附上“传阅登记簿”，按“传阅登记簿”规定栏目填写，并最终交还文书主管。

第九条　与各部门有关的文书，在处理意见上如果存在分歧，则由文书的主管部门出面进行协商，如果不能协商一致，上报或请示上级领导，由上级裁决。

第四章　请示审批

第十条　凡公司经营重要事项，都必须经请示并获得董事会、总裁和常务董事审查、裁决和公文批复之后，方能实行。

第十一条　须请示审批事项如下。

（1）职务及重要人事安排；

（2）各种制度性规定的变更；

（3）重要契约的缔结、解除与变更；

（4）诉讼行为；

（5）与政府机构有关的各种重要的请求回执、申请等；

（6）土地、建筑物以及事务所权利的购买与转让；

（7）大额馈赠、谢礼以及宣传广告费用的开支；

（8）分支机构的增减与升降；

（9）预算与决算等事宜；

（10）借款与贷款以及借贷银行的开设与变更；

（11）重要高额物品的采购，不急用或不需要物品的转让或廉价出售；

（12）定期或不定期刊物的发刊、修改与废除以及费用开支的修订；

（13）有关公司经营的重要计划与企划；

（14）其他上述未涉及的重要事项。

第十二条　请示审批者为分公司经理以及以此为标准确定的主管。

第十三条　请示审批的事项，必须以提案文书的方式，经主管呈交总部。如果事情紧急，允许直接以非文书形式请示，但事后必须尽快撰写请示提案文书上报。

第十四条　请示提案文书的内容包括标题、正文、理由、说明和附录。提案文书应一式多份，分送有关部门，如业务部门、出版部门、总务部门和财务部门等。

第十五条　请示提案文书必须编号，注明起草者或请示者、所属分支机构及部门，并签名盖章。

第十六条　请示审批内容一旦被上级认可并作出决定，则以请示提案书（副本）替代批复返回，并请有关部门予以执行。

第十七条　请示提案原本归办公室保管。

第五章　文书的制作

第十八条　文书制作要领如下。

（1）文书必须简明扼要，一事一议，语言措辞力求准确、规范；

（2）起草文书的理由包括起因以及中间交涉过程，加以证明的必须作出交代，必要时附上相关资料与文件；

（3）必须明确起草文书的责任者，并署上请示审批提案者姓名；

（4）对请示提案文书进行修改时，修改者必须认真审阅原件，修改后必须署名。

第十九条　文书的起草必须征得主管同意，并且在主管有了明确的决定之后进行。文书起草只是一个“文书化”的过程与结果。文书的草案必须予以保存。

第二十条　重要文书，必须经过公证，并且在正式文书形成前，掌握并附上具有价值的证据或证明文件。

第二十一条　文书的署名按下列规定进行。

（1）公司内文书，如果是一般往来文书，只需主管署名；如果是单纯的上报文书，或者不涉及各部门且内容不重要的文书，只需部门署名；如果是重要文书，按责任范围由总裁、副总裁、常务董事署名，或者署有关部门的主管姓名与职务；

（2）对外文书，如合同书、责任状、政府许可申请书、回执、公告等重要文书，一律署总裁职务与姓名。如果是总裁委托事项可由指名责任者署名。上列规定以外的文书，也可署分公司或分支机构主管的职务与姓名。

第二十二条　文书的盖章按下列要点进行。

（1）在正本上必须加盖文书署名者的印章，副本可以加盖署名者或所在部门印章；

（2）如果文书署名者不在，可加盖职务或代理者印章，并加盖具体执行者印章替代。但在这种情况下，文书存档前必须加盖署名者印章；

（3）以部门或公司名义起草的文书，在旁侧加盖有关责任者印章。

第二十三条　总裁与公司印章按下列原则使用。

（1）在有必要加盖总裁、公司印章时，必须填写委托申请书，经所属部门主管认可并且加盖印章之后，向办公室提出；

（2）办公室主管经审核，签名盖章，批准申请。如有必要则需请示加盖总裁或公司印章；

（3）在需要总裁签字的情况下，手续同前；

（4）经办公室批准后，去印章保管员处加盖公司印章；

（5）一些带有公司字样或总裁职务字样的印章，须经主管同意，由印章保管员加盖。

第六章　文书的发送

第二十四条　一些需要邮寄或专人递交的文书，按下列要点进行发送，必要时还须给文秘室以回复或回执。调查报告不受本条规定限制。

（1）文书封面必须明确写清发送或接收单位、单位地址以及收件人姓名，并且注明“快递”“邮寄”“面呈”或“转交”等字样；

（2）公司内部文书原则上不作封缄。

第二十五条　各部门的邮寄文书，必须于发送前在“发信登记本”与“邮资明细账”上登记、填写。

第七章　文书的整理与保存

第二十六条　全部完结的文书，分别按所属部门、文件机密程度、整理编号和保存年限进行整理与编辑，并在“文书保存簿”上做好登记，归档保存。

第二十七条　分公司或分支机构的文书分为两类：一类是特别重要的文书，直接归主管保存；另一类是一般的文书，留存各部门保管。

第二十八条　文书的保存年限如下。

（1）永久保存文书，包括章程、股东大会及董事会议事记录、重要的制度性规定；重要的契约书、协议书、登记注册文书；股票关系文书类；重要的诉讼类文书；重要的政府许可证书；有关公司历史的文书；其他重要的文书；

（2）保存10年文书，包括请求审批提案文书；人事任命文书；奖金工资与津贴有关文书；永久保存以外的重要文书；

（3）保存5年文书，指不需要保存10年的次重要文书；

（4）保存1年文书，指无关紧要或者临时性文书。如果是调查报告原件，则由所在部门主管负责确定保存年限。

第二十九条　全部重要的机密文书，一律存放在保险柜或带锁的文件柜中。

第三十条　保存期满以及没必要继续保存的，经主管决定，填写废除理由和日期之后，予以销毁。

第三十一条　如果职务或部门划分发生变更，或者作出调整，则必须在有关登记簿上注明变更与调整的理由，以及变更与调整后的结果。

第三十二条　必须做好重要文件的借阅登记工作，并注明归还日期。一切借阅都必须出具借阅证。

▲公文管理制度

第一条　公文管理是指收文、文件制作与发文。

第二条　行政管理部收文员收文依下列程序处理：签收、拆封、登记、分阅、承办、催办。

第三条　参加上级机关召开会议带回的文件材料，交集团行政管理部按收文程序处理。

第四条　行政管理部收文员对传阅的文件要及时回收。回收文件时要在文件登记表上予以注销。

第五条　公文制作。

（1）公司常用公文种类为：请示、批复、报告、通知、通告、决定、函、会议纪要等。

（2）以公司名义向上级机关呈报的请示、报告及公司有关人、财、物方面的重要决定，发文字号为：××公司发［××××］第××号。

一般工作联系和业务往来采用便函，按年度编流水号。

公司办公例会纪要编号为：××公司纪字［××××］第×次。

（3）公文格式按国家规定的标准执行。

第六条　公文制发程序。

主办部门承办人拟稿，部门负责人审核，行政管理部核稿，总裁签发，行政管理部负责登记、编号、缮印、封发。文件中涉及多部门时，由主办部门与有关部门协商、会签。会签稿以部门负责人签字为准。

第七条 行政管理部有权根据集团规定及有关政策对文稿进行修改。内容不实、格式不符的文稿可以退回拟稿部门。

第八条 上报、下发的文件应注明机密等级、急缓程度、发放范围。

▲文书制作处理规定

第一条 目的。

凡公司内的公务文件，除有特殊规定外，一律依照本规定。

发往公司以外的文件除有特殊规定外，也适用本规定。

第二条 名义。

公务文件的往来以各部长及部主管的名义签署，有些简单事项的文件，也可以部门的名义签署。

第三条 呈交公司经理的文件。

凡需呈递公司经理的文件，需逐级上报。各级领导需在调查核实的基础上，写出意见，注明需呈报经理的姓名，然后上报。若不需呈报，则在该文书右上方空白处注明拟文单位的名称、文号、年月日。

第四条 文书格式。

（1）公务文件应尽可能简单明了，使用楷书。

（2）文体使用口语即可。

（3）为了陈述理由和经过，有时会使正文繁复，这时可将此部分内容作为附件记于另外的纸上。

第五条 文件号码。

文件上应有制发单位规定的号码，还应标明与此份文件有关的关键词及复文文件的号码、年月日，以便处理。

第六条 书写格式。

（1）文件通常在第一行写上文号，第二行写上能揭示文件内容的标题，另起一行写制发年月日、制发者名称，再一行写明收件人姓名，然后在下一行写文件内容。

（2）在属于复审呈报的情况下，通常采取在文件末尾用后记的形式证明，应在文件末尾隔一行处写下复审件的号码、必要事项、年月日及复审者姓名。

（3）由部长发出的指令性文件上应有各收文单位的名称，必要时要写上号码和年月日。

第七条 签署及用印。

文件制发者及收件者应注明职务，也可根据情况只署姓名。在文件制发者

（个人或单位）的下方盖上制发者个人或制发单位的印章，文件处理人将以此作为依据。但同时发往多个单位的文件如通知等，为了简便，多采用印制好的印刷品，此时签名及盖印即可省略。

第八条 封签上的记录。

文件信封上的记录，依照以下各条进行。

（1）用于普通文件的信封上，要写明送达单位的名称及“公启”的字样，同时在左侧写上是否加急挂号等，并在其下写上发文号码。信封背面写发文单位。

（2）秘密文件的信封上，除要在正面的左侧写上“秘”的字样外，其他参照第一条。

（3）必须收文者自行开启的文件，信封上要写清姓名，同时在姓名后方写上“亲启”字样。

（4）机密文件要用两层信封，内封上写文件标题，外封上的标志参照以上各条在左侧写明“秘”的字样。

（5）文件内容特别需要保密的或有其他重要内容的可参照前项。

（6）本条款第一项中所列内容，除有关机密的外，简易的文件可依照第二条进行，只要在信封背面左下角用小号字印上单位名称即可。

第九条 文件用纸。

文件所用纸张另行规定（略）。

第十条 墨水。

文件原则上应用黑色墨水书写或印刷。在使用墨水时要特别注意纸张的性能，文字应清晰可辨。

第十一条 文件种类的区分。

部、科长发文应根据文件的不同作用依以下原则区别使用不同文种。

（1）提案，不仅仅是发出指令，而且希望将其意见广为讨论。

（2）承认，就有关事务进行认定。

（3）请示，所报内容等候裁定。

（4）报告，关于指示的答复性汇报。

（5）申请，请示对自己或有关事项处理的许可和承认，也可用于单方面提出申请。

第十二条 指示类文件的区别。

公司经理及各部门领导对下属发布的文件依以下要求区别使用，虽不是部下但同属命令所及范围的也应参照执行。

（1）指示，对申请、请示及要求的答复。

（2）传达，将一方有关事务上的指令告诉给另一方。

（3）训令，给下级的命令或注意事项。

第十三条　电文。

电文的格式按公文格式，记录方式另行规定。

第十四条　依靠电信传达的文件，要求特别简明，避免使用容易误解的文字，并省略敬语以使电文简短。

电报通常在结尾处注明发电单位的代号。

重要的电信文书，在发出电报的同时，还应将有关材料以书写或印刷的方式成文送交收件人。

第十五条　文书的起草及制发要领。

（1）办公室的通告、通知、会议文件或传阅文件、机构内部文件以及对外发文须根据本要领起草，并经办公室主任审核或经相关业务科室领导合议后制成。

（2）文件形成者在制定文件时须经主管上级审核。

（3）审核者须对文件的形式、内容进行认真审阅、核查，对不当之处加以修正，使之明白无误。

（4）文件形成者在制定文件时应注意以下几点。

①文件应是一文一事。

②除有特殊规定外，应注明以下事项：文号、发文日期、发文机关（发文者）、收文机关（收文者）、文件标题、文件拟稿人及有关责任者。

③文件标题应简洁明了，准确鲜明地揭示文件内容。

④文字应尽可能口语化，通俗易懂。

⑤行文要层次清楚，准确使用标点符号，必要处划分段落。

⑥对于两页以上的文件要标明页码。

⑦对于文件中引用的其他相关文件，要注明其文件号和文件形成日期。

（5）文件号可按如下方法编制。

①机关内部文件可注明本科室代字或代号，连续性文件应注有连续号。

②对外行文时应注明本机关代字或代号。

（6）在书写或印刷文件时应为事后的整理、装订留下余白处。

（7）内容简单、非机密文件不一定密封发出，可直接传阅或发送。

（8）对于定期制发文件或使用频率较高的文件，为简化手续，可事先规定好行文格式和文例，并以此为准事先做好印刷准备。

（9）除有特别规定外，发文通常应按如下规定注明发文机关（发文者）。

①办公室文件注明办公室主任姓名。

②机关内部文件注明承办科室负责人姓名。

③对外发文注明收文机关团体名称。

④会议文件按规定署名，原则上理事会或常务理事会注明理事长，各种委员会注明委员长姓名。

（10）发文时对收件人应按如下规定书写。

①对担任领导职务的理事等应注明其姓名及职务。

②对全体会员可书写“各位委员”。

③对某一特定委员可注明该委员姓名及所在单位名称。

（11）对某些有特殊处理要求的文件应按如下规定予以注明。

①对有密级的文件应注明“秘密”“机密”“绝密”字样。

②须紧急处理的文件应注明“急件”。

③参考资料应注明“参考”。

④传阅文件应注明“传阅”。

⑤挂号信函、快递、特快专递等应在发送时分别处理。

（12）文件一般应保存副本两套备查，必要时可根据需要处理。

▲文书收发作业规范

第一章　文书的收发

第一条　本公司所有外来文书，都由办公室文秘室统一接收。

第二条　文秘室按下列规定处理所到达的文书。

（1）把公司文书与私人文书区分开来。

（2）由文秘室直接开启送达的公司文书，并在文书的空白处加盖收发印章，注明收发日期。

（3）对于送达各部门且不开启也能估计事项并不重要的文书，以及绝密文书、亲启文书，只要在封面上加盖文秘室收发印章、注明收发日期即可。

第三条　凡符合下列规定的文书，都必须做好登记。

（1）在一般文书或送交部门的普通文书中，如果判定或者未开启也能判断是重要的文书或者夹有重要物品的文书。

（2）专人传递送达的文书。

（3）标有“绝密”类或亲启字样的文书。

第四条　文秘室必须优先处理电报、特快专递类文书，不得拖延。

第五条　凡下班后，或规定工作时间以外，或节假公休日到达的文书，一律由值班人员接收，于此后第一个工作日早晨移交文秘室。

第六条　文书的分发按下列要点进行。

（1）写给各部门的文书，经登记后直接分发给各部门。

（2）重要文书、专递文书或者夹有重要物品的文书，直接送交文书接受人，在接受人不在的情况下，嘱托科室主管转交，领取文书者必须在登记簿上签名盖章。

（3）文书中一切夹带或附有的物品，必须原样送到当事人手中。

（4）私人信件直接分送本人（在特殊情况下也可由代理者领取）；在必要情况下，让领取者在登记簿上签名盖章。

第七条　各部门在接到文书时，在必要情况下，给文秘室一个回复，表示那些需要回复的文书已经收到。

第八条　分送给各部门的文书，如果出现差错，直接退回文秘室，再由文秘室处理。

第九条　收到电报后，在“文书登记簿”上做好登记；接到电话后填写“电话记录传票”，但普通的电话不必记录。

第二章　文书的寄发

第十条　文书的邮寄、送发统一由办公室文秘室负责。

第十一条　寄发公司外的一般文书，各部门、科室及有关人员封缄之后，直接送交文秘室统一寄发。

第十二条　文秘室汇集所有待发文书，做好文书发送登记。

待发文书必须在一定时间内发送出去。特快专递以及电报等文书，必须即时发出。

第十三条　凡机密或亲启文书，文秘室必须加盖“绝密”“密”“亲启”等字样印章后发送，并给发文部门、科室或发文者以必要的回复。

第十四条　其他重要文书或快递文书，必须加盖“专递”“面呈”“快递”等字样印章，并给发文者必要的回复。

第十五条　邮费与电报费用由文秘室统一开支。

第十六条　文秘室按月计算全部邮费与电报费用开支。

▲立卷管理规定

第一条　对公司各部门处理完毕或批存的文件材料的立卷归档，依照此规定执行。

第二条　公司各部门应根据本部门的业务范围及当年工作任务，编制平时文件材料归卷使用的“案卷类目”。“案卷类目”的条款必须简明确切，并编上条款号。

第三条　公文承办人员应及时将办理完毕或经领导核准保存的文件材料搜集齐全，加以整理，送交本部门专（兼）职文书归卷。

第四条　专（兼）职文书人员应及时将已归卷的文件材料，按照“案卷类目”

条款“对号入座”，放入平时保存文件卷夹内，并在收发文登记簿上注明。

第五条　为统一立卷规范，保证案卷质量，立卷工作由相关部室兼职档案员配合，档案室文书档案员负责组卷、编目。

第六条　案卷质量总的要求是：遵循文件的形成规律和特点，保持文件之间的有机联系，区别不同的价值，便于保管和利用。

第七条　归档的文件材料种数、份数以及每份文件的页数均应齐全完整。

第八条　在归档的文件材料中，应将每份文件的正件与附件、印件与定稿、请示与批复、转发文件与原件、多种文字形成的同一文件，分别立卷在一起，不得分开。文电应合一立卷，绝密文电单独立卷，少数普通文电如果与绝密文电有密切联系，也可随同绝密文电立卷。

第九条　不同年度的文件一般不得放在一起立卷，但跨年度的请示与批复，放在复文年立卷；没有复文的，放在请示年立卷；跨年度的规划放在第一年立卷；跨年度的总结放在最后一年立卷；跨年度的会议文件放在会议开幕年立卷，其他文件的立卷按照有关规定执行。

第十条　卷内文件材料应区别不同情况进行排列，密不可分的文件材料应依序排列在一起，即批复在前，请示在后；正件在前，附件在后；印件在前，定稿在后；其他文件材料依其形成规律或特点，应保持文件之间的密切联系并进行系统的排列。

第十一条　卷内文件材料应按排列顺序，依次编写页号。装订的案卷应统一在有文字的每页正面的右下角、背面的左下角打印页号。

第十二条　永久、长期和短期案卷必须按规定的格式逐件填写卷内文件目录。填写的字迹要工整。卷内目录放在卷首。

第十三条　有关卷内文件材料的情况说明，都应逐项填写在备考表内。若无情况可说明，也应将立卷人、检查人的姓名和日期填上以示负责。备考表应置卷尾。

第十四条　案卷封面，应逐项按规定用毛笔或钢笔书写，字迹要工整、清晰。

▲文件立卷与归档办法

第一条　文件的归档范围。

（1）凡下列文件统一由两办负责归档。

①上级机关来文，包括上级对工厂报告、申请的批复。

②厂部发出的报告、指示、决定、决议、通报、纪要、重要通知、工作总结和生产经营工作的各类计划统计，季度、年度报表等。

③厂长办公室、厂务会、工厂管理委员会、中层管理会以及各种专业例会记录。

④厂职代会、工会会员代表大会等厂一级组织召开的代表大会所形成的报告、总结、决议、发言、简报、会议记录等。

⑤有保存价值的人民来信、来访记录及处理结果。

⑥参加上级召开的各种会议带回的文件、资料及本厂会上汇报发言材料等。

⑦上级机关领导来厂检查视察工作的报告、指示记录以及本厂向上级进行汇报的提纲和材料。

⑧反映本厂生产、经营活动、先进人物事迹及厂领导工作等的音像制品。

⑨工厂日志和大事记。

⑩工厂向上级请示批复的文件及上报的有关材料。

（2）业务科室、各群众团体日常工作中形成的活动资料，由各业务科室、群众团体负责立卷归档。

第二条 立卷要求。

（1）文件立卷应按照内容、名称、作者、时间，分门别类地进行整理归档。

（2）立卷时，要求把文件的批复、正本、底稿、主件、附件搜集齐全，保持文件、材料的完整性。

（3）要坚持平时立卷与年终立卷归档相结合的原则。重要工作、重要会议形成的文件材料，要及时立卷归档。

（4）上年度形成的文件材料，要求在下年度 5 月份以前整理完。6 月份正式向档案馆（室）移交，清单一式两份（接交单位各留存一份备查）。

第三条 文件的销毁。

（1）对于多余、重复、过时和无保存价值的文件，两办机要室应定期清理造册，并按上级有关规定，办理申请销毁手续。

（2）经审核同意销毁的文件，应派专车分别由两办机要秘书和正、副主任护送到上级机关指定的造纸厂并监视销毁。

▲文件保管规定

第一条 此处所指的文件，包括各种规定、来往文件、信件调查书、报告、契约、凭证类文件、决议、参考文件、账簿及其传票、统计表等一切业务用文件。

第二条 公司的文件处理，必须收、发的分清责任所在。

第三条 账簿等财会资料按我国相关规定执行，其他文件从组卷时算起，保存期限分为如下 5 种：

（1）永久保存；

（2）保存 10 年；

（3）保存 5 年；

（4）保存3年；
（5）保存1年。
第四条　文件的保管期限依照以下标准制定。
（1）永久保存的文件。
①公司法规及公司代表大会文件。
②董事会及其他重要会议的文件。
③有关经营方针及事业规划。
④预、决算材料。
⑤各项规章的制定及修改和废止情况。
⑥公司总部机构的指示及决定。
⑦重要的权利、财产的得失保全及其变更的情况。
⑧重要契约、合同的缔结、解除及其变更。
⑨有关公司员工的升降、赏罚及授予的重要内容。
⑩向官方提请的文件及官方批复文件中的重要部分。
⑪重要的诉讼文件。
⑫重要的统计及调查。
⑬除上述内容之外被认为重要的文件。
（2）需要保存10年的文件。
①上述各种文件中不需要永久保存的。
②与永久保存文件有关的手续、报告等。
③事业规划及经营方针的实施细则。
④预算的统一制定及实施细则。
⑤权利和财产的得失、保全及其变更。
⑥诉讼及登记。
⑦与各规定相关的指示事项。
⑧员工的升降、赏罚。
⑨有关员工的卫生保健和福利设施。
⑩递交官方的文件及官方下达的命令。
⑪有关调查的内容。
⑫业务上的差错及事故。
⑬除以上内容之外，不属于永久保存的具有重要意义的文件。
（3）需保存5年的文件。
以上两项所列各业务中产生的报告、调查及参考资料。参照前记各项相关的文件。
（4）需保存3年的文件。
①与经营无关的一般往来文书，但过于简单的除外。

②比较一般的通知书、报告书、调查书及参考文件，特别简单的除外。

③比照其他各项相关文件。

（5）需保存1年的文件。

①简单的来往文件。

②特别简单的通知、报告、调查及参考文件。

③用途单一的文件。

第五条　办理完毕的文件需进行适当的整理、装订，此项工作由办公室进行。

第六条　整理过的文件，应在附页上注明文件号码、名称、保管期限、单位名称及起止年月日，并将其记入同样内容的文件清单，分门别类地保管。

第七条　各科需要保存的文件向办公室移交时，依照另行规定执行。移交时间一般定在账目封存和其他文件归类完成时。

第八条　需要查阅已归档的文件时，需要履行有关手续。查阅时不得将需查阅的文件从装订的文件集合中取下。

第九条　文件在保管期限中，如果失去了最初认定的保管意义，可通过有关部门合议，缩短保管期限。

需要保密的文件，要特别注意其内容不得外泄。需经适当的责任认可方可查阅。

第十条　当机构取消或合并、分设时，应及时进行文件的移交，明确其保管单位。

第十一条　重要文件应选择安全的场所保管，如遇紧急情况，需要提前转移文件时，须持特别许可证方可办理。

第十二条　文件的销毁。

（1）已过保管期限的文件，可考虑销毁。

（2）销毁原则上采用送往造纸厂，少量文件可用碎纸机销毁，一般性的资料可采取卖掉的方式。

（3）销毁归档文件，须履行必要的手续。

▲文书寄发规定

第一条　主管科室。

文书的邮寄、送发统一由办公室文秘科负责。在不得已情况下，由适宜的部门、科室寄发，但有必要事后向文秘科作出报告与说明。

第二条　一般文书。

全部寄发公司外的一般文书，各部门、科室及有关人员封缄之后，直接送交文秘科统一寄发。

第三条 寄发。

文秘科汇集所有待发文书，做好“文书发送登记”。

待发文书必须在一定时间内发送出去。特快专递以及电报等文书，必须即时发出。

第四条 机密、亲启文书。

凡机密或亲启文书，文秘科必须加盖“绝密”“密”“亲启”等字样印章后发送，并给发文部门、科室或发文者以必要的回复。

第五条 重要文书。

其他重要文书或快递文书，必须加盖“专递”“面呈”“快递”等字样印章，并给发文当事者必要的回复。

第六条 寄发费用。

邮费与电报费用由文秘科统一开支。

第七条 费用计算。

文秘科按月计算全部邮费与电报费用开支。

第八条 发电报。

待发电报必须填写“文书发送登记簿”，由文秘科负责发电报。

▲档案管理办法

第一条 依据《中华人民共和国档案法》，结合公司实际情况，特制定本办法。

第二条 公司档案工作的基本原则是：集中管理与分散管理相结合，以集中管理为主，即公司文书档案由办公室集中统一管理，档案（已交办公室的除外）分别由有关部门管理，以便于及时利用，维护档案的完整与安全。公司各部门在各项活动中形成的具有参考价值的文件、材料，由承办单位、主办人负责将其中已办完的文件、资料及时归档。

第三条 公司办公室设立专门的档案工作岗位，接受上级部门档案处的业务指导、监督和检查，负责管理公司的文书、科技（部分）档案，其任务是：

（1）搜集、整理、立卷、鉴定、保管公司的文书档案。

（2）积极开展档案的提供、利用工作。

（3）进行档案鉴定。

（4）进行档案统计。

（5）保管部分科技档案。

（6）认真学习《中华人民共和国档案法》有关规定和档案工作理论、技术和业务知识，掌握归档的基本方法，保证档案质量。

第四条　归档。

归档的文书包括：

（1）公司与有关单位的来往信件、各种协议书、合同等。

（2）公司会议原始记录、纪要和决定（包括发布的通知、通报、机构调整、任免、奖惩以及全公司的规章制度等）。

（3）公司制订的计划、统计、预决算、工作总结。

（4）公司主持召开的各种专业会议形成的领导讲话、文件和会议总结纪要。

（5）国际交流和合资企业来往文件、协议、报告和会谈纪要等文件材料。

（6）公司各部门的发文。

（7）其他具有保存价值的文件材料、重要的工作经验材料。

（8）外单位直接发送给公司各部门的抄送信件。

第五条　归档要求。

（1）归档的文件材料，应按照自然形成、保持历史联系的原则和归档要求特征及文件内容进行归档。

（2）在一个卷内要按问题或文件形成的时间系统地排列。

（3）案卷标题要简明准确，整理好的案卷要确定案卷的保管期限，原则上分为永久、长期（15 年以上）、短期（15 年以下）三种。

（4）按归档要求进行装订、编号、填写卷内目录备查表。

（5）全部案卷组成后，要对案卷做统一排列并编写档号，然后逐卷登记，填写案卷目录。

第六条　档案借阅。

（1）借阅档案要履行借阅手续。调阅档案只限在档案室查阅，不能带出，必须带出档案室查阅的，要经过办公室主任批准。

（2）借阅时间，一般档案最长不超过 10 天，密级档案最长不超过一周。

（3）借档人不得转借、拆开、调换、污损所借的档案，不得在文件上圈点、画线和涂改，未经批准不得复印档案。

（4）借档人确因工作原因需要复印文件或摘抄文件，须经办公室主任批准。

▲档案管理制度

第一条　管理部门。

（1）文书结案后，原稿由各文书管理部门归档，经办部门根据实际需要留存影本。如因业务处理需要，原稿须由经办部门保管，应经文书管理部门主管同意后妥善保存，文书管理部门以影印本归档。

（2）各分公司档案分类目录及编号原则，由各公司经理室或事业部经理室统一制定，总管理处各部门、中心档案则由各部门自行编定并报送总管理处。

第二条　文件点收。

文件结案移送归档时，根据如下原则点收。

（1）检查文件的文本及附件是否完整，如有短缺，应立即追查归入。

（2）文件如经过抽查，应有管理部门主管的签认。

（3）文件的处理手续必须完备，如有遗漏，应立即退回经办部门科室。

（4）与本案无关的文件或不应随案归档的文件，应立即退回经办部门。

（5）有价证券或其他贵重物品，应退回经办部门，经办部门送指定保管部门签收后，将文件归档处理。

第三条　文件整理。

点收文件后，应依下列方式整理。

（1）中文竖写文件以右方装订为原则，中文横写或外文文件则以左方装订为原则。

（2）右方装订文件及其附件均应对准右上角，左方装订则对准左上角，理齐钉牢。

（3）文件如有皱褶、破损、参差不齐等情形，应先补整、裁切、折叠，使其整齐划一。

第四条　档案分类。

（1）档案分类应视档案内容、部门组织、业务项目等因素，按部门、大类、小类三级分类。先以部门区分，然后依档案性质分为若干大类，再在同类中依序分为若干小类。

（2）档案分类应力求切合实用。如果因档案较多、三级分类不够应用时，须在第三级之后增设第四级“细类”。如档案材料不多，也可仅使用“部门”及“大类”或“小类”二级。

（3）同一“小类”（或细类）的档案以装订于一个档夹为原则，如果两个档案较多，一个档夹不够使用时，可分为两个或两个以上的档类装订，并于小类（或细类）之后增设“卷次”编号，以便查考。

（4）每一档夹封面内首页应设“目次表”，案件归档时依序编号、登录，并以每一案一个“目次”编号为原则。

（5）档号的表示方式如下：

$A_1A_2—B_1B_2C_1C_2D_1—E_1E_2$

其中 A_1A_2 为经办部门代号，B_1B_2 为大类号，C_1C_2 为小类号，D_1 为档案卷次，E_1E_2 为档案目次。

第五条　档案名称及编号。

（1）档案各级分类应赋予统一名称，其名称应简明扼要，以充分表示档案内容性质为原则，并且要有一定范畴，不能笼统含糊。

(2) 各级分类、卷次及目次的编号，均以阿拉伯数字表示；其位数使用视档案材料多少及增长情形斟酌决定。

(3) 档案分类各级名称经确定后，应编制“档案分类编号表”，将所有分类各级名称及其代表数字编号，用一定顺序依次排列，以便查阅。

(4) 档案分类各级编号内应预留若干空当，以备将来组织扩大或业务增多时，随时增补之用。

(5) 档案分类各级名称及其代表数字一经确定，不宜任意修改，如确有修改必要，应事先审查讨论，并拟定新旧档案分类编号对照表，以免混淆。

第六条　新档案编号。

(1) 新档案，应从“档案分类编号表”中查明该档案所属类别及其卷次、目次顺序，以此来编列档号。

(2) 新档案如何归入前档案，应查明前档案的档案号并予以同号编列。

(3) 档案号以一份档案一号为原则，遇有一份档案包含数事件材料，应先确定其主要类别，再编列档案号。

(4) 档案号应自左而右编列，右方装订的档案，应将档案号填写于档案首页的左上角；左方装订者则填写于右上角。

第七条　档案整理。

(1) 归档文件，应依目次号顺序以活页方式装订于相关类别的档夹内，并视实际需要使用“见出纸”注明目次号码，以便翻阅。

(2) 档夹的背脊应标明档夹内所含案件的分类编号及名称，以便查档。

第八条　保存期限。

文件保存期限除政府有关法令或本企业其他规章特定者外，依下列规定办理。

(1) 永久保存。

①公司章程。

②股东名册。

③组织规程及办事细则。

④董事会及股东会记录。

⑤政府机关核准文件。

⑥不动产所有权及其他债权凭证。

⑦工程设计图。

⑧其他经核定须永久保存的档案。

(2) 保存10年。

①事业计划资料。

②其他经核定须保存10年的档案。

（3）保存5年。

①期满或解除之合约。

②其他经核定须保存5年的档案。

（4）保存1年。结案后无长期保存必要者。

（5）各种规章。由规章管理部门永久保存，使用部门视其有效期予以保存。

第九条　档案清理。

档案管理人员应随时擦拭档案架，保持档案清洁，以防虫蛀、腐蚀。每年更换时，依规定清理一次，已到保存期限者，给予销毁。销毁前应造册呈总经理核准，并于目录表附注栏内注明销毁日期。

第十条　调卷程序。

（1）各部门经办人员因业务需要需调阅档案时，应填写“调卷单”，经其部门主管核准后向档案管理人员调阅。

（2）档案管理人员接到“调卷单”，经核查后，取出该档案，并于“调卷单”上填注借出日期，然后将档案交与调卷人员。“调卷单”按归还日期先后排序，以备催还。

（3）在档案室当场借阅者，免填“调卷单”。

（4）档案归还时，经档案管理人员核查无误后，档案即归入档夹。“调卷单”由档案管理人员留存备查。

第十一条　调卷管理。

（1）“调卷单”以一单一份档案为原则，借阅时间以一周为限，如有特殊情形需延长调阅期限时，应按调阅程序重新办理。

（2）调卷人员对于所调档案，不得抽换增损，如有拆开必要时，亦须报明原因，请档案管理人员负责处理。

（3）调卷人员调阅档案，应于规定期限内归还，如有其他人员调阅同一档案时，应变更调卷登记，不得私自授受。

（4）调阅的档案应与经办业务有关，如调阅与经办业务无关之档案，应经文书管理部门主管同意。

▲人事档案保管制度

第一条　目的。

（1）保守档案机密。现代企业竞争中，情报战是竞争的重要内容，而档案机密便是企业机密的一部分。对人事档案进行妥善保管，能有效地保守机密。

（2）维护人事档案材料完整，防止材料损坏，这是档案保管的主要任务。

（3）便于档案材料的使用。保管与利用是紧密相连的。科学有序的保管是高效利用档案材料的前提和保证。

第二条 人事档案保管制度的基本内容。

建立健全保管制度是对人事档案进行有效保管的关键。其基本内容大致包括五部分：材料归档制度；检查核对制度；转递制度；保卫保密制度；统计制度。

（1）材料归档制度。新形成的档案材料应及时归档，归档的大体程序是：首先，对材料进行鉴别，看其是否符合归档的要求；其次，按照材料的属性、内容，确定其归档的具体位置；再次，在目录上登记材料名称及相关内容；最后，将新材料放入档案。

（2）检查核对制度。检查与核对是保证人事档案完整、完全的重要手段。

检查的内容是多方面的，既包括对人事档案材料本身进行检查，如查看有无霉烂、虫蛀等，也包括对人事档案保管的环境进行检查，如查看库房门窗是否完好，有无其他存放错误等。

检查核对一般要定期进行。但在下列情况下，也要进行检查核对：

——突发事件之后，如被盗、遗失或水灾、火灾之后。

——对有些档案产生疑问之后，如不能确定某份材料是否丢失。

——发现某些损害之后，如发现材料变霉，发现了虫蛀等。

（3）转递制度。转递制度是关于档案转移的制度。档案的转递一般是由工作调动等原因引起的，转递的大致程序如下：

①取出应转走的档案；

②在档案底账上注销；

③填写《转递人事档案材料通知单》；

④按发文要求包装、密封并加盖骑缝章。

在转递中应遵循保密原则，一般通过机要交通转递，不能交本人自带。另外，收档单位在收到档案，核对无误后，应在回执上签字盖章，及时退回。

（4）保卫保密制度。具体要求如下。

①对于较大的企业，一般要设专人负责档案的保管，应齐备必要的存档设备。

②人事档案库房备有必要的防火、防潮器材。

③人事档案库房、档案柜保持清洁，不准存放无关物品。

④任何人不得擅自将人事档案材料带到公共场合。

⑤无关人员不得进入人事档案库房，严禁吸烟、动用明火。

⑥离开时关灯关窗，锁门。

（5）统计制度。人事档案统计的内容主要有以下几项。

①人事档案的数量。

②人事档案材料收集补充情况。

③档案整理情况。

④档案保管情况。

⑤利用情况。

⑥人事档案库房设备情况。

⑦人事档案工作人员情况。

▲人事档案利用制度

目的

第一条　建立企业人事档案利用制度是为了高效、有序地利用档案材料。档案在利用过程中，应遵循一定的程序和手续，保证企业档案管理秩序。

第二条　建立企业人事档案利用制度也是为了给档案管理活动提供规章依据。工作人员必须按照这些制度行事，这是对企业工作人员的基本要求。

企业人事档案利用的方式

第三条　设立阅览室。阅览室一般设在人事档案库房内或靠近库房的地方，以便调卷和管理。这种方式具有许多优点，如便于查阅指导，便于监督，利于防止泄密和丢失等。这是人事档案利用的主要方式。

第四条　借出使用。借出库房须满足一定的条件，比如，本企业领导需要查阅人事档案；公安、保卫部门因特殊需要必须借用人事档案等。借出的时间不宜过长，到期未还者应及时催还。

第五条　出具证明材料。这也是人事档案部门的功能之一。出具的证明材料可以是人事档案部门按有关规定写出的有关情况的证明材料，也可以是人事档案材料的复制件。要求出具材料的原因一般是入党、入团、提升、招工、出国（境）等。

人事档案利用的手续

第六条　在通过以上方式利用人事档案时，必须符合一定的手续。这是维护人事档案完整、安全的重要保证。

（1）查阅手续。正规的查阅手续包括以下内容：

①由申请查阅者写出查档申请，在申请中写明查阅的对象、目的、理由，查阅人的概况等情况；

②查阅单位（部门）盖章，负责人签字；

③由人事档案部门审核批准。人事档案部门对申请报告进行审核，若理由充分，手续齐全，则给予批准。

（2）外借手续。

①借档单位（部门）写出借档报告，内容与查档报告相似。

②借档单位（部门）盖章，负责人签字。

③人事档案部门对其进行审核、批准。

④进行借档登记。把借档的时间、材料名称、份数、理由等填清楚，并由借档人员签字。

⑤归还时，及时在外借登记上注销。

（3）出具证明材料的手续。单位、部门或个人需要由人事档案部门出具证明材料时，须履行以下手续：

①由有关单位（部门）开具介绍信，说明要求出具证明材料的理由，并加盖公章；

②人事档案部门按照有关规定，结合利用者的要求，提供证明材料；

③证明材料由人事档案部门有关领导审阅、加盖公章后，登记、发出。

▲档案借阅管理制度

第一条　借阅档案必须在档案借阅登记簿登记，秘密级以上的档案文件须经经理级领导批准后方能借阅。

第二条　案卷不许借出，只供在档案室查阅。

第三条　借阅档案的人员必须爱护档案，不得擅自涂改、勾画、剪裁、抽取、拆散、摘抄、翻印、复印、摄影，不得转借或损坏。否则，按违反《中华人民共和国保密法》追究当事人责任。

第四条　借阅的档案交还时，必须当面点交清楚，如发现遗失或损坏，应立即报告领导。

第五条　外单位借阅档案，应持单位介绍信，并经总经理批准后方能借阅，但不能将档案带离档案室。

第六条　外单位摘抄卷内档案，应经总经理同意，对摘抄的材料要进行审查、签章。

▲员工人事档案管理规定

第一条　人事档案的内容。

员工人事档案是关于员工个人及有关方面历史情况的材料。其内容主要包括：

（1）记载和叙述员工本人经历、基本情况、成长历史及思想发展变化进程的履历、自传材料。

（2）员工以往工作或学习单位对员工本人优缺点进行的鉴别和评价，对其学历、专长、业务及有关能力的评定和考核材料。

（3）对员工的有关历史问题进行审查、甄别与复查的人事材料。

（4）记录关于员工在所工作或学习单位内加入党派组织的材料。

（5）记载员工违反组织纪律或触犯国家法律而受到处分及受到各级各类表彰、

奖励的人事材料。

第二条 人事档案保密规定。

公司人事部对接收员工原单位转递而来的人事档案材料内容，一概不得加以删除或销毁，并且必须严格保密，不得擅自向外扩散。

第三条 员工个人情况变更规定。

（1）员工进入公司后，由员工本人填写《员工登记表》，其内容包括员工姓名、性别、出生年月、民族、籍贯、政治面目、文化程度、婚姻状况、家庭住址、联系电话、家庭情况、个人兴趣爱好、学历、工作经历、特长及专业技能、奖惩记录等项目。

（2）项目内容如有变化，员工应以书面方式及时准确地向人事部报告，以便使员工个人档案内有关记录得以相应更正，确保人事部掌握正确无误的资料。

第四条 员工人事档案的使用。

员工人事档案为公司管理的决策部门提供各种人事方面的基本数据，并为人事统计分析提供资料。公司人事决策人员可以通过对有效数据的分析，了解公司人员结构的变动情况，为制定公司人力资源发展规划提供依据。公司要认真做好员工档案材料的收集、鉴别、整理、保管和利用，充分发挥员工档案材料的作用，为公司人力资源的规范化管理奠定扎实的基础。

▲员工培训档案管理办法

第一条 员工培训档案的内容。

（1）员工培训档案是对员工自进入公司工作开始所参与过的各种培训活动的详细记录。

（2）员工的培训记录内容包括：

①在职前训练中，该员工接受各种专业培训课程的课程名称、内容、时间、出勤记录，参加有关考试的试卷，培训员对该员工的培训评估以及员工参加职前训练后的心得体会或总结报告等。

②在岗位培训中，员工参与的专业或外语的训练课程考勤记录、课程情况、考试成绩、评估表格、总结报告等。

③在工作期间，员工自费参加社会上举办的各类业余进修课程的成绩报告单与结业证书复印件等有关材料。

第二条 员工培训档案的使用。

（1）员工培训档案将与其工作档案一起被公司人事部作为对员工晋升、提级、加薪时的参考依据。

（2）员工的培训档案也是公司人事培训部发掘与调配人才的原始依据。

▲员工工作业绩档案管理制度

第一条　要建立工作业绩档案，对各段时期的工作要有评价和考核，对其主要表现记入档案。考核标准是依据岗位责任制中的职责范围等内容，考核工作可分配到各部门进行，最后由人事部汇总。

第二条　建立员工工作业绩档案的目的是便于对员工正确全面地评价，对工作突出，成绩和贡献较大者要给予表扬、奖励、晋级等。对工作不踏实、消极怠工，屡屡出现差错者要进行批评、处罚、降级或撤职。

第三条　员工工作业绩档案的内容，主要有以下几个部分。

（1）文件材料。主要文件包括员工人事调动表、劳动合同书、员工身份证、专业文凭、证书、待业证明等文件的复印件等。

（2）考评记录。主要是《员工工作表现评估表》。公司实行制度化的评估工作，对员工工作表现定期定时进行考评。考评记录可比较全面地反映出员工的工作概况，且有重要的考察作用。

（3）出勤记录。员工每月的考勤统计按年度汇总归纳，以专设的统计表格形式存入员工工作档案。员工出勤情况的记录是员工工作态度的侧面反映，体现了员工对企业的忠诚和对工作的责任感。

（4）奖惩记录。员工在日常工作中表现突出或违反纪律而受到各种奖励或处罚的记录是对其工作能力、可信赖程度、工作责任心及工作态度的一种检验尺度，也是考察员工表现，使用与提拔员工的重要依据。

（5）职级变更。员工在工作中，由于工作表现及服务年限因素，其职务、级别与工资待遇等内容会有变动，这种变动也体现出了员工工作能力、工作表现、贡献大小。因此，员工工作档案中对员工职级的变动记录是考察员工工作表现的客观依据。

第四条　在员工工作档案中，还要搜集员工工伤情况记录、表扬或投诉员工的信件（复印件）等资料。这对于全面、有效地考察员工表现都有重要作用。

▲科技档案管理制度

第一章　总　　则

第一条　为了加强公司科技档案的管理工作，充分发挥科技档案在工农业生产、基本建设、科学研究、技术革新等方面的作用，根据公司的实际情况，特制定本制度。

第二条　公司科技档案是生产、科学研究、基本建设、引进国外先进技术等活动的历史记录和真实反映，是科学资料储备的一种形式，是发展公司事业的重要条件及不可缺少的依据。各部、室必须将科技文件、资料、图纸的形成、积累、整理、归档以及修改补充等工作列入专业人员职责范围，在有关规章制度中作出明确规定，认真贯彻执行。

第二章　科技档案的管理制度

第三条　建立档案工作领导小组，由总经理负责，各中层管理人员为成员，实行档案网络化管理体制。增强各级管理人员做好档案工作的意识，使档案工作纳入总经理的经营目标内。

第四条　建立科技档案工作秩序，成立公司档案管理网络体系；落实各部、室专职或兼职档案管理人员，并进行一定的培训。

第五条　各部、室档案管理人员负责本部门科技档案的收集、整理、分类、立项、组卷，定期上交档案室，并要成为一项制度执行。对文件、技术资料的归档范围、保管期限、保密、利用等制定必要的规章制度，使之有章可循，做到规范化、标准化、条理化。

第六条　公司档案室对全公司的档案工作负有指导、检查、监督、把关的责任。基层各部门在生产活动中形成的各种科技资料；公司领导、技术专业人员出国考察、培训时的各种归档的技术资料，如不按时上交归档，公司档案室有权上报总经理，采取经济手段进行处罚。档案室不签字，不得做工程决算，财务部门也不予拨款。

第七条　公司档案室的行政管理由总经理办公室负责。

第八条　从事科技档案管理的人员，应具有较好的职业道德和大专以上文化程度，具有一定的专业知识，并保持相对稳定。档案管理人员享受专业技术人员待遇、档案专业技术职务聘任。

第九条　科技档案部门的基本任务。

（1）收集、整理、保管和统计本公司的全部科技档案。

（2）对所保管的科技档案做好分类、编目、编号、编制检索工具等工作，处理好保密与利用的关系，按规定履行借阅手续（原件不得外借，要求在阅览室查阅），积极有效地为科技人员提供方便。

（3）在相关部门的领导下，定期做好科技档案保存价值的鉴定工作。此项工作由技术管理人员、相关专业人员和科技档案人员共同进行。对失去保存价值的档案，要履行一定的手续予以销毁。

第三章　科技文件材料的形成和归档

第十条　各部门应建立健全科技文件的形成、积累、整理归档制度，做到每项工程、技术活动、引进项目等都要完整、准确、系统地归档后保存。

第十一条　对每项基建工程、产品试制、科研、技术创新、引进项目等，进行鉴定验收。设备开箱时，应有专人进行记录。

第十二条　科技材料的归档范围。

（1）设备方面的图纸、文件资料，包括各种原理图、布线图、方框图、说明书及维护手册等。

（2）工程方面：与工程有关的请示、报告、批复文件、设计任务书、设计原始材料，包括选线、选地、勘测、业务预测、调查分析、申请用地、报建、城市规划部门的审批文件、红线图、与各方签订的合同、协议书、初步设计、工程概算、技术设计、工程预算、施工图、施工记录、隐蔽工程验收记录、质量检查资料、对外交涉联系的重要文件、竣工图、验收书、决算等。

（3）技术革新、科研及教学方面：上报审批文件、技术革新图纸及批文、专业教学计划、名单、报告、审批文件等。

第十三条　出国学习、考察和谈判人员回国后，应把外商或对方提交的各种资料主动交档案室归档。

第十四条　本制度自印发之日起实施。

▲音像档案管理制度

第一章　总　　则

第一条　为加强公司的音像档案管理，特制定本制度。

第二条　本公司的音像档案是指本公司各部门或个人在社会实践活动中直接形成的，对国家、社会和公司有保存价值的录音、录像、照片、影片等辅以文字说明的历史记录。

音像档案一般由光盘、录音带、录像带、摄像带、影片（含母带）、照片（含底片）和文字说明两部分组成。

第三条　音像档案是本公司全部档案的重要组成部分，必须由档案室实行集中统一管理。

第二章　音像档案资料的收集

第四条　收集范围。

（1）反映本公司主要职能活动、工作成果和存在问题的音像资料。

（2）各级领导人和著名人物参加的与本公司有关的重大活动的音像资料。

（3）本公司有关人员组织或参加的重要会议、会见以及外事活动的音像资料。

（4）其他单位形成的与本公司有关的重要音像资料。

（5）其他具有保存价值的音像资料。

第五条　收集时间。

（1）音像档案资料应在形成后一个月内，随档案室其他载体形态的档案同时归档，如有特殊情况可以适当延长归档时间。

（2）档案室应随时收集零散的具备保存价值的音像资料。

第六条　收集要求。

（1）光盘、录音带、录像带、摄像带、影片、照片（含底片）和文字说明要收集齐全，按时归档，并建立归档控制措施。凡未按规定归档的，其形成费用不予报销。

（2）接收原版、原件，特殊情况下也可接收复制件。

（3）音像资料的内容要真实，底片、原件与影像、复制品要相符。

第七条　档案室有责任随时征集重要音像资料。

第八条　本公司各部或个人凡按本办法第四条形成音像档案的费用，只要将档案资料按要求向档案室归档，经档案室认可，财务部门就可以给予报销。

第三章　音像档案的整理

第九条　音像档案的整理由摄录人员负责，档案部门协助。

第十条　分类、编号。

（1）照片档案按年代、问题分类。同属一类的照片按时间顺序编号，同时填写其底片号。底片在卷宗内编流水号。其格式为：卷宗号上流水号。

（2）光盘、录音带、录像带、摄像带按年代、问题分类，按内容编号。同一内容分录几盘的应视为一个案卷，编一个案卷号，然后每盘再依次编排序号。

（3）编注与其他载体档案有联系的用参照号。

第十一条　保管期限：应视其内容的重要程度、时间、名称、可靠程度、有效性等因素，划定保管期限。

第十二条　文字说明的编写。

（1）文字说明的基本内容包括事由、时间、地点、人物、背景、作者（摄制者）等。

（2）编写文字说明的要求：

①准确揭示档案材料的内容，概括其反映的全部信息，标注项目正确齐全。

②照片按自然张编写文字说明。光盘、录音带、录像带、摄像带按案卷编写文字说明。一组音像资料联系密切的应加文字说明。

③文字简洁、语言通顺。

④时间用阿拉伯数字表示。

第十三条　编制格式。

（1）照片编制采用横写格式。其格式为照片/底片号文字说明—参见号—摄制时间—摄制者。

（2）光盘、录音带、录像带、摄像带的编制格式为在盒套上标注页码，然后按要求逐项填写。

第十四条　档案要求。

（1）将具有共同主题内容的若干份音像资料组成档案，集中编放。

（2）档案内目录、照片、底片以自然张为单元填写目录。

（3）档案内备考表，用于说明档案内音像材料的整理、变动情况。

第十五条　音像档案的著录依照GB3792.5－8《档案著录规则》执行。

第四章　音像档案的保管

第十六条　音像档案入库前要进行检查，对已被污损的，要进行必要的技术处理。

第十七条　底片、胶片库温度应保持在13℃～15℃，相对湿度应保持在35%～45%。

照片库温度应保持在14℃～24℃，相对湿度应保持在7.5%～67.5%之间；录音、录像带库温度应保持在18℃～24℃，相对湿度应保持在40%～60%之间。

第十八条　底片册、录音带、录像带、摄像带应立放，磁带库必须避开30奥斯特以上的磁场，盒与盒的间距不小于3毫米，存放磁带最好不用铁皮柜。

第十九条　对库存的照片档案，要半年检查一次。

第二十条　归档保存的音像档案，任何人不得私自撤销、抽出、清洗、消磁和涂改。销毁音像档案必须经过鉴定，征得归档单位同意，报经主管领导审批并登记造册。

第二十一条　建立健全音像档案统计制度，做好音像档案收进、移出、库存数量、保管情况、提供利用及效果等项的统计工作。

第五章　音像档案的开发利用

第二十二条　编制音像档案目录、卡片等检索工具，为利用提供方便条件。

第二十三条　建立音像档案借阅、利用制度，根据音像档案的机密程度确定利用范围，严格审批手续。

第二十四条　具有专利的音像档案，外单位需要利用时，应按《中华人民共和国专利法》的有关规定办理。已移交档案馆的，所得专利收益，原则上应拨给原移交单位，档案馆只收取保管费。

第二十五条　音像档案的原版一般不得借出档案室外。如有特殊需要，经主管领导批准后，方可限期外借，利用率高的音像档案可将复制件外借。外单位借用或复制音像档案，由档案室负责办理，并按有关规定收费，实行有偿服务。如在借用中造成损坏，则由借用单位负责赔偿。

第二十六条　在不泄密的前提下，各单位可利用音像档案举办报告会、展览会，编辑综合性或专题性画册、资料片等，积极开发利用现存的音像档案。

二、办公室文书档案管理制度相关表格

▲文件目录清单

文件目录清单

页次______

<table>
<tr><td colspan="2">文件标题</td><td colspan="5"></td></tr>
<tr><td colspan="2">类　别</td><td colspan="5">□规范类　□规格类　□标准类</td></tr>
<tr><td></td><td>文件号</td><td>文件名称</td><td>版　本</td><td>页　数</td><td>日　期</td><td>备　注</td></tr>
<tr><td>1</td><td></td><td></td><td></td><td></td><td></td><td></td></tr>
<tr><td>2</td><td></td><td></td><td></td><td></td><td></td><td></td></tr>
<tr><td>3</td><td></td><td></td><td></td><td></td><td></td><td></td></tr>
</table>

▲发文呈批单

发文呈批单

<table>
<tr><td>签发</td><td colspan="3"></td><td>会签</td><td></td></tr>
<tr><td>秘书室核稿</td><td colspan="3"></td><td>会办核稿</td><td></td></tr>
<tr><td>主办核稿</td><td colspan="3"></td><td>主办单位
拟稿人</td><td></td></tr>
<tr><td>标题</td><td colspan="5"></td></tr>
<tr><td>附件</td><td colspan="5"></td></tr>
<tr><td>主报送</td><td colspan="5"></td></tr>
<tr><td>抄报送</td><td colspan="5"></td></tr>
<tr><td>密级</td><td></td><td>速级</td><td></td><td>文号</td><td>第〔　　〕号</td></tr>
<tr><td colspan="6">印发份数　　　　年　　月　　日封发</td></tr>
</table>

▲内部联络单

内部联络单

年　　月　　日

填单人		受单人		希望完成期限	
联络事项					
结果					
□	已完成　　年　　月　　日				
□	不能完成原因：				

▲业务接洽便函

业务接洽便函

类别	A	B	C

收文：　　年　月　日　时　分
发文：　　年　月　日　字第　　号
复文：　　年　月　日　字第　　号

发文		收文		附件		发文		收文		附件	
待复日期		经办部门		经办人		待复日期		经办部门		经办人	

▲送件登记簿

送件登记簿

年　　　　　　　　　　　　　　　　　　　　　　　　第　号

月	日	发件机关	密（速）级	件数	号码	收件机关或收件人	收件人盖章

▲呈签单

呈签单

<table>
<tr><td colspan="3">年　月　日</td><td>经办部门</td><td></td><td>经办人</td><td></td></tr>
<tr><td>签　发</td><td></td><td>会签（一）</td><td></td><td>会签（二）</td><td colspan="2"></td></tr>
<tr><td colspan="7">内容：</td></tr>
</table>

▲文件目录清单

页次______

<table>
<tr><td colspan="3">文件标题、类别</td><td colspan="4">□规范类 □规格类 □标准类</td></tr>
<tr><td colspan="7"></td></tr>
<tr><td></td><td>文件号</td><td>文件名称</td><td>版本</td><td>页数</td><td>日期</td><td>备注</td></tr>
<tr><td>1</td><td></td><td></td><td></td><td></td><td></td><td></td></tr>
<tr><td>2</td><td></td><td></td><td></td><td></td><td></td><td></td></tr>
<tr><td>3</td><td></td><td></td><td></td><td></td><td></td><td></td></tr>
<tr><td>4</td><td></td><td></td><td></td><td></td><td></td><td></td></tr>
<tr><td>5</td><td></td><td></td><td></td><td></td><td></td><td></td></tr>
<tr><td>6</td><td></td><td></td><td></td><td></td><td></td><td></td></tr>
<tr><td>7</td><td></td><td></td><td></td><td></td><td></td><td></td></tr>
<tr><td>8</td><td></td><td></td><td></td><td></td><td></td><td></td></tr>
<tr><td>9</td><td></td><td></td><td></td><td></td><td></td><td></td></tr>
<tr><td>10</td><td></td><td></td><td></td><td></td><td></td><td></td></tr>
<tr><td>11</td><td></td><td></td><td></td><td></td><td></td><td></td></tr>
<tr><td>12</td><td></td><td></td><td></td><td></td><td></td><td></td></tr>
<tr><td>13</td><td></td><td></td><td></td><td></td><td></td><td></td></tr>
<tr><td>14</td><td></td><td></td><td></td><td></td><td></td><td></td></tr>
<tr><td>15</td><td></td><td></td><td></td><td></td><td></td><td></td></tr>
<tr><td>16</td><td></td><td></td><td></td><td></td><td></td><td></td></tr>
<tr><td>17</td><td></td><td></td><td></td><td></td><td></td><td></td></tr>
</table>

▲收（发）文编号登记表

<table>
<tr><td rowspan="2">收文
日期</td><td rowspan="2">发文
日期</td><td>收文字号</td><td rowspan="2">经办者</td><td rowspan="2">收文
日期</td><td rowspan="2">发文
日期</td><td>收文字号</td><td rowspan="2">经办者</td></tr>
<tr><td>发文字号</td><td>发文字号</td></tr>
<tr><td rowspan="2"></td><td rowspan="2"></td><td></td><td rowspan="2"></td><td rowspan="2"></td><td rowspan="2"></td><td></td><td rowspan="2"></td></tr>
<tr><td></td><td></td></tr>
<tr><td rowspan="2"></td><td rowspan="2"></td><td></td><td rowspan="2"></td><td rowspan="2"></td><td rowspan="2"></td><td></td><td rowspan="2"></td></tr>
<tr><td></td><td></td></tr>
<tr><td rowspan="2"></td><td rowspan="2"></td><td></td><td rowspan="2"></td><td rowspan="2"></td><td rowspan="2"></td><td></td><td rowspan="2"></td></tr>
<tr><td></td><td></td></tr>
<tr><td rowspan="2"></td><td rowspan="2"></td><td></td><td rowspan="2"></td><td rowspan="2"></td><td rowspan="2"></td><td></td><td rowspan="2"></td></tr>
<tr><td></td><td></td></tr>
<tr><td rowspan="2"></td><td rowspan="2"></td><td></td><td rowspan="2"></td><td rowspan="2"></td><td rowspan="2"></td><td></td><td rowspan="2"></td></tr>
<tr><td></td><td></td></tr>
</table>

▲收（发）信登记簿

月　日	发送单位	编号	数量	密（速）级	发往单位	签收

▲信函寄（发）记录表

□业务类　□采购类　□总务类　□公共关系

发函日期	发函单位	文别	内容	寄发单位	回函日期	回函内容

▲送件登记簿

年　　　　　　　　　　　　　　　　　　　　　　　　第　号

月	日	发件机关	密（速）级	件数	号码	收件机关或收件人	收件人盖章

▲文件传递单

年　月　日

收交	送文编号	文件名称	发文	签收	备注

注：本单一式三联，第一联送件部门存查；第二联收件部门存查；第三联收件部门签收后返寄送件部门。

▲交办事项登记簿

<table>
<tr><th colspan="2">交办</th><th rowspan="3">编号</th><th rowspan="3">交办项目</th><th rowspan="3">交办主管</th><th rowspan="3">经办部门</th><th colspan="4">完成</th><th rowspan="3">逾期原因</th><th rowspan="3">处理结果</th><th rowspan="3">其他事项内容及编号</th></tr>
<tr><th rowspan="2">月</th><th rowspan="2">日</th><th colspan="2">预定</th><th colspan="2">实际</th></tr>
<tr><th>月</th><th>日</th><th>月</th><th>日</th></tr>
<tr><td></td><td></td><td></td><td></td><td></td><td></td><td></td><td></td><td></td><td></td><td></td><td></td><td></td></tr>
<tr><td></td><td></td><td></td><td></td><td></td><td></td><td></td><td></td><td></td><td></td><td></td><td></td><td></td></tr>
</table>

▲公文传递单

件数	收件单位(代号)	收件人	寄件单位(代号)	件数	备注
1					
2					
3					
4					
5					
6					

收方:____ 转送人:____ 送方:____

▲复印文件登记表

□复印 □打印

序号	日期	文件名称	原稿页数	份数					使用部门	使用人	备注
				A3	A4	B4	B5	合计			

▲公文拟稿用纸样本

<table>
<tr><td colspan="8">公文标题</td></tr>
<tr><td colspan="4">发〔　　〕号</td><td>密级</td><td></td><td>印数</td><td></td></tr>
<tr><td colspan="4">主送机关</td><td></td><td></td><td></td><td></td></tr>
<tr><td colspan="4">抄送机关</td><td></td><td></td><td></td><td></td></tr>
<tr><td colspan="4">主办单位</td><td></td><td></td><td></td><td></td></tr>
<tr><td colspan="4">领导签发</td><td></td><td></td><td></td><td></td></tr>
<tr><td>拟稿人</td><td></td><td>打印人</td><td></td><td>校对人</td><td></td><td>备注</td><td></td></tr>
<tr><td colspan="8"></td></tr>
</table>

▲发文稿纸样本

<table>
<tr><td>发文机关</td><td></td><td>草拟日期</td><td></td><td>发文文号</td><td></td><td rowspan="2">拟稿人</td></tr>
<tr><td>收文机关</td><td></td><td>发文日期</td><td></td><td>本文字号</td><td></td></tr>
<tr><td colspan="4">签发</td><td colspan="3">批示</td></tr>
<tr><td colspan="2">董事长</td><td colspan="2">总经理</td><td>经理</td><td>厂部主管</td><td>主任</td></tr>
<tr><td colspan="2"></td><td colspan="2"></td><td></td><td></td><td></td></tr>
<tr><td colspan="2">标题</td><td colspan="5">文件正文</td></tr>
<tr><td colspan="2"></td><td colspan="5"></td></tr>
<tr><td>寄发</td><td>标印</td><td colspan="5" rowspan="2"></td></tr>
<tr><td>年
月
日</td><td>年
月
日</td></tr>
</table>

▲签呈事务备查表

______年______月______日　　　　　　　　　　No. ______

编号	签呈日期	签呈部门签呈人	内容摘要	厂长批示	呈报日期	经理批示	总经理批示	卷号

▲档案存放地备查用表

楼：　　层：　　房间：							
档架（柜）	栏	格	全宗号	全宗名称	案卷目录号	案卷目录名称	目录中案卷起止号数

▲归档案卷目录

卷宗号：　　　　　　目录号：　　　　　　部门：

案卷顺序号	立卷类目号	案卷标题	起止日期	卷内张数	保管期限	备注

▲档案目录卡

档号：____________　　　　　　卷名：____________

本案文件目录					
件数	收文员	来文员	发文号	页数	备注
1					
2					
3					
4					
5					
6					
7					
8					
9					
10					
11					
12					

▲档案明细表

保险库号			柜位号		拟存至日期					
公司	部门	文件名称内容	类别	入库日期			出库日期			收件人签收
				年	月	日	年	月	日	

▲档案内容登记簿

类号____

案号	内　　容	备　注

▲（机密）文件保管备查簿

类别______　　　　No. ______

归档日期	原文件编号	内容摘要	经办部门	档　号	预定保存期限	份数		注
						副本	影本	

▲作废档案焚毁清册

年　　月　　日　焚

档号	收文号	发文号	简由	档案起讫年月

核准：______　监焚：______　焚毁执行人：______

▲调卷单

______年______月______日　　　　　　　　No. ______

类别		调卷部门		调卷人	
文件内容摘要					
调阅用途					
调阅期限	自　年　月　日起至　年　月　日止计　日				
原收人编号		借出日期			
档号		归还日期	年　月　日		
备注		保管人签章			

核准：______　主管：______　调阅人：______

▲阅档催还单

______同志：

您所调阅的下列档案还期已逾，为方便他人使用和管理，请依档案调阅规则于____月____日前送还。

档案室

年　月　日

档号		文号	名称	借期	送还期	数量		备　注
						宗	册	

▲档案调阅单

档案名称或收发文号					
核批		调阅人		借出日期	年　月　日
档号及件数	共宗（件）		还卷日期		年　月　日（经收人签章）

注：本单一式两联，第一联于案卷退还后由档案室退还调卷人，第二联留存档案室备查。

第五章　办公室安全保卫管理制度

一、办公室安全保卫管理制度范本

▲安全综合管理制度

第一章　总　　则

第一条　为了加强本公司的安全防范工作，保护企业财产安全和员工生命安全，保障各项工作顺利进行，特制定本制度。

第二条　本公司以“生产必须安全，安全为了生产”为方针，全方位实施安全管理。

第二章　影响安全的因素

第三条　领导者的责任。（略）

第四条　生产过程中的不安全因素，如：

（1）生产设备、仪器的防护、保险及信号等装置缺乏或不良。

（2）设备、仪器、工具及附件或材料等有缺陷；车间或班组无总电源、总气阀。

（3）生产工艺本身缺乏充分的安全保障，工艺规程有缺陷。

（4）生产组织和劳动组织不合理。

（5）个人劳动保护用品缺乏或不良。

（6）事故隐患未暴露或还未被发现等。

第五条　工作环境的不安全因素。

（1）工作地通道不好，材料、半成品、成品混堆，工作场所过分拥挤或布置不当，地面不平，有障碍物存在或地面过滑。

（2）厂房或车间平面或立体布置不合理，未提供紧急出口或出口不足。

（3）工作地光线不足或光线太强，可能由视觉失误引起动作失措。

（4）工作地有超标准噪声，引起员工情绪烦躁，无法安心工作；温度、湿度、空气清洁度不符合标准。

（5）有毒、有害物品在班组超定额存放或保管不当，无急救或保险措施。

（6）厂房年久失修，厂区污染严重等。

第六条　个人的责任。

（1）未很好地学习操作方法、技巧和规程，未按规程操作或工作技术不熟练。

（2）未使用劳动保护用品或使用不适当。

（3）生产时注意力不集中或情绪不稳定。

（4）工作责任心不强，自由散漫，工作时闲谈或不认真。

（5）不遵守劳动纪律，工作时打闹、嬉戏。

（6）没有注意劳逸结合，过度疲劳，长期加班，精力不集中。

（7）工作中互相配合不好。

（8）不执行岗位责任制，串岗、离岗。

第三章　安全教育

第七条　安全生产教育的内容。

（1）思想教育，主要是正面宣传安全生产的重要性，选取典型事故进行分析，从事故的政治影响、经济损失、个人受害等几个方面后果进行教育。

（2）法规教育，主要是学习上级有关文件、条例，本企业已有的具体规定、制度和纪律条文。

（3）安全技术教育，包括生产技术、一般安全技术的教育和专业安全技术的训练。其内容主要是本厂安全技术知识、工业卫生知识和消防知识；本班组动力特点、危险地点和设备安全防护注意事项；电气安全技术和触电预防；急救知识；高温、粉尘、有毒、有害作业的防护；职业病原因和预防知识；运输安全知识；保健仪器、防护用品的发放、管理和正确使用知识等。

专业安全技术训练，是指对锅炉等受压容器，电、气焊接、易燃、易爆、化工有毒有害、微波及射线辐射等特殊工种进行的专门安全知识的技能训练。

第八条　安全生产教育的主要形式和方法。

安全生产教育的主要形式有“三级教育”“特殊工种教育”和“经常性的安全宣传教育”等。

（1）三级教育：在工业企业所有伤亡事故中，由于新工人缺乏安全知识而产生的事故发生率一般占50%左右，所以对新工人、来厂实习人员和调动工作的工人，要实行厂级、车间、班组三级教育。其中，班组安全教育包括：介绍本班安全生产情况、生产工作性质和职责范围、各种防护及保险装置作用、容易发生事故的设备和操作注意事项。

（2）特殊工种教育：针对工种工作的特殊性及容易涉及的安全问题，进行有针对性、预防性的教育。

（3）经常性的安全宣传教育：可以结合本企业本班组具体情况，采取各种形式，如安全活动日、班前班后会、安全交底会、事故现场会、班组园地或墙报等方式进行宣传。

第四章 安全技术知识

第九条 防爆的知识。

（1）防止爆炸性混合物。加强管理，消灭跑、冒、滴、漏，避免可燃气体漏入空气而达到爆炸限度。

（2）防止产生火花。防爆区的电机、照明应采用防爆型；避免因接触不良、绝缘不良、超负荷或过热而产生火花或着火；正确铺设避雷装置；抢修照明采用安全灯；避免机械性撞击。

（3）防止产生静电。工作人员要穿棉布工作服，不得穿易产生静电的化纤工作服和塑料底鞋。

（4）严格遵守防火制度。严禁在生产区吸烟，严禁明火取暖和焚烧可燃物，严禁在防爆区内装设电热设备。

（5）配备安全装置。如装报警器，在压力容器上安装安全阀，有些设备和管道上可安装防爆板。安全装置要按规定维护核对，使之处于良好状态。

第十条 防火的知识。

（1）加强各种可燃物质的管理，大宗燃料应按品种堆放，不得混入硫化物和其他杂质；对酒精、丙酮、油类、甲醇、油漆等易燃物质要妥善保存，不得靠近火源。

（2）采取防火技术措施，设计建筑物和选用设备应采用阻燃或不燃材料；油库和油缸周围应设置防火墙等。

（3）配备消防设施，厂区要按规定配备消火栓、消防水源、消防车等。生产车间应配备必需的消防用具，如沙箱、干粉及二氧化碳灭火器或泡沫灭火器等器材，要经常检查、定期更换，使之处于良好状态。

（4）开展群众性消防活动，既要组织专业消防队伍也要建立群众性防火灭火义务消防队伍，并通过学习和实地演习，提高灭火技能。

第十一条 预防触电的知识。防触电的主要措施是加强管理、严禁违章作业。

（1）各类电器设备，包括电焊机，照明、家用电器等的选用和安装要符合安全技术规定，保证设备的保护性接地或保护性接零良好。

（2）电气设备要定期检修，并做好检修记录；及时更换老化或裸露的电线，及时拆除临时和废弃线路等；待接线头要包扎绝缘。

（3）建立健全电器设备安全操作规章和责任制度，严禁违章作业，严禁非专业人员擅自操作或修理电器设备。

（4）对电器设备进行修理作业，要拉断电源和穿戴绝缘衣物。

（5）组织员工训练，掌握对触电者的急救措施和技术。

第五章　事故处理

第十二条　事故处理是包括事故发生后的紧急处理、报告有关部门、进行调查分析和统计、采取措施及处分有关单位和人员等一系列工作的总称。

第十三条　员工伤亡的范围。

员工伤亡事故的性质，按与生产的关系程度分为因公伤亡和非因公伤亡两类，其中属于因公伤亡的事故包括：

（1）员工在工作和生产过程中的伤亡；

（2）员工为了工作和生产而发生的伤亡；

（3）由于设备和劳动条件不良引起的伤亡（含不在工作岗位）；

（4）在厂区内因运输工具造成的伤亡；

（5）在生产区域外因完成领导交给的任务，或在其工作地点、工作时间发生的伤亡等。

这些因公伤亡事故范围，只涉及统计分析问题，不作为劳动保险的依据。

第十四条　伤亡事故的分类。

根据负伤程度的不同，分为轻伤事故、重伤事故、死亡事故和多人伤亡事故四种。

轻伤事故：受伤后歇工一天的事故。

重伤事故：受伤后要经较长时间医治、受伤致残、造成有后遗症的事故。

死亡事故：事故发生当时死亡，或抢救和较长时间医治无效死亡的事故。

多人伤亡事故：指同时伤亡 3 人及 3 人以上的事故。

第十五条　事故发生后的紧急处理。

事故往往具有突然性，因此在事故发生后要保持头脑清醒，切勿惊慌失措、处理失当，一般按如下顺序处理：

（1）首先切断有关动力来源，如气源、电源、火源、水源等；

（2）救出受伤、死亡人员，对重伤员进行急救包扎；

（3）大致估计事故的原因及影响范围；

（4）及时报告和呼唤援助的同时抢移易燃、易爆、剧毒等物品，防止事故扩大和减少损失；

（5）采取灭火、堵水、导流、防爆、降温等措施，使事故尽快终止；

（6）事故被终止后，要保护好现场。

第十六条　事故的调查、分析和处理。

对伤亡事故进行调查分析和处理的基本目的是：找出原因，查明责任，采取措施，消除隐患，吸取教训，改进工作。

班组的责任是协助有关部门或人员，搞好调查分析和处理工作。

第六章　安全检查

第十七条　安全检查的内容。

（1）查有无进行安全教育。

（2）查安全操作规程是否公开张挂或放置。

（3）查在布置生产任务时有无布置安全工作。

（4）查安全防护、保险、报警、急救装置或器材是否完备。

（5）查个人劳动防护用品是否齐备及正确使用。

（6）查工作衔接配合是否合理。

（7）查事故隐患是否存在。

（8）查安全计划措施是否落实和实施。

第十八条　安全检查的形式。

安全检查的方法有：经常性检查（如班组月查、周查、日查和抽查等）、专业性检查（如防寒保暖、防暑降温、防火防爆、制度规章、防护装置、电器保安等专业检查等），还有节假日前的例行检查和安全月、安全日的群众性大检查。

另外，教育班组成员养成时时重视安全、经常注意进行自我安全检查的习惯，是实现安全生产、防止事故发生的最重要方式。

第十九条　自我安全检查要点。

（1）检查工作区域的安全性：注意周围环境卫生、工序通道畅通、梯架台稳固、地面和工作台面平整。

（2）检查使用材料的安全性：注意堆放或储藏方式、装卸地方大小、材料有无断裂、毛刺、毒性、污染或特殊要求，运输、起吊、搬运手段，信号装置是否清晰等情况。

（3）检查工具的安全性：注意是否齐全、清洁，有无损坏，有何特殊使用规定、操作方法等。

（4）检查设备的安全性：注意防护、保险、报警装置、控制机构的完好情况。

（5）检查其他防护的安全性：通风、防暑降温、保暖情况，防护用品是否齐备和正确使用，衣服鞋袜及头发长短是否合适，有无消防和急救物品等。

▲安全保卫管理制度

第一条 安全保卫工作特指公司办公区域内的防盗、防火及其他保护公司利益的工作。

第二条 行政管理部负责公司办公区域的安全保卫工作，办公时间（8：30～17：30）由秘书负责来宾的接待引见工作，非办公时间（17：30～次日8：30及节假日）由行政管理部指定专人负责办公区域的安全保卫工作。

第三条 公司实施门禁管理系统，非办公时间员工应使用门禁卡进入办公区域。员工应妥善保管门禁卡，如门禁卡丢失要照价赔偿。

第四条 公司实施节假日值班制度，由行政管理部负责每月的值班安排和监督工作，值班人员必须按时到岗，并认真履行值班职责，检查各部门对各项安全制度、安全操作规程是否落实。

第五条 行政管理部夜间值班人员负责每日的开门和锁门，每日晚上值班人员在锁门前必须认真检查办公区域内的门窗是否锁好，电源是否切断，保证无任何安全隐患。

第六条 办公区域内的门锁钥匙由行政管理部专人负责保管，并每日早晚按时将办公室的门打开、锁好，一般员工不得随意配置门锁钥匙；计划财务中心的钥匙由本部门保管。

第七条 公司员工应妥善保管印章、钱款、贵重物品、重要文件等，下班前将抽屉及文件柜锁好，切断电源后方可离开。

第八条 公司行政管理部负责组织有关人员不定期地对公司办公环境的安全实施监督检查。如有安全隐患，相应部门要及时整改。

第九条 公司所属办公区域的门锁钥匙，启用前应在信息管理中心行政管理部备份一套，行政管理部须妥善保管，以备急需时使用。

第十条 公司物品运出办公区域须填写《出门证》，经有关领导批准后方可搬离。

▲安全保卫防范工作规定

第一条 安全保卫承包责任制要以各部门、室、各分公司为单位全面实行。各分公司要落实到班组，责任到人，签订承包合同，明确职责，落实奖惩。

第二条 各通信要害部门一律安排警卫人员守卫，并认真贯彻落实《通信要害管理规定》。

第三条　落实大厦及部门值班巡逻措施。存放现金在 10 万元以上的库房，要由两个或两个以上专职人员同时值守。

第四条　重点部位一律实行“四铁两器”。重点部位是指生产要害部位，包括机房、计算机房、营业厅、财务部、存放 1 万元以上现款的部位、存放秘密文件的档案室、图纸资料部位、存放贵重物品或枪支弹药的库房及其他应该切实保障安全的部位。

“四铁两器”是指铁门、铁窗、营业柜台护栏、保险柜及灭火器、报警器（包括营业厅防抢报警铃）。

第五条　落实现金提送的有关规定。现金在 1 万元以上且运送距离在 500 米以上的，要用机动车提送款；在 1 万元以上，但距离在 500 米以下，或 1 万元以下的提送款，须两人以上同行押送。

第六条　存放现金在 10 万元以上的，要设立具备较高防火、防爆、防盗、防抢性能的金库，并要落实安全管理制度与措施。

▲安全考核与奖惩制度

第一条　企业安全保卫工作由治安消防委员会进行监督考核，实施奖惩。发生安全事故由安委会承担领导责任，主管经理、安全保卫部部长承担主要领导责任。

第二条　企业各部门的安全保卫工作由安全保卫部负责考核。

第三条　要认真贯彻各项安全保卫制度，全年实现无火警火灾、无各类案件、无员工违法犯罪、无民事纠纷；全年坚持开展普法教育、坚持检查记录和坚持法制宣传教育。

第四条　凡认真贯彻执行企业各项安全保卫制度，符合下列条件之一的，给予表彰、奖励或记功晋级。

（1）及时发现、防止各类案件和治安灾害事故发生或在抢险救灾中有立功表现者。

（2）一贯忠于职守，热爱治安消防工作，并做出一定贡献者。

（3）检举、揭发、制止违法犯罪活动，提供重要线索，协助侦破案件有功或抓获违法犯罪分子者。

第五条　凡违反企业规章制度，发现下列行为者给予单位或当事人经济处罚，个人 500 元，单位罚金 1000 ~ 5000 元，触犯刑律的移交司法部门，追究刑事责任。

（1）重点要害部位发现安全隐患，经单位安全保卫部指出而不整改的。

（2）重点要害部位未指定责任人，或责任人未与安全保卫部签订责任书的（追究双方责任）。

（3）重点要害部位没有具体安全措施的。

（4）在场内禁火区或防火重点部位及非吸烟区吸烟，在吸烟区将烟头、火柴梗、烟灰扔在地上的。

（5）未经批准，违章明火作业的。

（6）占用消火栓，损坏、挪用消防器材，在消防通道上堆放物品，经通知不及时清除的。

（7）所在部门发生火险、火灾或其他治安灾害事故的。

（8）违反单位现金管理制度，凡查出现金未进保险柜或保险柜未锁的。

（9）职工违法受到公安机关行政拘留、治安裁决的。

（10）参与赌博的。

（11）凡知情不举，包庇违法犯罪分子，对发生的案件和治安灾害事故隐瞒不报的。

（12）治安消防干部不能尽职尽责的。

（13）不支持安全检查，不填写检查记录的。

▲保安工作管理制度

第一条　仪容仪表。

（1）保安、消防人员上岗前不得饮酒，上岗时间要求穿制服，佩戴内部治安执勤证、武装带、警号等。

（2）保安、消防人员上岗时间要集中注意力，保持举止端庄，处理问题时要认真分析、果断、公平。

（3）保安、消防人员不准留长头发、小胡子、长指甲，违者将给予通报批评，限期改正。

第二条　执勤部分。

（1）消防中心不准打与业务无关的电话，非保安人员不得进入消防中心，不准在消防中心会客或聊天。

（2）遇到报警时，消防值班人员应沉着、冷静、准确地向有关部门或值班主管报告。值班人员不准错报，不准随便离开控制室，如擅自离岗者，按失职论处。

（3）值班人员必须经常打扫卫生，保持值班室干净、整齐，各类控制台（如报警器、水泵控制台）无灰尘。

（4）值班人员用餐时必须有人替岗，不得空岗用餐；一旦发现异常情况，应迅速赶赴现场，同时应及时向值班领导汇报。对遇到异常情况不妥善处理又不及时汇报者，视其情节轻重和影响大小给予必要的处分。

第三条　外勤部分。

（1）保障消防通道和停车场所畅通，机动车、自行车的停放要整齐有序，如因乱停放而造成塞车，则追究值班员的责任。

（2）外勤值班员必须按规定经常巡视重点位置（如配电房、锅炉房、发电机房、空调房、地下水泵等），发现可疑的人要查问清楚，防止发生意外事故。

第四条 考勤处理方法。

（1）迟到、早退10分钟内给予警告处分，超过30分钟以上算旷工半天，旷工一天扣当月奖金的50%。

（2）请事假一天必须由班组长批准；请假一天以上由部门主管批假；请假必须由本人以书面形式提出，不准别人代请或通过电话请假。

（3）病假必须有指定医院的医生开具的证明，方可病休。

（4）旷工一天扣两天薪金；旷工两天以上者，呈报总经理室给予行政处分。

（5）工作时间严禁会客、做私事及其他与工作无关的事，发现一次扣除当月奖金，造成工作失误者根据情节轻重给予处罚。

（6）按时交接班；交接班时要详细填写值班笔记，班组长每天须详细检查记录情况，发现问题要及时汇报。

（7）严格遵守保密制度，不许泄露保安部人员编制等资料。

▲保安员交接班规定

保安员交接班，应遵循交接班规定。

第一条 按时交接班，接班人员应提前10分钟到达岗位，如接班人员有特殊情况未到达时，当班人员不准离开岗位，及时汇报以确定解决方法。

第二条 接班人员要详细了解上一班的执勤情况和当班应注意的事项。

第三条 交班人员应将当班时发现的情况、发生的问题、处理情况及注意事项向接班人员交代清楚。

第四条 当班人员发现的情况要及时处理，不能移交给下一班的事情要继续在岗处理完毕，接班人员应协助完成。

第五条 接班人员应注意检查岗位范围内的物品、设施和器械装备等，发现异常情况应立即报告，必要时双方签名做证。

第六条 交班人员应负责清理值班场地卫生。

▲值班管理制度

第一条 为加强对公司值班工作的管理，特制定本制度。

第二条 本公司员工值班，其时间规定如下：

（1）自星期一至星期五每日下午下班时起至次日上午上班时止；

（2）节假日：日班 8：00～17：00（可随办公时间的变更而变更）。夜班 17：30～次日 8：00。

第三条　员工值班安排表由各部门编排，于上月底公布并通知值班人员按时值班，并应设置值日牌，写明值班人员的姓名，悬挂于明显的地方。

第四条　值班人员应按照规定时间在指定场所连续执行任务，不得中途停歇或随意外出，并须在本公司或工厂内所指定的地方食宿。

第五条　值班人员遇有事情发生，可先行处理，事后报告。如遇其职权不能处理的，应立即通报并请示主管领导办理。

第六条　值班人员收到电文后，应分别依下列方式处理：

（1）属于职权范围内的可即时处理；

（2）非职权所及，视其性质应立即联系有关部门负责人处理；

（3）密件或限时信件应立即原封保管，于上班时呈送有关领导。

第七条　值班人员应将值班时所处理的事项填写报告表，于交班后送主管领导专门检查，报告表另定。

第八条　值班人员如遇紧急事件处理得当，使公司减少损失者，公司视其情节给予嘉奖。

第九条　值班人员在值班时间内，擅离职守应给予记大过处分，因情节严重造成损失者，从重论处。

第十条　值班人员因病和其他原因不能值班的，应先行请假或请其他员工代理。出差时亦同，代理者应负一切责任。

第十一条　值班人员领取值班津贴，其标准另定。

▲出入厂区管理规定

第一条　为加强本公司安全保卫工作，使出入厂区管理规范化，特制定本规定。

第二条　员工。

（1）员工进厂须佩戴识别证。

（2）员工未佩戴识别证时，守卫人员查明其身份并履行登记手续后方可进入。

（3）迟到、早退或请假者，须打出勤卡或退勤卡进出。

（4）员工进入厂区限在上班时间内，节假日或下班后禁止员工进入厂区。

（5）因公加班须在休息时间进入厂区者，应提供单位主管签署的证明材料。

（6）员工夜间加班或节假日加班时，出入须遵守以上规定。

（7）员工陪同亲友进入厂内时，须办理入厂登记手续。

（8）本公司或协作企业员工进入本厂时，须办理入厂登记手续。

第三条 来宾。

（1）凡来宾访客（包括协作企业人员、本公司其他单位人员、员工亲友等）进入厂内时，一律在传达室办理来宾出入登记手续，并说明来访事由，经征得受访人员同意及填写“会客登记单”后，领取“来宾识别证”，持“会客登记单”第二联进入厂内，并依下列规定使用：

①“来宾识别证”应佩挂于胸前，受访者须在“会客登记单”上签字；来宾须将“来宾识别证”及“登记单”交还给传达室查对。

②团体来宾参观时，须由有关单位陪同方可进入。

（2）来宾来访，除特殊业务需要准许其进入厂内外，其余均须在会客室晤谈，不准进入厂内。

（3）本公司其他单位人员，因业务原因须进出厂区时，除科长级以上主管外，一律先履行登记手续。

（4）不得在上班时间内会客，员工亲友因私事来访，于会客室内等候，在下班后会见，特殊情况须经科长核准方能会见。

（5）协作企业人员出入厂区频繁者，由有关单位申请办理识别证，凭识别证出入大门。没有识别证者必须办理登记方可进入。

（6）来宾出入厂区时，保卫人员须对其随身携带的物品进行安检，严禁携带危险物品进入。

（7）严禁外界推销人员或小贩进入厂区。

第四条 车辆。

（1）机动车驶进工厂后，应整齐排放在停车场。

（2）运送货品的机动车辆可慢行进入厂区卸货，须载物品出厂者亦同。

（3）车辆进入时，须接受检查及办理入厂手续，停靠在指定位置。

（4）车辆出厂时，不论外单位公务人员或员工车辆均须停车接受检查，若载有物品时，须凭“物品放行单”放行。没有“物品放行单”不得载运任何物品出厂（含私人物品）（详见“物品”部分）。

（5）本厂车辆出厂时，须凭“派车单”放行。

（6）保卫人员每天将“派车单”送厂务科备查。

第五条 物品。

（1）任何物品（包括成品、材料、废料、员工私人物品、工具等）出厂时均须办理“物品放行单”。

（2）保卫人员须仔细核对“物品放行单”的记载是否与实物相符。

（3）“物品放行单”由有关单位填写后送厂务科核批。

（4）工程承包者、协作企业及其他业务往来企业或个人携带的工具、机器、物品等，应于进厂时先行登记，出厂时凭登记单核对无误后方可出厂。

（5）物品进厂时，保卫人员须详细检查，如有危险品、易燃品、凶器等，禁止进厂并报告上级处理。

（6）保卫人员每天须将“物品放行单”送厂务科备查。

第六条　识别证。

（1）识别证分为三种：

①员工识别证（黄色）；

②来宾识别证（红色）；

③协作企业人员识别证（蓝色）。

（2）协作企业人员识别证每年换证1次，且颜色不变。

（3）员工进出厂区应佩戴识别证，未戴者由守卫人员登记1次，列入年终（年中）考核扣分项目。

（4）识别证应贴好照片，由厂务科盖章后方为有效。

（5）若识别证遗失或破损，应及时办理补发手续。

（6）识别证背面记载个人所属单位及职称。

（7）识别证应妥善保存，调、离职时应交回。

（8）协作企业人员识别证应由有关单位办理申请，并应有企业名称、出入者姓名、照片、年龄、性别、身份证统一编号、住址及电话等内容。

（9）协作企业人员识别证有效期为1年，每年1月份全部换新，旧证收回作废。

第七条　员工车辆停车场。

（1）本厂员工上班时，若以自用轿车、摩托车为交通工具时，均应事先向厂务科登记，以便安排停放车车位号码。

（2）各种车辆入厂时，应将车辆停放在指定位置，不得随意停靠。

（3）停车场开放时间如下：

①白天7:00～18:00；

②晚上20:00～22:00。

（4）停车场非开放时间禁止进出，以确保车辆安全。

（5）停车时，须将编号停车牌放置在车上指定部位，以便查核。

第八条　班车。

（1）本厂员工除住厂内宿舍者外均可向厂务科申办班车乘车证，并交最近半身免冠正面二寸照片一张。

（2）申请乘车人员无特殊原因每月乘车日数未达20日以上者，则取消次月乘车资格，停止1个月后，重新申请。全年有3次以上取消记录时，取消乘车资格1年。

（3）搭车员工推举车长1名，负责管理员工安全及检查乘车证等事务。

（4）无乘车证而擅自搭乘者，如因超载而被罚款或发生事故时，应与车长共负全部责任。

（5）乘车证不得转借他人使用。

▲外来施工人员管理制度

第一条　临时来公司的施工人员，必须到安全保卫部办理临时出入证，签订安全协议书，如工作需要还需办理库房通行证。

第二条　公司工程部在施工单位签订协议时，须注明安全条款，并对施工单位人员进行安全宣传教育。

第三条　施工人员必须严格遵守单位规定，若有违反由有关部门追究其责任。

第四条　施工人员在现场操作时，要严格按操作规程和工艺要求施工，按照施工有关章程持证上岗，动用明火须到安全保卫部开具动火证。离开单位时，若要携带物品（包括自有设备和材料）出去，须开出门条交门卫验证后方可出去。

第五条　施工人员违反单位有关安全规定，发生问题，给本单位造成损失的，须照价赔偿，并由有关部门按规定对责任人作出罚款等处理。

▲计算机安全管理规定

第一条　病毒防护。

（1）基本要求：

①装有软驱的计算机一律不得入网。

②对于联网的计算机，任何人在未经批准的情况下，不得从网络复制软件或文档。

③对于尚未联网的计算机，其软件的安装由计算机室负责。

④任何计算机须安装软件时，须由相关专业负责人提出书面报告，经经理同意后，由计算机室负责安装。

⑤所有计算机不得安装游戏软件。

⑥数据的备份由相关专业负责人管理，备用的软盘由专业负责人提供。

⑦软件在使用前，必须确保无病毒。

⑧使用人在离开前应先退出系统再关机。

⑨任何人未经过他人同意，不得使用他人的计算机。

（2）监管措施：

①由计算机室指定专人负责计算机部管辖范围内所有计算机的病毒检测和清理工作；

②由计算机室起草防病毒工作计划（检测周期、时间、方式、工具及责任

人），报计算机部经理批准后实施；

③由各专业负责人和计算机室的专门人员根据上述作业计划按时（每周最少一次）进行检测工作，并填写检查记录；

④由计算机部经理负责对防病毒措施的落实情况进行监督。

第二条　硬件保护及保养。

（1）基本要求：

①除计算机室负责硬件维护的人员外，任何人不得随意拆卸所使用的计算机或相关的计算机设备；

②硬件维护人员在拆卸计算机时，必须采取必要的防静电措施；

③硬件维护人员在作业完成后或准备离去时，必须将所拆卸的设备复原；

④各专业负责人必须认真落实所辖计算机及配套设备的使用和保养责任；

⑤各专业负责人必须采取必要措施，确保所用的计算机及外设始终处于整洁和良好的状态；

⑥所有带锁的计算机，在使用完毕或离去前必须上锁；

⑦对于关键的计算机设备应配备必要的断电继电设施以保护计算机。

（2）监管措施：

①各部门所辖计算机的使用、除尘和保养工作，由相应专业负责人负责；

②各专业负责人必须经常检查所辖计算机及外设的状况，及时发现和解决问题。

第三条　奖惩措施。

计算机部决定将计算机的管理纳入对各专业负责人的考核范围。

（1）凡发现以下情况，根据实际情况追究责任：

①计算机感染病毒；

②私自安装使用未经许可的软件（含游戏软件）；

③计算机具有密码功能却未使用；

④离开计算机却未退出系统并关机；

⑤擅自使用他人计算机或外设并造成不良影响；

⑥没有及时检查或清洁计算机及相关外设。

（2）凡发现由于以下情况造成硬件的损坏，其损失由当事人照价赔偿：违章作业；保管不当；擅自安装、使用硬件和电气装置。

（3）计算机部将根据检查的结果，按季度对认真执行本规定的专业负责人和系统维护人员进行奖励（具体办法另行公布）。

第四条　附则。

本规定中所涉及的计算机设备，包括计算机室计算机设备及由计算机室负责安装在其他部门的计算机设备。

▲防盗工作日常管理规定

第一条　经常对员工进行法制教育，增强员工的法制意识。

第二条　制定各种具体的安全防范规定，加强日常管理，不给犯罪分子以可乘之机。具体规定主要有：

（1）办公室钥匙管理规定；

（2）收银管理规定；

（3）会客制度；

（4）财物安全管理规定；

（5）货仓管理规定；

（6）更衣室安全管理规定；

（7）员工宿舍管理规定。

第三条　在公司易发生盗窃案件的部位，装置监控器、防盗报警器等安全防范设备。

第四条　人事部要做好员工的思想品德考察和员工培训工作，以保证员工队伍的纯洁。如发现有不适合的人员，应按有关规定进行调换或辞退。

第五条　保安部人员要加强日常巡查工作，如发现可疑的人和事要及时报告。

▲财物失窃处理办法

第一条　本公司发生财物失窃事件后，有关人员须在第一时间报警并到达现场，查看该房门是否有明显损坏或被硬物撬开的迹象。

第二条　开门进入房间后，须查看房内之物是否凌乱，行李或提箱、橱柜是否被撬开。

第三条　检查商品柜台玻璃、挡板等有无明显被移动的痕迹。

第四条　不可移动现场摆设、触摸任何物件，须用摄像机拍摄现场。

第五条　及时封锁现场，不准任何人进入。

第六条　观察有无形迹可疑人员出入，记录被窃物品价值、盗窃时间等。

第七条　执法人员到现场后，应主动协助其工作，为执法人员提供资料影印副本，以做好内部调查。

第八条　对所涉及的各部门人员进行调查并录取口供，同时对重点部位和个人进行严密调查。

▲消防管理制度

第一条 加强消防宣传教育，使公司员工充分认识防火的重要性，增强防火意识。

第二条 宣传教育的内容包括：消防规章制度、防火的重要性、防火先进事迹和案例等。

第三条 宣传教育可采取印发消防资料、图片，组织人员学习，请专人讲解，实地模拟消防演练等方式进行。

第四条 义务消防员的培训工作由保安部具体负责，各部门协助进行。

第五条 保安部全体员工均为义务消防员，其他部门按人数比例培训考核后定为公司义务消防员。

第六条 保安部主管负责拟订培训计划，由保安部人员协助，定期、分批对公司员工进行消防培训。

第七条 消防培训的内容。

（1）了解公司的消防要害重点部位，如配电房、保安部、煤气库、货仓、机票室、锅炉房、厨房、财务室等。

（2）了解公司各种消防设施的分布情况，掌握灭火器的安全使用方法。

（3）掌握火灾时扑救工作的知识和技能，以及自救知识和技能。

（4）组织观看实地消防演练，进行现场模拟培训。

第八条 培训后，进行书面知识和实际操作技能考核，合格者发给证书，并评选优秀者给予奖励。

第九条 防火检查是为了发现和消除火警隐患。本公司须切实落实消防措施，预防火灾事故。

第十条 防火检查类别。

（1）保安部人员巡视检查。发现隐患后要及时指出并监督处理。

（2）各部门人员分级检查。第一级是班组人员每日自查；第二级是部门主管重点检查；第三级是部门经理组织人员全面检查或独自进行抽查。

（3）当地消防监督机关定期检查。

第十一条 防火检查的内容。

（1）员工对防火安全的意识和重视程度。

（2）各部门安全防火规章制度、操作规范、防火设备。

（3）各部门人员按安全防火规范的程序进行操作。

（4）各种设备、物品（尤其是易燃、易爆品）的存放是否符合防火的安全要求。

第十二条　公司员工一旦发现失火，并能自己扑灭时，应根据火情的性质，就近使用水或灭火器材进行扑救。

第十三条　火势较大，在场人员又不懂灭火方法时，应立刻通知就近其他人员或巡查的保安员灭火。

第十四条　若火势发展很快，无法立刻扑灭时，应立刻通知总机接线生，执行火灾处理的扑救管理制度。

▲防火安全制度

第一章　总　　则

第一条　本制度根据《中华人民共和国消防法》及公安消防机关颁布的有关消防法规，结合本公司具体情况制定。

第二条　本制度旨在加强本公司的防火安全工作，保护通信设备、企业财产及工作人员生命安全，保障各项工作的顺利进行。

第三条　本公司的防火安全工作，实行“预防为主，防消结合”的方针，由防火安全领导小组负责实施。

第二章　防火安全的组织与机构

第四条　公司、分公司及各部门均实行防火安全责任制，设防火责任人。本公司的防火责任人由总经理担任，分公司防火责任人按有关要求由各行政部门主要领导担任。

第五条　为确保各项防火安全措施的落实，公司成立防火安全领导小组，负责本公司的防火安全工作；各分公司设立相应的防火安全领导小组。此外，各生产班组和要害工作部位设负责抓消防工作的兼职防火安全员。

第六条　各分公司要建立义务消防队，以防在万一发生火灾而专业消防队未到达前，能起到控制火势蔓延或把火扑灭在初起阶段的作用。

第三章　防火安全职责

第七条　公司全体员工都应增强消防意识，并负有安全防火的责任和义务。

第八条　公司防火责任人和各分公司的防火责任人分别对本公司和本部门的防火安全负责。

第九条　各级防火安全责任人的职责。

（1）贯彻上级的消防工作指示，严格执行消防法规。

（2）将消防工作列入议事日程，做到与生产经营同计划、同布置、同检查、同总结、同评比。

（3）执行防火安全制度，依法纠正违章行为。

（4）协助公安机关调查火灾原因，提出处理意见。

第十条　防火安全领导小组的职责。

（1）处理本公司防火安全工作。

（2）制定公司的防火安全制度。

（3）组织防火安全检查，主持整改火险与事故隐患。

（4）组织交流经验，评比表彰先进。

第十一条　各施工生产班组和要害工作部位的兼职防火安全员在防火安全领导小组领导下，落实本工作部门的防火安全措施。

第十二条　义务消防队接受防火安全领导小组的指挥调动，认真履行消防职责。

第四章　防火安全措施

第十三条　公司的防火安全工作，要本着“预防为主，防消结合”的原则，防患于未然。

第十四条　各部门在生产和工作中，均须严格执行国家和市消防机关颁布的有关防火规定，并根据自己的实际情况，采取具体措施。

第十五条　防火安全领导小组应经常对全体员工进行防火安全教育，并组织义务消防队进行消防训练。

第十六条　完善逐级检查制度，及时发现和消除火灾隐患。各施工生产班组、要害部位的兼职防火安全员，应在每日下班和交接班前，对本工作部位进行一次防火安全检查；其他各部门每星期做一次检查；各分公司的防火责任人应每月对本单位的防火安全工作做一次检查；本公司防火安全领导小组每半年进行一次检查，每季度进行一次抽查。

第十七条　各办公大楼原设计安装的消防设施，如消防龙头、水管、烟感报警器，以及其他消防器材要保证有效，此外，还应给各施工和要害部门及本部门其他工作地点配置相应的充足的消防器材。上述消防设备及器材不得借故移作他用。

第十八条　对从事电工、电气焊、易燃、易爆等特殊工种的人员，要按规定进行防火安全技术考核，取得合格证后方可上岗操作。

第十九条　施工作业中须用明火的，事前应按规定由动火单位填写《临时动火作业申请表》，并按不同级别进行审批。一级动火作业指可能发生一般性火灾事故的作业，由安全技术和保卫人员提出意见，经本单位的防火责任人审批；二级动火作业指可能发生重大火灾事故的作业，由保卫室提出意见，经防火责任人审核，报总公司保卫部主管审批；三级动火作业指可能发生特大火灾事故的作业，由责任人提出意见，经总公司保卫部审核，报公安消防监督机关审批。要严格办理审批手续，待批准并发给《临时动火许可证》后方可进行动火作业，下班前要严格执行检查制度，确认安全后方可离开。全体员工不论在宿舍或工作区，一律不许使用电炉等电器。

第二十条　仓库的库存物资和器材，要按公安部公布的《仓库防火安全管理规则》的要求堆放和管理，对易燃、易爆等有害物品，要按规定妥善管理。

第二十一条　对无视防火安全工作，违反有关消防法规，经指出仍拒不执行的单位或个人，应视情节轻重给予处分，必要时可给予经济处罚。

第二十二条　因玩忽职守造成火灾事故的，应追究直接责任者和所在部门防火责任人的责任，触犯刑法的，还应上报司法机关追究刑事责任。

第二十三条　本制度自颁布之日起施行。

▲仓库安全管理制度

第一条　严格执行企业安全保卫的各项规章制度。仓库安全工作要贯彻预防为主的方针，做好防火、防盗、防汛、防工伤事故等项工作。

第二条　建立健全各级安全组织，做到制度上墙、责任到人、逐级把关、不留死角，本着谁主管谁负责、宣传教育在前的原则，坚持部门责任制。

第三条　若库区配备各种消防器材和工具应按企业内部规定执行，不得私自挪用。

第四条　严禁各种生活用危险品、车辆、油料、易燃品进入库区。

第五条　仓库区域内严禁烟火和明火作业，确因工作需要动用明火，按企业有关安全保卫规定执行。

第六条　加强用电管理。建立班前班后检查记录制度，做好交接检查的详细记录。

第七条　加强对企业内门、窗、锁的管理，出现问题及时向有关部门汇报，及时采取措施。末班人员下班后，将钥匙交到保卫部门，方可离去。

第八条　做好来宾登记工作，严禁夜间留宿。特殊情况须报厂保卫部备案。

若因违反以上各款规定而造成物品损失，按企业有关规定处理。

▲仓库消防安全工作

第一条　仓库防火工作要突出要点。最重要的是，仓库的防火工作要依法办事。根据企业法定代表人是安全第一责任人的规定，仓库要按照“谁主管谁负责”的原则，成立防火安全领导小组，全面负责仓库的消防安全工作。其重点是：

(1) 建立以岗位责任制为中心的三级防火责任制，把防火安全工作具体落实到各部门和责任人。

(2) 建立健全企业各项安全管理制度和操作规程。

(3) 对员工进行安全生产教育，做到考核合格持证上岗。

(4) 根据仓库规模，组建专职和义务消防组织，承担职责范围内的消防工作。

(5) 开展安全检查，消除事故隐患，落实验收整改措施。

(6) 及时处理安全事故，做到“三不放过”，即事故责任不清不放过；事故分析不清不放过；和群众没有受到教育不放过。

第二条　消防器材的配置。

(1) 配置消防设施与器材。仓库应当按照国家有关消防技术规范，设置、配备消防设施和器材。消防设施包括：水塔、水泵、水池、消防供水管道、消火栓、消防车和消防泵等；消防器材主要是各种类型灭火器、沙箱、大小水桶、斧、钩、锹等。这些设施与器材，应专人管理，并负责检查、维修、保养、更换和添置，保证完好有效，严禁圈占、埋压和挪用。

消防器材应当设置在明显和便于取用的地点，周围不准堆放物品和杂物。库区的消防车道和仓库的安全出口、疏散楼梯等消防通道，也严禁堆放物品。

(2) 几种重要的灭火剂和消防器材。仓库应当根据商品性质，正确选用适宜的灭火剂、消防器材和扑救方法，以便有效地防止火灾事故的扩大和蔓延。

①水。仓库消防的主要灭火剂就是水。水在灭火时有显著的冷却和窒息作用，水能使某些物质的分解反应趋于缓和，并能降低某些爆炸物品的爆炸能力；当水形成柱状时，有一股冲击力能破坏燃烧结构，把火扑灭。水还可以冷却附近其他易燃物质，防止火势的蔓延。

但是水能导电，对电气装备不能用水来灭火，水更不能用于对水有剧烈反应的化学危险品的灭火。也不能用于比水轻、溶于水的易燃液体的灭火。

②沙土。沙土是一种廉价的灭火物质。

沙土能起窒息作用，覆盖在燃烧物上，可隔绝空气，从而使火熄灭。沙土可以扑救酸碱性物质的火灾和过氧化剂及遇水燃烧的液体和化学危险品的火灾。但要注意不可用沙扑救爆炸物品，而要用冷却法即用旧棉被或旧麻袋，用水浸湿覆盖在燃烧物上。

③灭火器是一种轻便、易用的消防器材，其种类较多，如泡沫灭火器、二氧化碳灭火器、“1211”灭火器和干粉灭火器等。

泡沫灭火器适宜于扑救汽油、煤油、柴油、苯、香蕉水、松香水等易燃液体的火灾，在扑救电气火灾时，应先切断电源。提取灭火器时要注意不要将筒身过度倾斜。

二氧化碳灭火器最适宜扑灭电气、精密仪器、电子设备、珍贵文件、小范围的油类等发生的火灾，但不宜用于金属钾、钠、镁等的灭火。

“1211”灭火器适用于扑灭油类、有机溶剂、精密仪器等火灾。“1211”灭火器的优点在于：绝缘性能好，灭火时不污损物品，灭火后不留痕迹，并且灭火的效率高、速度快。

干粉灭火器适用于扑灭油类、可燃气体、电气设备等的火灾，其优点在于：无毒、无腐蚀、灭火速度快。

第三条 仓库的防火措施。

预防火灾是一项系统工程，涉及仓库工作的方方面面。

按照公安部《仓库防火安全管理规则》的规定，仓库保管员应当熟悉储存物品的分类、性质、保管业务知识和防火安全制度，了解掌握消防器材的操作使用和维护保养方法，做好本岗位的防火工作。

对仓库新员工应当进行仓储业务和消防知识的培训，经考试合格，方可上岗作业。

公安部制定的《仓库防火安全管理规则》，还对商品的储存和装卸过程、电器管理和火源管理等有许多具体的防火规定，仓储部门要认真贯彻执行。

除此之外，仓库还应在组织领导、建筑设计、电器设备的安装使用、商品的储运、装卸搬运、堆码改装、车辆运行、火源控制、库内外环境、报警及灭火方式选择、员工教育培训等方面进行综合治理和部署，采取有效的防火措施，才能防患于未然。

第四条 扑灭火灾的原理。

火的产生的三个必备条件：

（1）要有可燃物质，如火柴、草料、棉花、纸张、油品等。

（2）要有助燃物质，一般指空气中的氧和氧化剂。

（3）要有火源，凡能引起可燃物质燃烧的热能源都叫火源，如明火、电器火、摩擦冲击产生的火花、静电产生的火花、雷电产生的火花、化学反应（包括商品本身自燃、遇水燃烧和与性能相抵触的物质接触起火）等。

必须同时具备以上三个条件并互相结合，相互作用，燃烧才能发生。因此防火和灭火的基本原理和一切防火措施都是为了破坏已经产生的燃烧条件，即主要采取隔离、窒息、冷却的办法，除掉由于三个条件造成燃烧的任何一个条件，使火熄灭。

能引起火灾的火源多种多样，大致可以分为直接火源和间接火源两大类。

（1）直接火源主要有三种：

①明火。明火指生产、生活用的炉火、灯火、焊接火，以及火柴、打火机的火焰、香烟头等。

②电火花。电火花指电气设备产生的电火花，能引起可燃物质起火。

③雷电。雷电是瞬时间的高压放电，能引起任何可燃物质的燃烧。

（2）间接火源主要有两种：

①加热引燃起火。如棉布、纸张靠近灯泡，木板、木器靠近火炉烟道容易被烤焦起火等。

②物品本身自燃起火。指在既无明火、又无外来热源的条件下，物品本身自行发热而起火。

第五条　基本的灭火方法。

（1）冷却法。冷却法就是把燃烧物的温度降低到其燃烧点以下，使之不能燃烧。如水、酸碱灭火器、二氧化碳灭火器等均有一定冷却作用。

（2）窒息法。窒息法就是使燃烧物与氧气隔绝，使火窒息。如沙土、湿棉被、二氧化碳灭火器、泡沫灭火器等，都是用窒息方法灭火的。

（3）拆移法。拆移法又叫隔离法，即搬开、拆除可燃烧的东西，使火不能蔓延。

（4）遮断法。遮断法就是将浸湿的麻袋、旧棉被等物遮盖在火场附近的其他易燃物和未燃物上，防止火势蔓延。

（5）分散法。分散法就是将集中的物资迅速分散，孤立火源，一般用于露天仓库，库内也可以采用。

第六条　化工危险品火灾的扑救。

（1）化工危险品仓库的消防工作有其特殊的要求。爆炸品引起的火灾主要用水扑救，氧化剂起火大多数可用雾状水扑救，也可以分别用二氧化碳灭火器、泡沫灭火器和沙土扑救。

（2）易燃液体，用泡沫灭火器最有效，也可用干粉灭火器、沙土、二氧化碳灭火器扑救。由于绝大多数易燃液体都比水轻，且不溶于水，故不能用水扑救。

（3）易燃固体，一般可用水、沙土和泡沫灭火器、二氧化碳灭火器等扑灭火灾。

（4）毒害性商品失火，一般可用大量水扑救，液体有毒的宜用雾状水或沙土、二氧化碳灭火器。但其中氰化物着火，绝不能使用酸碱灭火器和泡沫灭火器，因酸与氰化物作用能产生剧毒的氰化氢气体，危害性极大。

（5）腐蚀性物品中，碱类和酸类的水溶液着火可用雾状水扑救；但遇水分解的多卤化合物、氯磺酸、盐酸、硫酸等，绝不能用水扑救，只能用二氧化碳灭火器施救，有的也可用干沙土灭火。遇水燃烧商品，只能使用干沙土和二氧化碳灭火器灭火。

（6）自燃性物品的起火，可用大量水或其他灭火器材。

（7）压缩气体起火，可用沙土、二氧化碳灭火器、泡沫灭火器扑灭。

（8）放射性物品着火，可用大量水或其他灭火剂扑灭。

▲易燃、易爆物品管理办法

对易燃、易爆物品，如汽油、油漆、酒精、煤气、乙炔等，应执行以下安全管理办法。

第一条　易燃、易爆品保管人、使用人和部位领导人是该项安全管理责任人。

第二条　易燃、易爆品应指定专人购买、保管、发放、使用。必须严格领取、存放、发放手续。做到账目清楚，账物相符。

第三条　易燃、易爆物品使用人必须严格执行操作规程，使用过程中采取安全防护措施。库内不得使用移动式照明灯具、碘钨灯和60W以上白炽灯。

第四条　凡经营的危险商品应本着进多少卖多少的原则，须在指定仓库存放，仓库内不许点灯、穿钉子鞋，不得私自保管。

第五条　企业要害部位及仓库应根据本制度制定出相应的部门具体管理措施，并报安全保卫部备案。

二、办公室安全保卫管理制度相关表格

▲来访登记表

来访登记表

______年____月____日

序号	姓名	所在单位	被访人		事由	时间		备注
			姓名	部门		入厂	出厂	

▲安全检查表

安全检查表

厂区

检查项目	待改善事项	说明	备注	复检
1. 消防	□无法使用　□道路阻塞			
2. 灭火器	□失效　□通道阻塞　□缺少			
3. 走道	□阻塞　□脏乱			
4. 门	□阻塞　□损坏			
5. 窗	□损坏　□不清洁			
6. 地板	□不洁　□损坏			
7. 厂房	□破损　□漏水			
8. 楼梯	□损坏　□阻塞　□脏乱			
9. 厕所	□脏臭　□漏水　□损坏			
10. 办公桌椅	□损坏			
11. 餐厅	□损坏　□污损			
12. 工作桌椅	□损坏			
13. 厂房四周	□脏乱			
14. 一般机器	□保养不良　□基础松动			
15. 高压线	□基础不稳　□保养不良			
16. 插座、开关	□损坏　□不安全			
17. 电线	□损坏　□老化			
18. 给水	□漏水　□排水不良			
19. 仓库	□凌乱　□防火防盗不良			
20. 废料	□未处理　□放置凌乱			
21. 其他				

总经理：____　　厂长：____　　办公室主任：____　　安检员：____

▲用电安全检查表

用电安全检查表

日期：____

项次	检 查 项 目	良好	不良	缺点事实	改善事项
1	电器及马达外壳是否接地				
2	电气设备是否被淋水或淋化学液				
3	电气设备配管配线是否破损				
4	电气设备配管及马达是否超载使用				
5	高压马达短路环、电器是否良好				
6	配电箱处是否堆积材料、工具或其他杂物				
7	导体露出部分是否容易接近、是否挂“危险”标志牌				
8	隔离开关及汇流排是否因接触不良而发红				
9	配电盘外壳及二次线路是否接地				
10	转动部分是否有覆罩				
11	变电室灭火器是否完全				
12	临时线路的配置是否完全				
13	高压线路的绝缘支持物是否不洁或有脱落现象				
14	中间接线盒是否有积棉或其他物品				
15	现场配电盘是否确实断电				
16	电器开关的熔丝是否符合规定				
17	避雷针是否有效				

部门主管：______　　　　检查人：______

注：本表由安全部门填写一式两份，一份送机电部门，一份存安全管理部门备查。

▲防火检查表

防火检查表

年　月　日时　分

部　门	项　　目	应改善事项

管理责任者：______

▲进厂联络单

进厂联络单

<table>
<tr><td>来宾代表
姓　　名</td><td></td><td>进厂人数</td><td></td><td>日　期</td><td></td></tr>
<tr><td>接待部门
或通信处</td><td colspan="2"></td><td>车　别</td><td colspan="2">□机车　□货车　□客车</td></tr>
<tr><td>进厂时车辆</td><td colspan="5">□载本公司货品　□载有他公司货品　□空车</td></tr>
<tr><td>进厂事由</td><td colspan="5">□交　货　□受邀洽谈　□参　观　□包工
□提运货物　□公事拜访　□私事拜访　□其他</td></tr>
<tr><td colspan="2">来宾自备工具、物品进厂</td><td colspan="4">□没有　□有
（请另填来宾工具、物品清单）</td></tr>
<tr><td colspan="2">接洽人姓名：
接 待 部 门：
接洽人签章：</td><td colspan="2">入厂时间：
出厂时间：</td><td>保安签章</td><td></td></tr>
</table>

第六章　办公室外事接待管理制度

一、办公室外事接待管理制度范本

▲外事接待管理规定

第一条　公司的国内外来宾及公司领导接待工作，除由公司总裁或其他高级管理人员亲自接待的以外，其余由行政管理部配合有关部门负责安排接待工作。

第二条　外事接待工作必须按照公司的有关规定和统一部署安排办理。

第三条　外事接待工作的基本原则是：认真负责，热情周到，不卑不亢，言行得体，严守机密。

第四条　国内外宾客来访，接待人员要准确掌握宾客或领导乘坐的交通工具和抵离的时间，提前通知有关单位和人员做好接送准备。

第五条　国内外宾客来访时，接待者要根据来访者的目的、规格及兴趣、意愿等选择安排参观项目，确定活动内容，拟订接待方案，报请主管总裁批准。

第六条　有关单位根据批准的接待方案，认真做好政务接洽和业务洽谈。洽谈中遇有非权限内的事情，要向主管领导请示，来不及逐级请示时可直接请示主管总裁。

第七条　安排外宾用餐，除特殊情况外，原则上陪同人员不超过两名，安排娱乐活动时我方陪同人员亦应控制，坚决杜绝高消费、大吃大喝等现象的发生。

第八条　对于本公司附属外埠单位人员的来访，按通常规定接待，如对方级别较高或对公司的业务开展具有重要意义，必须将接待方案报集团主管总裁审批。

第九条　在接待来宾过程中，要认真做好安全保卫工作。

▲握手行为规范

在见面与告别时，人们通常都会握手行礼。在国内外交往中，握手都是最为通行的会见礼节。基层办公室人员学习和掌握握手礼，主要应当从握手的方式、伸手的顺序、相握的禁忌三个方面加以注意。

第一条　握手的方式。

作为一种常规礼节，握手的具体方式颇有讲究。其具体操作中有四个要点。

（1）神态。与他人握手时，应当神态专注、认真、友好。在正常情况下，握手时应目视对方双眼，面含笑容，并且同时问候对方。

（2）姿势。与人握手时，一般均应起身站立，迎向对方，在距其1米左右伸出右手，握住对方的右手手掌，稍许上下晃动一两下，并且令其垂直于地面。

（3）力度。握手的时候，用力既不可过轻，也不可过重。若用力过轻，有怠慢对方之嫌；不看对象而用力过重，则会使对方难以接受而生反感。

（4）时间。一般来讲，在普通场合与别人握手所用的时间以3秒钟左右为宜。

第二条　伸手的顺序。

在握手时，双方伸手的先后顺序很有讲究。一般情况下，讲究的是“尊者居前”，即通常应由握手双方之中的身份较高者首先伸出手来，反之则是失礼的。具体而言：女士同男士握手时，应由女士首先伸手。长辈同晚辈握手时，应由长辈首先伸手。领导同下级握手时，应由领导首先伸手。宾主之间的握手则较为特殊。客人抵达时，应由主人首先伸手，以示欢迎之意；客人告辞时，则应由客人首先伸手，以示主人可就此留步。

在正规场合，当一个人有必要与多人一一握手时，既可以由“尊”而“卑”地依次进行，也可以由近而远地逐渐进行。

第三条　相握的禁忌。

在正式场合与他人握手时，主要有下述5条禁忌应当避免。

（1）用左手与人握手。握手宜用右手，以左手握手被普遍认为是失礼之举。

（2）戴手套与人握手。握手前务必要脱下手套。只有女士在社交场合戴着薄纱手套与人握手，才是允许的。

（3）戴墨镜与人握手。在握手时一定要提前摘下墨镜，不然就有防人之嫌。

（4）用双手与人握手。用双手与人相握，只有在熟人之间才适用。与初识之人握手，尤其当对方是一位异性时，两手紧握对方的一只手，是不妥当的。

（5）以干净的手与人握手。在一般情况下，用以与人相握的手理应干干净净。以脏手、病手与人相握，都是不应当的。

▲公务慰问礼仪管理规定

慰问是公务活动的一种，是对遇到不幸、困难或因牺牲了个人和集体利益，为国家和人民作出特殊贡献一方的安慰方式。慰问体现的是关怀和劝慰，是一种公务礼仪表达的方式。

慰问有两种方式。一种是精神上的抚慰，使对方的心灵受到关怀和爱护，让其情绪安定、精神快慰、清除痛苦，以便投入正常的生活和工作。慰问者可以通过多种方式去表达对被慰问者的关心。另一种慰问主要是物质上的帮助，即给被慰问者以物质上的支援，使其脱离困境，渡过难关，以便正常地生活和工作。进行物质慰问的同时，也带去了精神上的关怀和抚慰。

精神慰问

精神慰问主要的表达形式是礼节。精神慰问也叫礼节性慰问，出于工作或情感上的需要，对他人给以心灵上的慰藉。精神慰问可以发生在关系较密切的人之间，也可以发生在普通关系者之间，表达自己的同情和问候，并尽可能地给予实际帮助。表达同情有多种方式，并且根据民俗的不同，具有不同的特点。

第一条 直接表达。

看到、知道困境中的朋友、同事、同学，大多要表达自己的慰问之情，直接的表达是最多使用的方式。看望是直接表达最常使用的方法。朋友遇到了病痛，遇到了困难，我们总要抽时间去看望，了解一下病情，说些安慰的话，看看有什么需要帮忙的地方。有时候还可以握住对方的手，借以表达诚挚的关爱、亲密的情感。

公务性质的精神慰问一般由领导出面。包括探望病中的同事，到有困难的同事家中坐一坐，了解一下其具体困难，好有针对性地给予帮助和解决。直接的精神慰问可以给困境中的人以最直接的安慰，给以强有力的精神上的支持。

第二条 间接表达。

由于有些慰问限于地域、空间和时间，或其他方面的原因所限，可以采用间接表达的方法。间接表达有多种形式，可以采用信件、电报、电话、手机短信，甚至托人捎口信的方法。方法虽然不同，但表达真情、传递情感是一样的。

间接表达的方法一般适用于普通关系，亲密的朋友之间一般不应采用。信件、电报等函件表达方法，适用于官方的正式场合。

第三条 仪式表达。

仪式表达的慰问和怀念，只适用于去世的人，对仍然在世的人不能用。

仪式表达慰问和怀念，在精神慰问中较为特殊。它主要是纪念性的和抚慰性的精神表达方式。

亲朋好友、本单位的人去世，可以为他召开追悼会，以纪念他为社会作出的贡献，表达亲朋对他的怀念。这种方法，是对死者的追悼和怀念，对他的亲友来说，是有力的精神抚慰。参加追悼会，要神色凝重、严肃。要胸佩白花，衣服要穿深色或白色的，不能穿花色、红色。遗体告别时，要脱帽鞠躬。

物质慰问

物质慰问是公务活动的重要方式，重在解决被慰问者的实际困难，帮助其摆脱困境。无论在国内还是在国外，物质慰问已经成为重要交往的内容。

第四条　物质慰问的形式。

大规模的物质慰问为团体慰问。一般由办公室或集体、有名望的个人发起，带有公务性质。

大规模的物质慰问对象一般是某一部分社会群体。如遭遇水灾的难民、火灾的受难者、战争中的难民、饥民等。大批的慰问品可由救济机构筹集，国家、个人都可以出资参与。

大规模的物质慰问可以解决难民的危困、稳定社会、帮助受难群体渡过难关。

小规模的物质慰问为个人之间的慰问活动，亲朋好友之间有了困难，要互相支援、相互关心，用一定的物质形式表达同情之心。买一些水果、鲜花等前去探望病人，病人经济上发生了困难，所在的单位或亲友伸出援助之手，可以帮助困境中的人解决一部分困难。这不仅给予了物质上的帮助，也送去了一片深情，温暖了人心。

慰问要真心实意、适时适度、符合身份，并且讲究形式。

第五条　慰问的注意事项。

(1) 要表达真挚的情感。慰问是对陷入困境一方的精神或物质上的慰藉和支援，是真情的表达。慰问中的任何形式都要表示出对慰问对象诚挚的爱护、关心和支持，目的是减轻对方的痛苦，让其从困境中解脱出来。

真情的表达，最直接的方式就是谈话，要把同情和关怀表白出来，用语言或文字表示对他的体察和理解，可以站在对方的角度去思考他的处境。要体会其心情，表达对他的理解，要真心实意地站在对方的角度，思考其处境，分担其痛苦。

要尽力鼓舞对方的士气。同情并不是陪着落泪，要让对方重振雄风，而不是灰心丧气，丢失了斗志。陪着一起落泪，解决不了实际问题，与其让人陷入悲痛之中不能自拔，还不如不劝慰。

(2) 要关怀适时、适度。所谓适时适度，就是要根据情况，及时表达自己的关怀，合乎情理地表达自己的情感，选择表达关怀的适当机会。比如，有人生病了，有时候需要静养，尤其不适宜多讲话，这时候就不宜过多打扰。

表达关心，也要适度，不能夸大对方的困难和疾病，让对方背上沉重的思想包袱。同情的适度表达，使人感到温暖，使人受到鼓舞。夸大的同情容易让人误解，并起到相反作用，反而增加困境中人的思想负担。

第六条　慰问中的身份原则。

慰问者和被慰问者从公务关系来说，可以是隶属或工作关系。一般地说，是领导主动慰问下级，主动表达对下级的关怀、爱护，平级之间也可以相互慰问。行政单位里，一般平级个人之间不慰问。

▲公务聚会礼仪规范

聚会是人们以社交为目的的交际活动，它形式自然、内容灵活、品位高雅，可以帮助人们增进彼此了解，加强沟通。

根据人们在聚会中所讨论的中心话题或进行的主要活动来区别，聚会可以分成许多种类。具体而言，内容丰富、包罗万象的聚会，叫作综合性聚会；亲朋好友、同学、同事之间以保持联络为目的的聚会，叫作交际性聚会；主要为了接待来访者，意在相互了解、加深认识的聚会，叫作联谊性聚会；以休闲、娱乐为主要活动形式的聚会，叫作休闲性聚会。

办公室人员在实际工作中，会参与各种不同性质的聚会。在各种聚会中，既要注意交际，又要注重自身形象，遵守基本的礼仪规范。下面，根据办公室人员的实际情况，重点介绍有关交际性聚会的有关情况。

交际性聚会的主要目的是为了使参加者之间保持接触，进行交流。因此，它的具体活动形式灵活多样。基层国家办公室人员经常有机会参加的有茶话会、座谈会、校友会、同乡会、庆祝会等。

聚会的组织

聚会通常对举办的地点、时间、形式、主人、参加者和筹备有一定之规。

第一条　举办的地点。

举办聚会的地点，一般选择条件较好的主办方负责人的私家客厅、庭院，或是宾馆、饭店、餐馆、写字楼的会议厅或多功能厅。

地点应该面积大、通风好、温度适中、照明正常、环境幽雅、没有噪声、不受外界干扰。选择场地时，还需要兼顾参加人数、支出费用、周边环境、交通安全、服务质量、档次名声等问题。

第二条　举办的时间。

聚会持续的时间可以根据情况和需要灵活掌握，一般情况下应持续2～4小时。聚会举行的时间可以根据不同性质的聚会而有所区别，主要根据参加者方便与否以及当地的生活习惯。比如说茶话会根据国际惯例一般在下午两点举行，同学会在周末下午或晚间举行为好。

第三条　举办的形式。

聚会的形式，应根据具体目的而加以选择。如果大家只是想“聚一聚”，就可以选择较为轻松的同乡会、联欢会或家庭舞会。如果想进行具有对外联络和进行招待性质的社交性聚会，就可以选择茶话会、座谈会、酒会等形式。当然，在具体操作上，几种形式也可以彼此交叉或同时使用。

第四条 聚会的主人。

如果聚会是在某家私宅内举行，其主人就是这次聚会的主人。如果聚会是在租用场地举行的，则一般有其发起者或组织者担任主人。主人要负责聚会时间、地点的安排，聚会的基本筹备及组织，还要照顾来宾，控制聚会的时间和调动气氛。作为东道主，主办方或男女主人的穿戴应当尽可能地向自己的身份靠拢，不宜过于随意，也不必超过参加聚会的宾客。

第五条 聚会的参加者。

邀请哪些人参加聚会，往往与聚会的主题有着直接的因果关系。在聚会之前应确定好参加者，这样有利于聚会的事先筹备。聚会的既定参加者，按规定可以携带家人或秘书出席，临时邀请其他人同往是不适宜的。若无明确的要求，最好不要带未成年的家人参加。参加聚会之前，参加者应对自己的仪表、服饰进行必要的修饰。男士通常应该理发、剃须、穿西装套装或休闲型西服，女士则需要做发型、化淡妆，并选择套装、旗袍、时装等样式的服装。如果夫妇或情侣一同赴约，其穿着打扮应彼此保持和谐一致。

第六条 聚会的筹备。

筹备聚会，除了邀请来宾及选择时间地点，还应根据聚会的类型准备食物、酒水和娱乐项目等。对于待客的食物，比如说点心、水果或小吃要精心挑选，品种要对路，数量要适当，注意兼顾参加者不同的口味和偏好。准备饮料、茶水或酒水时，要精心选择，在力所能及的情况下，要注重品质，切勿滥竽充数。

聚会的规则

参加聚会时，要遵守以下几条基本的礼仪规则。

第七条 准时赴会。

在参加社交活动时，仍然要强调时间观念。参加聚会时，应恪守约定，按时赴约，不得无故迟到、早退或是失约。

参加聚会时，通常应准时到场，不宜过于早到，以免影响聚会的布置和安排。准时到场或是迟到三五分钟是比较规范的。万一临时有事难以准点到达，或不能前往，应提前通知主办方或主人，并致以歉意。迟到时间过长，一定要向主人和大家说“对不起”，不能以任何借口为自己的行为开脱。

第八条 举止有礼。

办公室人员在参加聚会时，要做到言谈举止文明有礼，符合规范。要自觉主动地尊重、照顾、体谅妇女和长者，并为其积极地排忧解难。所谓绅士风度和高尚修养，在现实生活中是与尊重妇女、尊重长者紧密相关的。要尊重妇女、尊重长者，就不允许在他们面前言语粗鲁、行为嚣张。不应当在妇女、长者面前开无聊过分的玩笑，不得动手动脚、打打闹闹。在亲切与放肆、平等与辈分之间，要时刻把握好分寸。

要尊重妇女、尊重长者，就要在与他们相处时多留心，尽可能地体谅、照顾他们：行走时，应请其优先；就座时，应以其为尊；携带物品时，应为其代劳；安排活动时，应首先考虑他们的状况。

第九条　体谅主人。

体谅主人，就是要求办公室人员在参加聚会活动时，应当设身处地地多为主办方或主人着想，并尽可能地在其需要时加以帮助，尽可能不要给主人忙中添乱。参加聚会之初，要先去与聚会主办者打招呼和问候。在聚会举行期间，可以找机会向主人询问一下是否需要帮助。聚会结束时，应在向主人道别并表示感谢后，方可告辞。

在聚会期间，如果有些事情不能尽如人意，也要体谅主人，保持克制，不要对主人所作的安排评头论足，说三道四。不要当着他人的面大谈让主人难堪的事，或是指责、非议、侮辱主人。

在主人家中参加聚会时，不要因为与主人关系亲密就可以不讲公德。比如，随地吐痰、乱扔东西或是未经主人许可吸烟。不允许擅自闯入非活动区域，不允许随意取用主人的物品。

第十条　积极交流。

在参加非专题性的聚会时，办公室人员的言谈可以相对自由。但如果不与任何人交谈显然是不合适的。应该主动与他人交流，可以与身边的人攀谈，也可以旁听他人的交谈或是加入他人的交谈，同他人交谈时，应当表现得诚恳虚心。同时，也应当尽可能扩大自己的交际范围，除了与老朋友交谈之外，也要借此机会认识更多的新朋友。与他人交往时，不要使自己的交往对象一成不变，不要盯住熟人、领导、嘉宾等不放。

参加专题性聚会时，既要真实发表自己的见解与主张，又要宽容大度，善于向别人学习和请教。参加此类聚会的目的，就是人们为了某一问题进行座谈、讨论，以期集思广益、开阔视野、增长知识等。比如，在茶话会上发言时，要表现得体。在要求发言时要举手致意，但也要注意谦让，不要与人争抢。不论自己有什么独到见解，打断别人的发言插嘴，都是失礼的行为。在发言过程中，要神态自然，用语文明。肯定成绩时，要实事求是，不要阿谀谄媚。提出批评时，要态度友善、诚恳，用语要谨慎。与他人意见不一致时，要“兼听则明”并保持风度。切勿当场对其表示不满，或是在私下里对对方进行人身攻击。

▲参加宴会礼仪规范

第一条　宴请客人要提前确定宴请的时间、地点和人员，无特殊情况不临时另邀他人。应邀出席宴会的人要按约定时间提前到达。

第二条　席间敬酒时，要围绕宴请主题，语言简洁、情感真挚、用词文明。主人敬酒后由主宾祝酒，然后其他宾客敬酒，做到敬酒不劝酒。

第三条　主人未致祝酒词前不可先进餐，致祝酒词时应停止与他人谈话。进食时不宜发出声响，口中有食物时不与他人谈话，剔牙时要用手或手帕、纸巾遮口。礼让他人时，一般只让菜不夹菜，如需夹菜用公用筷。

第四条　用餐后将餐巾放在盘子右侧，不宜放在椅子上。吃剩的菜和用过的餐具、牙签等应放在碟中，勿放桌上。宴会结束时待主人致辞后致谢词。

▲商务会面行为规范

第一条　问候：如知其姓名、职务时，可称呼“某某经理（主管），您好”等；如只知其姓名时，可称呼“某某先生（小姐），您好”等。

第二条　介绍：自我介绍要适时、简明、有礼貌，在双方都不太认识的场合，一般只要讲出自己的姓名、身份即可；介绍他人时，介绍前先给对方一个提示，比如，“我来介绍你们认识一下”等；被他人介绍时，要主动以礼貌的语言向对方问候或点头微笑致意。（提示：先将年轻者介绍给年长者；先将职位低者介绍给职位高者）

第三条　握手：在离对方一步时伸出右手，身体微微前倾，握手动作大方；握手用力适度，时间一般为 2 ~ 3 秒；握手的部位，男士之间一般握到手掌，男士与女士握手，一般只轻握对方手指部分；伸手的先后顺序为：位尊者先伸手；女士先伸手。

第四条　交换名片：递送名片时，正面对着对方，双手递上；接名片时，微微欠身，点头，用双手接；接到后，读出名片上的主要内容，并道谢；领导在场时，让领导先行接、递名片；不要玩名片；不把名片放在下装口袋中。

▲商务接待行为规范

第一条　接待前的准备：提前了解被接待人员的身份、职位及其他信息，在合适的地方安排公司合适的人员接待；在公司接待重要客人时，员工服装要协调一致，注意仪表、仪态；根据接待的要求准备相关资料、仪器。

第二条　迎接：提前了解对方到达的车次、航班，安排与客人身份、职务相当的人员前去迎接，并确保提前到达，恭候客人的到来。若因某种原因，相应身份的主人不能前往，前去迎接的主人应向客人作出礼貌的解释；客人在小轿车内的位次以司机后排右座为尊，副驾驶座为“随行人员座”。（提示：不要把客人随意安排在“随行人员座”上）

第三条　奉茶：客人入座后，应立即奉茶；茶水不要倒得太满，一般以7~8分满为宜；茶杯放于客人的右前方；中途及时给客人添茶。

▲迎客、送客行为规范

第一条　迎送客人的领导，一般应与客人身份相当，按规定的时间到达迎送地点。

第二条　与来宾初次会面时，通常由工作人员介绍。

第三条　要有礼貌地以手示意，但不要用手指指点点，应简要说明被介绍人的所在单位、职务及姓氏。如“这位是×公司×副总”等。

第四条　引见介绍顺序，一般应先把职务比较低、年纪比较轻的介绍给职务较高、年纪较大的；把男同志介绍给女同志。如果是几位客人同时来访，应按照职务高低依次介绍。职务相同时，则宜先介绍年纪较大的。

第五条　握手时，一般是主人先向客人伸手。低职务的不要主动向高职务的人伸手，男士不要主动向女宾伸手。

第六条　送客时，在客人乘坐的汽车、火车、飞机开动时，送行人员应挥手致意，一般应在车辆或飞机离开视线后，方可离去。

▲参观管理规定

第一条　申请与许可：

（1）欲参观公司者，必须事先与预约室主任联系，填写“参观公司申请书”，并正式提出申请，然后，转交相关部门负责人审批；

（2）相关部门对“参观公司申请书”进行审核，一经批准即转交总务部；

（3）由总务部填写参观内容、范围与路线，然后交副总裁审批。

第二条　许可资格：

（1）凡持有公司印制的“公司参观许可证”者，有资格进入公司参观。

（2）凡事先用电话或其他方式与本公司联系，并经总务部批准者，有资格进入公司参观。

（3）凡合乎下列条件，并经副总裁许可者，有资格进入公司参观：

①事先与本公司总部或其他事业部门联系过，并征得有关部门许可者；

②主顾及其介绍给本公司的人；

③政府机构、社会公众团体及其介绍给本公司的人；

④其他希望参观者。

第三条 参观者胸卡：

申请者必须向公司总务部出示“公司参观许可证”以及“参观公司申请书”，领取“参观者胸卡”。总务部在参观公司申请书上填写“许可编号”后转交门卫。

第四条 拍照：

（1）一般情况下禁止外来参观者在作业现场拍照；

（2）和本公司有关系的公司、员工，如果对所参观的某机械设备感兴趣，希望拍摄该设备的照片，必须向总务部经理请示；

（3）总务部经理可以在获得该生产主管同意的前提下，指定专人对该设备所需要部分进行拍照，并以公文形式把照片寄给参观者主管；

（4）为了防止所拍摄照片被过量复制，应由本公司保管底片；

（5）本公司设备的照片，不得擅自公开刊登，如果有必要刊登，必须事先请示公司工程部。

▲来宾参观接待办法

第一条 为促进公共关系，扩大宣传效果，并兼顾公司机密，特制定本办法。

第二条 参观种类。

（1）定时参观：先以公文或电话预先约定参观时间与范围。定时参观又分为以下三种。

①团体参观：机关学校或社会团体约定来公司参观。

②贵宾参观：政府官员、社会名流以及国内外各大企业负责人经公司允准前来参观。

③普通参观：一般客户或业务有关人员来公司参观。

（2）临时参观：因业务需要临时决定来公司参观。

第三条 接待方式。

（1）团体参观：凡参观人数能在会客室容纳者，均以茶点招待，否则一律免于招待，陪同人员由管理部门协调有关部门决定。

（2）贵宾参观：按公司通知以咖啡、糕点、冷饮或其他方式招待，并由公司高级人员陪同。

（3）普通参观：以茶点招待，由管理部或有关部门派人陪同。

（4）临时参观：同普通参观。

第四条 参观规则。

（1）贵宾参观及团体参观：由公司核准并于参观前 3 日将参观通知单填送各公司管理部门，作为办理接待的凭证，特殊情况时应先以电话通知后补通知单。

（2）普通参观：由各部经理核准，并于参观前 1 日将参观通知单填送公司，以利于接待。但参观涉及两个部门以上者，应视同团体参观办理。

（3）临时参观：由各部经理核定，并于参观前1小时以电话通知各公司管理部办理接待。如参观涉及两个部门以上者，应同管理部协调办理。

（4）未经核准的参观人员，一律谢绝参观，擅自率领参观人员参观者，按泄露商业机密论处。

（5）参观人员除特准者外，一律谢绝拍照，并由陪同参观人员委婉说明。

第五条　本办法如有未尽事宜，可以随时研究修正。

第六条　本办法呈报公司核准后公布施行。

▲参观工厂接待办法

第一章　总　　则

第一条　为了加强对参观工厂事务的管理，确保参观工作顺利进行，给每个参观者留下美好的印象，提高企业的形象，特制定本规定。

第二条　所有参观工厂（以下简称“参观”）事务，都由公司总务部负责管理，由各工厂总务科负责接待。

第三条　对来访者，根据目的和身份分为两类，一类是“重要来访者”；另一类是“普通来访者”。

（1）重要来访者，是指外宾、贵宾以及本公司的重要人物前来参观；对此，必须全力以赴，予以认真、周到和热情的接待。

（2）普通来访者，是指一般外来参观访问人员。

第二章　申请受理

第四条　总务部受理有关参观申请的来源有：

（1）总务部直接受理来自公司外部的参观申请；

（2）委托本公司内部人员与总务部联系，转达参观申请；

（3）由公司其他部门、科室提出的接待外来参观的申请。

第五条　总务部受理有关参观事宜。

（1）总务部接到申请后，即时与工厂总务科联系，决定是否批准参观；

（2）如属于重要人物的来访与参观，必须请示总务部部长，经讨论后作出决定。

第六条　总务部必须就外部申请参观事宜，与对方所在单位或机构进行联系，并明确通知对方是否批准参观以及具体安排。

第七条　如果参观者提出改变参观日期与参观内容，总务部必须对此重新进行审核，并与有关部门联系，调整部署，安排好接待工作。

第三章　重 要 来 访

第八条　总务部部长必须制定相应的接待方针与方式，作出具体的部署与安排。

第九条　总务部部长必须召集广告宣传科、总务科、摄影科以及其他相关部门，就接待工作作出具体安排，确保重要来访的接待工作顺利进行。总务部宣传科负责实施，处理参观过程中的一切事务。

第四章　普 通 来 访

第十条　原则上参观时间安排在接到或受理申请后一周之内；参观人数不超过30人。

第十一条　总务部批准参观后，填写“参观工厂传票”，把有关参观事宜用书面形式通知总务科长（工厂负责接待的部门）。如有必要拍照的话，则须通知摄影科以及其他相关部门与科室。

第十二条　总务科长除特殊情况外，必须依据事先确定下来的向导要领（解说、用餐与礼品等），负责实施参观计划。

第十三条　参观结束后召开意见征集会。

（1）参观结束后，由宣传科主持召开参观者意见征集会；

（2）在特殊情况下，也可由总务科临时主持召开意见征集会；

（3）主持会议的总务科事后必须以书面形式汇总意见，上报宣传科。

▲接待费用管理规定

第一条　本公司有关客户、供应商、融资方以及其他外部关系者的交际费、接待费和招待费（以下简称“接待费”）的开支一律按本规定执行。

第二条　有关接待费的申请、批准、记账、结算等，一律按本规定的手续办理。凡不按本规定办理者，任何对外接待与交际的开支费用，本公司一概不负责。

第三条　无论总裁、董事，还是业务人员，一律按本规定执行，不得擅自或任意动用接待和交际费用开支。但是，本规定允许业务接待人员委托代理人办理必要的手续。

第四条　本规定所指接待费，包括以下所列各项费用开支项目（但其中典礼费与捐赠两项开支另有制度性规定）：

（1）会议费；

（2）研讨费；

（3）招待费；

（4）交际费；

（5）典礼费；

（6）捐赠。

第五条　使用接待费注意事项：

（1）必须注意接待费支出项目与接待用途及目的一致。公司的营业、采购、融资以及其他经营，有其客观的目的性，任何接待上的开支不得背离经营上的目的与要求；

（2）接待费用开支，必须本着最小支出、最大成果的原则，充分考虑和认清每一次接待的目的和接待的方法，合理接待，有效使用经费开支；

（3）各级责任者或主管领导，必须充分审核每一次接待任务与接待方式，给予接待任务的担当者以适当的指示。

第六条　每个部门都必须分别进行预算，并在预算范围内开支。预算按过去的平均实绩来确定。

第七条　接待次数原则上每人每月不得超过×次，但是，××元以下的开支不在其列。同样内容与对象的接待应尽量避免，不要重复接待。

第八条　对重要的关系户要设立接待卡，详细记载其爱好、兴趣与特点等。有关接待卡的填写与保管，另行规定。

第九条　接待的目的按下列原则分类，并在“接待申请及报告书”上写明规定的“接待目的”：

（1）招待新交易伙伴关系户；

（2）庆祝合作关系的建立；

（3）销售收入提高后的致谢；

（4）出访时的请客；

（5）来访时的招待；

（6）接纳各种建议后的致谢；

（7）达到各种目的后的致谢；

（8）重要的节日或庆典。

第十条　接待按对象、目的以及场合，分为以下三档：

（1）A 档（特别重要和重大的接待）；

（2）B 档（比较重要和重大的接待）；

（3）C 档（一般的接待）。

第十一条　接待场所根据接待档次确定，分为“高”“中”“低”三类场所。

(1) 高（适合于A档接待规格），主要指高级的饭店、餐馆、美食中心。

(2) 中（适合于B档接待规格），略低于“高”档水平的中高档餐馆。

(3) 低（适合于C档接待规格），主要指中低档大众用餐场所。

第十二条　接待当事人根据具体情况，判断是否需要接待或招待，并填写公司规定的“接待申请及报告书”，向主管领导正式提出申请，主管允许后加盖印章，送交总务部部长。

第十三条　总务部部长根据申请表内容进行审核，批准后加盖印章。总务部部长的审批权限为一次××元，超过审批权限，必须上报总裁批准。

第十四条　接待费由总务部直接支付给申请部门及申请人。总务部依据申请内容以及相应的接待档次与场所，支付一定的费用。申请部门应在规定的时间内，将收据和发票凭证，连同申请书一起送回总务部进行结算。

第十五条　在接待工作结束后15日内，必须到总务部结算，如果没有收据或开支凭证，一切费用由本人承担。

▲招待用餐管理规定

第一条　用餐程序。

(1) 各部门在公司安排用餐须报总经理批准，并提前将报告送交订餐部。报告要列明招待单位、时间、标准、人数及餐厅名称。

(2) 在员工食堂用餐，经接待部门的经理批准后，直接在该部门秘书处领取餐券用餐。

(3) 如遇特殊情况，可口头请示，同意后先用餐，再补办手续。

第二条　用餐标准。

(1) 餐费标准。营业餐厅用餐标准分为A、B、C三个档次（酒水除外），也可按以上标准另行点菜，但须在报告上说明。

(2) 一般客人用C档，较重要客人为B档，重要客人为A档。

第三条　酒水标准。

除有明确批示外，招待一律只供应适量的啤酒及饮料。其余如香烟、洋酒、葡萄酒、烈酒等须经批准后方可按量供应。

第四条　用餐后的核算。

(1) 所有招待用餐和饮料，接待部门须及时注明并签字。

(2) 员工食堂月底将招待用餐金额核准无误后，交财务部拨款。

(3) 对不符合手续、不按规定办理的，各有关岗位可以拒绝提供服务，否则将追究有关人员的责任。

▲工作午餐、宴请管理办法

第一条　宴请开支标准。

（1）宴请外宾标准（中、西餐同一标准）：

①总公司领导出面举办宴请，按每人每餐 140～150 元控制。

②部门或子公司领导出面举办宴请，一般控制在 100 元以内。

③处级领导出面举办的宴请，每人每餐控制在 80 元之内。

④冷餐、酒会、茶会，每人每次分别为 80 元、65 元、50 元。

⑤组织外宾到郊区参观、游览，需要在外用餐，每人每餐 65 元。

⑥宴请、便宴、冷餐所用的酒、饮料、水果等的费用，不得超过其全部费用的 1/3。

⑦陪餐人数，根据有关规定和工作需要从严掌握。

（2）宴请内宾标准：

①总公司领导出面举办宴请，每人每餐 100 元。

②部门和子公司领导出面举办的宴请，每人每餐 80～85 元。

③处级领导出面举办的宴请，每人每餐 50～55 元。

④所用酒、饮料、水果等费用及陪餐人数可参照宴请外宾标准从严掌握。

第二条　宴请及工作午餐的审批。

宴请外宾或内宾的承办人员填“宴请、工作餐申请单”。

（1）宴请外宾、内宾的申请单，应由部门和子公司负责人审批。

（2）工作餐申请单应由部门领导（含公司机关和子公司的处级领导）审批。

二、办公室外事接待管理制度相关表格

▲公务联系单

公务联系单

速级	
密级	

送抵时间	
姓　　名	
已阅签字	
转出时间	
联　系　事　项	
签　复	
填发人：	年　月　日　时

▲来宾出入登记表

来宾出入登记表

访问时间：　　年　月　日　时　分	
来宾姓名：	识别证号码：
来宾服务单位：	
来宾地址：	
来宾电话：	
来访事由：	
受访者签名：	
离厂时间：　　时　分	
备注：	

▲参观申请登记表

参观申请登记表

接待部门：______ 年 月 日

<table>
<tr><td rowspan="4">主要参观人</td><td colspan="2">姓 名</td><td>性 别</td><td colspan="2">单 位</td><td>职 务</td></tr>
<tr><td colspan="2"></td><td></td><td colspan="2"></td><td></td></tr>
<tr><td colspan="2"></td><td></td><td colspan="2"></td><td></td></tr>
<tr><td colspan="2"></td><td></td><td colspan="2"></td><td></td></tr>
<tr><td>合计人数</td><td>人</td><td>介绍人</td><td></td><td colspan="2">介绍人保证事项</td><td></td></tr>
<tr><td>参观时间</td><td colspan="2"></td><td>引导人</td><td colspan="3"></td></tr>
<tr><td>参观场所</td><td colspan="6"></td></tr>
<tr><td>守卫签章</td><td>入厂 时 分</td><td>守卫</td><td></td><td>出厂 时 分</td><td>守卫</td><td></td></tr>
<tr><td>备注</td><td colspan="3"></td><td>胸章号码</td><td colspan="2"></td></tr>
</table>

总务部经理：____ 申请人：____

▲参观许可证

参观许可证

<table>
<tr><td colspan="6">许可编号：</td></tr>
<tr><td colspan="6">发证日期：　　　　　　　　印章</td></tr>
<tr><td colspan="6">参观单位：</td></tr>
<tr><td colspan="6">参观日期：</td></tr>
<tr><td colspan="6">参观者姓名：
职务：
单位：</td></tr>
<tr><td colspan="6">参观区域：</td></tr>
<tr><td colspan="6">参观内容：</td></tr>
<tr><td colspan="6">参观目的：</td></tr>
<tr><td colspan="6">参观路线：</td></tr>
<tr><td>副总裁</td><td>生产经理</td><td>公关经理</td><td>工程经理</td><td>销售经理</td><td>受理印章</td></tr>
<tr><td></td><td></td><td></td><td></td><td></td><td></td></tr>
</table>

第七章　办公室用品管理制度

一、办公室用品管理制度范本

▲办公用品管理制度

第一条　行政管理部负责公司办公用品、办公设备、低值易耗品、通信设备的采购、保管与发放。计算机及附属设备的购置与管理，由信息管理部设专人负责。

第二条　公司各部门将所需办公用品提前半个月报至行政管理部，行政管理部根据实际用量和库存情况制订购置计划，经总裁批准后购置。

第三条　特需办公用品、低值易耗品和通信设备，须经主管总裁批准，由行政管理部负责购置，然后记入备品保管账目。

第四条　备品发放采取定期发放制度，每月的 1 日和 15 日办理，其他时间不予办理。

第五条　备品仓库设专人负责。备品入库须根据《入库单》严格检查品种、数量、质量、规格、单价是否与进货相符，按手续验收入库，登记上账。未办入库手续，财务一律不予报销。

第六条　备品保管实行“三清、两齐、三一致”，即材料清、账目清、数量清，摆放整齐、库房整齐，账、卡、物一致，做到日清月结。

第七条　做好出库管理。在日清月结的条件下，月末必须对所有单据按部门统计，及时转到财务部结算。

第八条　各部门设立耐用办公用品档案卡，由行政管理部定期检查使用情况，如非正常损坏或丢失，由当事人赔偿。

第九条　行政管理部负责收回公司调离人员的办公用品和物品。

第十条　行政管理部建立公司固定资产总账，对每件物品要进行编号，每年进行一次普查。

▲办公用品发放规定

第一条　本公司为规范办公用品的发放工作，特制定本规定。

第二条　公司各部门应本着节约的原则领取、使用办公用品。

第三条　各部门应指定专人管理办公用品。

第四条　各部门应于每月 28 日前将下月所需办公用品计划报办公室。办公室于每月 6 日前一次性发放各部门所需办公用品。

第五条　采购人员须根据计划需要采购，保证供应。

第六条　办公用品入库和发放应及时记账，做到账物相符。

第七条　任何人未经允许不得进入办公用品库房，不得挪用办公用品。库房要做到类别清楚、码放整齐。

第八条　应加强库房管理和消防工作，防止失盗、失火。

▲文具用品管理制度

第一条　为使办公文具用品管理规范化，特制定本制度。

第二条　本制度所称办公文具分为消耗品、管理消耗品及管理品三种。

（1）消耗品：铅笔、刀片、胶水、胶带、大头针、图钉、笔记本、复写纸、卷宗、标签、便条纸、信纸、橡皮、夹子等。

（2）管理消耗品：签字笔、荧光笔、修正液、电池、直线纸等。

（3）管理品：剪刀、美工刀、订书机、打孔机、钢笔、打码机、姓名章、日期章、日期戳、印泥等。

第三条　文具用品分为个人领用与部门领用两种。个人领用指个人使用保管的用品，如圆珠笔、橡皮、直尺等。部门领用指本部门共同使用的用品，如打孔机、订书机、打码机等。

第四条　消耗品可依据历史记录（如以过去半年耗用平均数）、经验法则（估计消耗时间）设定领用管理基准（如圆珠笔每月每人发放一支），并可随部门或人员的工作状况调整发放时间。

第五条　消耗品应限定人员使用，自第三次发放起，必须以旧品替换新品，但纯消耗品（如复印纸）不在此限。

第六条　管理品移交时如有故障或损坏，应以旧换新，如遗失应由个人或部门赔偿、自购。

第七条　文具的申请应于每月 25 日由各部门提出“文具用品申请单”，交管理部统一采购，并于次月 1 日发放，但管理性文具的申请不受上述时间限制。

第八条　各部门设立“文具用品领用记录卡”，由管理部统一保管，在文具领用时作登录使用，并控制文具领用状况。

第九条　文具用品严禁带回家私用。

第十条　文具用品一般由管理部向文具批发商采购，其中必需品、采购不易或耗用量大的物品，应酌量库存，管理部无法采购的特殊文具用品，可以经管理部同意并授权各部门自行采购。

第十一条　新进人员到职时由各部门提出文具申请单向管理部领取文具用品，并列入领用卡，人员离职时，应将剩余文具用品一并交管理部。

▲办公消耗品管理规定

第一条　本公司为加强对办公消耗品的管理，特制定本规定。

第二条　办公消耗品是指文具、纸张、账簿及其他印刷物品。

第三条　办公消耗品一年的消耗限额为×万元，各部门及有关人员必须节约使用，避免浪费。

第四条　办公消耗品的购买与管理，由总务部负责，下设保管员处理领用事务。

第五条　总务部必须把握消耗品在正常情况下每月的平均消耗量，以及各种消耗品的市场价格、消耗品的最佳采购日期。在此基础上，确定采购量与采购时间，以最小的采购量满足日常事务运营对消耗品的基本需求。

第六条　对于特殊场合所用的特殊办公用品，使用部门必须先提出书面申请，总务部据此进行必要的调查后决定是否准予采购。如果一次采购价格总额超过×万元时，须经该部门主管同意，必要时请示总裁。

第七条　在订制各种账票时，如果需要改动原格式或者重新设计新格式，使用部门的主管必须起草正式文件或方案，若有相关部门，则需要一式多份，然后将这些材料送至总务部，并附上委托订制或订购申请单。之后，总务部在其责权范围内，审核新格式、订购数量是否合适，以及新格式的适用性与时效性等。通过审核后，还必须就是否由本公司自行复制或复印，还是委托外部进行印刷等问题，与申请部门作进一步协商。

第八条　向总务部领取办公消耗品时，必须填写申请书，写明申请时间，使用场所（部门名称）以及物品名称与数量。同时，申请者以及其部门主管必须加盖印章或签字。另外，特殊办公消耗品的申请，必须填写用途。

第九条　局部使用或特殊用途的账簿传票的订购与领用，统一由总务部调控与管理。使用部门或申请者必须按特殊的程序提出申请。

第十条　总务部必须在填写办公消耗品购进登记簿的基础上，对照各申请采购传票，在每月末进行统计，向总裁作出报告。

▲办公用品领用及财务处理制度

第一条 企业各部门用于办公所需的纸张、笔墨、计算器具、账簿、凭证以及其他办公用品，每季度编报领用计划，统一由财务部购进，交仓库保管，各部门按月领用。

第二条 企业的办公用品除个别零星急需外，各部门不得自行采购和复印。

第三条 各部门领用办公用品，必须填写领用单一式两联，并经领导批准。

第四条 领用人领取物品后，由仓库保管员签名，领用部门取回一联作为部门财务或文员记录之用，另一联由仓库按月装订，作为备查簿，以备检查。

第五章 仓库保管员在收到办公用品并经验收无误后，在进仓库办公用品的发票上签收，并立即登记商品货卡和备查簿，不必填制进仓验收单。

第六条 财务部对办公用品的账务结算，可凭采购员进货交仓库验收后的原始发货票，经审查票面品名、规格、数量、金额以及仓管员验收和经手人签名，即准予办理报账。

第七条 在各部门逐步确立为独立核算后，办公用品由财务部应分部门设立明细账户，以便按部门实际领用核算。

▲复印机使用规定

第一条 复印文件资料要办理登记审批手续，详细填写复印时间、保密等级、份数，经办公室主任批准签字后送打字室复印。

第二条 为确保复印机的安全运转，每天下午 5 时关机，过时送来的文件将延至次日复印；急件经办公室主任批准后，方可临时开机。

第三条 不得擅自复印机密文件和个人材料。复印机密文件须经公司领导批准。

第四条 复印机由专人保管使用，其他人员非经允许不得自行开机。

第五条 本规定适用于各部门所属复印机的管理。

▲电传机及传真机使用规定

第一条 服务对象。

总公司领导或有电传机、传真机的各子公司和职能部门。

第二条 服务内容。

(1) 发送按规定签署的各类电文、传真函件。

(2) 为总公司的领导及时递送收文、收电。

第三条　发电手续。

（1）发送电文须填写“发电收费记录单”，并由主任签字后方可发出。

（2）发送一次电传、传真，须由部门主管签发。

（3）发送多次电传、传真，须由总公司领导签发。

第四条　收费标准。

（1）发电：电传、传真收费参照中国电信收费标准执行。

（2）收电：对发给各部门的传真，按页计收成本费。

▲办公用家具使用及管理规定

第一条　为加强对办公用家具的使用和管理，特制定本规定。

第二条　办公用家具指办公用的桌椅、书架书柜等，其配发和管理，由总务科负责。

第三条　办公用家具管理过程的各环节，如购买、配置、分发领用、修缮与保管等，总务科须用台账形式记录下来。

第四条　台账按部科分别设置，分别记录各部科领用、借用和使用办公用家具的情况，定期向各部科长通报。通报以台账的复印件形式进行。

第五条　供应或配置的办公用家具，一律在醒目处贴上金属牌，打上部科名称、家具编号以及购置日期等。

第六条　各部科长对其部科所配置的办公用家具，负有使用与保管的责任，要防止办公用家具被盗、被挪用以及污染与破损。

第七条　使用责任者调离时，人事科必须尽早与总务科联系，由总务科作出具体安排；任何人不得擅自调配或使用该办公用家具。

第八条　办公用家具采取“谁使用、谁保管”的原则，使用者具有不可推卸的保全与维护责任，不得擅自委托他人保管办公用家具。

第九条　未经使用责任者同意，任何人都不得动用已经投入使用的办公用家具。

第十条　总务科必须按部、科长的指示，至少一年两次，对库存办公用家具进行盘点，并把账物是否一致的情况，制成清查明细表，上报部、科长。

第十一条　办公用家具破损或污染后需要进行修理与清洗。各部、科必须与总务科联系，由总务科负责办理各项修理与清洗事宜；使用责任者及各部科不得随意处置。

第十二条　总务科经检查，确认破损家具已经没有修理必要时，向主管领导请示并得到同意后，予以报废处理。

第十三条　如属个人原因，造成办公用家具破损、丢失，视其情节轻重，作出相应赔偿。

▲奖售品、赠品、样品管理制度

第一条　奖售品、赠品、样品的范围。

(1) 奖售品：外单位推销某项商品及物料，由该单位按其规定拨出所售商品、物料的一部分或小部分奖给员工。

(2) 赠品：外单位对企业某部门或个人的酬谢物品。

(3) 样品：外单位推销他们的商品、产品，免费送一些给有关部门作为样品。

第二条　奖售品、样品、赠品经批准作出处理后的收入，统一交财务部门，不得私留私分。

第三条　任何部门或个人均不得私自占有奖售品、样品和赠品，否则按所值价格加倍罚款，并建议人事部作出扣发浮动工资的处理。

二、办公室用品管理制度相关表格

▲办公用品需求计划表

办公用品需求计划表

单位：______　　人数：______　　日期______

个人领用（每人每月 50 元）							业　务　领　用						
办公用品名称	代号	单位	数量	单价	金额	备注	办公用品名称	代号	单位	数量	单价	金额	备注
小　计							小　计						
预算金额： 实际金额：													

部门主管：　　科长：　　经办人：

▲办公用品请购单

办公用品请购单

财管字第　　　　　　号

填单日期　　年　月　日

<table>
<tr><td>物品名称</td><td>规格</td><td>用途</td><td>单位</td><td>数量</td><td>需用日期</td><td>估计价值</td><td>签注</td></tr>
<tr><td></td><td></td><td></td><td></td><td></td><td></td><td></td><td></td></tr>
<tr><td></td><td></td><td></td><td></td><td></td><td></td><td></td><td></td></tr>
<tr><td></td><td></td><td></td><td></td><td></td><td></td><td></td><td></td></tr>
<tr><td colspan="3">请购部门负责人意见：

年　月　日</td><td colspan="3">总经理办公室主任意见：

年　月　日</td><td colspan="2">总经理批准：

年　月　日</td></tr>
</table>

▲重要办公用品登记卡

重要办公用品登记卡

管理部门：总经理办公室

使用部门：____________

<table>
<tr><td>名　　称</td><td colspan="2"></td><td colspan="2">编　　号</td><td colspan="4"></td></tr>
<tr><td>规　　格</td><td colspan="2"></td><td colspan="2">厂名或牌名</td><td colspan="4"></td></tr>
<tr><td>构　　造</td><td colspan="2"></td><td colspan="2">附属设备</td><td colspan="4"></td></tr>
<tr><td>存放地点</td><td colspan="2"></td><td colspan="2">使用年限</td><td colspan="4"></td></tr>
<tr><td>原　　价</td><td colspan="2"></td><td colspan="2">增加价值</td><td colspan="4"></td></tr>
<tr><td colspan="2">日　期</td><td>摘　要</td><td>凭证号数</td><td>单位</td><td>数量</td><td>增加</td><td>减损</td><td>结存</td></tr>
<tr><td colspan="2">年　月　日</td><td></td><td></td><td></td><td></td><td></td><td></td><td></td></tr>
<tr><td colspan="2">年　月　日</td><td></td><td></td><td></td><td></td><td></td><td></td><td></td></tr>
<tr><td colspan="2">年　月　日</td><td></td><td></td><td></td><td></td><td></td><td></td><td></td></tr>
<tr><td colspan="2">年　月　日</td><td></td><td></td><td></td><td></td><td></td><td></td><td></td></tr>
<tr><td colspan="2">年　月　日</td><td></td><td></td><td></td><td></td><td></td><td></td><td></td></tr>
<tr><td colspan="2">年　月　日</td><td></td><td></td><td></td><td></td><td></td><td></td><td></td></tr>
</table>

▲办公用品耗用统计表

办公用品耗用统计表

部门		上月耗用金额（元）	本月耗用金额（元）	差异额（元）	差异率（%）	人数	说明	部门		上月耗用金额（元）	本月耗用金额（元）	差异额（元）	差异率（%）	人数	说明
代号	名称							代号	名称						

总务部经理：______　　经办人：______　　日期：______

填表说明：差异额为本月耗用金额减去上月耗用金额的代数差。

▲办公用品盘存报告表

办公用品盘存报告表

年　月　日

编号	名称	规格	单位	单价	上期结存		本期购进	本期发放数	本期结存		备注
					数量	金额			数量	金额	

主管：______　　保管员：______

▲文具用品一览表

文具用品一览表

文具名称	规格	单位	单价（元）	代号	文具名称	规格	单位	单价（元）	代号
修正液					订书钉（大）				
胶　水					订书钉（中）				
图　钉					订书钉（小）				
曲别针					公文袋（大）				
印　台	红				公文袋（小）				
印　台	蓝								
印　台	黑								
印　油	红								
印　油	蓝								
印　油	黑								
印　泥									
投影片									
投影笔									
胶带台									
胶　带									
复写纸									
中式卷宗									
强力夹									
弹簧夹									
订书机（大）									
订书机（中）									
订书机（小）									

日期：______

▲个人领用文具用品统计表

个人领用文具用品统计表

姓 名			所属部门		
文具名称	规 格	单 位	代 号	领用日期	备 注

经办人：______　　　　　　　　　　日期：______

第八章　办公室财产、书刊管理制度

一、办公室财产、书刊管理制度范本

▲财产管理办法

第一条　本公司的财产管理依照此办法执行。

第二条　本公司财产主要分为以下几类。

（1）办公事务用品：桌椅、公文箱、电话机、打字机、复印机、计算机等。

（2）办公楼、厂房、宿舍等建筑物。

（3）机器设备：压铸设备、检验仪器、焊接设备、维修设备、输送设备等（本类另案讨论）。

（4）原料及成品（本类另案讨论）。

第三条　各部、厂单位根据需要提出请购单或请购计划，报上级核准后，交由总务部办理采购。

第四条　采购品经验收合格后，即由采购单位填写财产卡交由总务处建档管理，财产实物由使用单位领回使用并负责保管。

第五条　总务处每年须依折旧年限规定，摊提折旧额送会计部门列账。

第六条　总务处每年 12 月底前须对公司财产盘点一次，核对财产数量，并由会计单位依盘亏、盘盈状况调整财产金额。

第七条　对无法继续使用的财产按规定办理报废或以登报公开招标方式出售，并作相应的会计处理。

第八条　各项财产的使用说明书、质量保证书等资料统一由总务处保管，使用单位可使用复印件。

第九条　各单位对所使用的财产负有保管、保养的责任。财产发生损害时，应查明原因、分清责任，出具调查报告和处理意见，视情节轻重进行处分。

▲固定资产管理制度

第一条　为加强对公司所属固定资产的管理，使固定资产管理工作规范化，特制定本制度。

第二条　本制度中的固定资产包括公司所属的土地、构筑物、建筑物、机械装置、车辆、船舶、工具、器具、山林和树木等。但不满规定使用年限或价值不足××元的，不在此列。

第三条　固定资产的取得、让渡、移交、报废、借贷及担保，必须向总经理请示，并经其裁决后方可进行。

第四条　固定资产的新建、改建以及其他属资本支出的维修工程，必须经总经理裁决后方可进行。裁决后的工程，如工程费用明显超过预算额，须追加申请。如有难以预测的偶发事件，须及时向总经理报告。工程完工后，应及时提出预决算报告。

第五条　发包工程采取竞标方式，竞标公司至少应有两家以上，并依据其信用状况和投标书确定承包者。

第六条　在发包合同上，必须明确写明与工程有关的材料支付等内容。

第七条　与固定资产取得相关的支出，均通过临时会计科目处理，待工程完工，经总经理裁决后，编入正式的固定资产科目。固定资产的取得价格，按以下基准确定。

（1）工程类。按材料费、劳务费、工程发包费合计额确定。

（2）购入类。按购入价格和购入直接费合计额确定。

（3）交换类。按不低于交换时的账面价格确定。

（4）赠予类。参考市场价格来确定。

第八条　固定资产的管理责任者在公司其他有关规定中另行确定。

第九条　管理责任者应设立固定资产管理台账，以准确记录固定资产的现状及增减情况。

第十条　管理责任者应注意固定资产的状况，当需要改造或修理时，须迅速向上级主管报告。

第十一条　在固定资产的改造与修理费中，能够增加其能力或延长其使用年限的部分，应计入该固定资产的价格中。但仅维持固定资产使用效果的费用应视作维护费。

第十二条　管理责任者应在第一财政年度末，与财会人员共同进行固定资产的核资查账。

第十三条　固定资产的让渡处理必须履行请示裁决程序，且应通过竞价方式处理固定资产。

第十四条 固定资产在公司内部移交，必须得到总经理的裁决。移交价格为原值扣除累计折旧额。

第十五条 固定资产在取得和移交时，应办理不动产登记手续。

第十六条 财会人员依据固定资产台账，进行会计处理。在每一财政年度，至少要进行一次固定资产台账与管理台账的对账。

第十七条 固定资产自启用日起进行折旧，折旧额按照有关规定提取。

第十八条 固定资产的残值，根据我国规定为其原值的5%。

第十九条 固定资产的使用年限和折旧率，按照我国相关的规定办理。

第二十条 固定资产应投保火灾保险，保险金额由总务部经理确定，并经总经理批准。

▲物品管理规定

第一条 对所有入库物品都要妥善保管，防止损坏、变质、丢失。对食品及清洁用品定期检查保质期或有效期，防止过期变质失效。

第二条 对常用物品要测定每月正常消耗量，保证正常储备量，及时提出补充计划，在保证合理需求的前提下，减少库存量，加速资金周转，防止物资积压。

第三条 库存物品要定期盘点，每月25日对在用物品做一次清点，期初数加本期增加数减本期消耗数等于期末盘点数。检查消耗量是否合理，期末办理退库手续，以正确核算成本。

第四条 对库存物品每月抽查（不少于10%），每季度进行一次全面盘点，要求做到账物相符，账账一致。在清查中发现临近保质期或有效期的物品要及时提出处理意见。

第五条 工具、器具及低值易耗品、针棉织品要以旧换新。

第六条 物品丢失要让责任者按质赔偿后方可补发。特殊情况由部门经理说明原因，总会计师审批后方能补领。单项价值超过500元的物品要经总经理批准。

第七条 纪念品、礼品等做交际应酬用的物品，领用时要经总经理或总经理授权人批准。

第八条 物资保管员要严格遵守规章制度和工作程序，认真做好物品收货、保管、发放工作。对超计划领用，不符合报批手续的有权拒绝发货，并及时向部门经理汇报。

第九条 工程及维修所用材料，考虑其品种多需急用等特点，采购物资办完验收手续后，实物由工程部设专人保管，并建立实物账。物资三级账在计财物资部设置，进行统计核算。

第十条 每月末工程部库房管理人员要对所管物资与计财物资部三级明细账逐

一核对，保证账物相符。工程部实物账与计财部三级账要做到账账一致。计财物资部有责任对工程部库房进行不定期抽查。每季度抽查物品品种不能少于30%，每半年进行一次大清点，年终进行全面盘点。

第十一条　工程项目及大、中修使用的材料、备件、设备等按工程预算及修理计划做好储备及供应。

第十二条　积压物资的管理。

各类物资一年内无人领用，经使用部门确认一年内仍不需用的，除专用的市场短缺物资，均可视为积压物资。计财部按上述条件每半年提供一次积压物资明细表，并说明造成积压的原因。凡因为个人原因造成物资积压，要由责任者承担部分经济损失（视情节不同分别确定赔偿比例）。积压物资经总会计师审批后交有关部门统一处理。

▲物品申领规定

第一条　各部门日常所需物品、维修及工程专用材料等，在本部门用款计划之内申请领用时，应填写物资申领单，经部门经理同意和计财部经理审核后，从物资库领用。

第二条　如果超计划领用物品，是由于销售量增加所致，可按成本率控制，视为计划内用料。部门经理同意，计财部经理审核，总会计师批准后方可申领：单项金额小于5000元，大于1000元要经主管副总批准；超过5000元的要报总经理批准。

第三条　其他超支计划领用物品要由总经理批准。

第四条　特殊急用物品可由使用部门暂由内部用款计划调剂，事后按程序补办手续以调整本部门用款计划，若内部无权调剂，必须详述理由，并经主管副总审批同意，总会计师批准方可领用。

▲仓库管理制度

第一条　物品验收。

(1) 仓库管理员对采购员购回的物品无论多少、大小等都要进行验收，并做到：

①发票与实物的名称、规格、型号、数量等不相符时不验收；

②发票上的数量与实物数量不相符，但名称、规格、型号相符可按实际验收；

③对购进的食品原材料做到不鲜不收，味道不正不收；

④对购进的物品已损坏的不验收。

（2）验收后，要根据发票上列明的物品名称、规格、型号、单价、单位、数量和金额填写验收单，一式四份，其中一份自存，一份留仓库记账，一份交采购员报销，一份交材料会计。

第二条 入库存放。

（1）验收后的物资，除直拨的外，要一律入库保管。

（2）入库的物品一律按固定的位置堆放。

（3）堆放要有条理、注意整齐美观，不能挤压的物品要平放在层架上。

（4）凡库存物品，要逐项建立登记卡片，物品入库时在卡片上按数增加，发出时按数减出，结出余数；卡片固定在物品正前方。

第三条 保管与抽查。

（1）对库存物品要勤于检查，防虫蛀、鼠咬，防霉烂变质，将物资的损耗率降到最低限度。

（2）抽查：

①仓库管理员要经常对所管物资进行抽查，检查实物与卡片或记账是否相符，若不相符要及时查找原因并根据不同原因作出分别处理。

②材料会计或有关管理人员也要经常对仓库物资进行抽查，检查是否账卡相符、账物相符、账账相符。

第四条 领发物资。

（1）领用物品计划或报告：

①凡领用物品，根据规定须提前作计划，报库存部门准备；

②仓库管理员将报来的计划按每天发货的顺序编排好，做好目录，准备好物品，以便取货人领取。

（2）发货与领货：

①各部门各单位的领货一般要求专人负责。

②领料员要填好领料单（含日期、名称、规格、型号、数量、单价、用途等）并签名，仓库管理员凭单发货。

③领料单一式三份，领料单位自留一份，单位负责人凭单验收；仓库管理员一份，凭单入账；材料会计一份，凭单记明细账。

④发货时仓库管理员要注意物品先进的先发、后进的后发。

（3）货物计价：

①货物一般按进价发出，若同一种商品有不同的进价，一般按平均价发出；

②须调给外单位的物资，一般按原进价或平均价加手续费和管理费调出。

第五条 盘点。

（1）仓库物资要求每月月中小盘点，月底大盘点，半年和年终彻底盘点。

（2）将盘点结果列明细表报财务部审核。

（3）盘点期间停止发货。

第六条 建立档案制度。

仓库档案应有验收单、领料单和实物账簿，做到账实相符。

▲财产采购管理制度

第一条 本公司为加强对采购工作的管理，做到有章可循，以保证各项生产、业务工作的正常进行，特制定本制度。

第二条 本公司采用统一采购方式，以期发挥下列优势：

（1）节省相关人力、物力，简化或合并相关业务；

（2）有效统一管制各项物品、物料用量，降低材料采购成本；

（3）利用群组技术，以降低材料采购成本；

（4）加强采购检查，以确保采购品质及成本目标。

第三条 统一采购业务范围。

（1）办公用品及文具用品，统一印制表单；

（2）生产所用原物料、物品（含直接材料、间接材料、消耗品）；

（3）机器、仪器设备、工具（含零配件、量具、夹具、模具、检查仪器）；

（4）厂房设备修缮工程；

（5）国（境）外进口零件。

第四条 统一部门采购作业程序。

（1）各部门应填具《物料请购单》或《设备工具请购单》，经核准后送总务部采购室办理。

（2）采购品经使用部门或检验部门验收后，交使用部门使用与管理。

第五条 《请购申请单》内须注明单位、规格、数量、需要日期、包装量、包装方式、用途及其他特别规定或要求事项。

第六条 采购时除参考上述资料外，还需准备相关图示、质量指标、验收基准等。

第七条 采购业务范围：

（1）处理各部请购单业务；

（2）厂商询价、招标、发包、议价、订购单业务；

（3）厂商交货记录、进度管制业务；

（4）提款业务；

（5）厂商品质监察业务；

（6）厂商发票处理业务；

（7）厂商资料卡建立业务。

第八条 采购注意事项：

（1）在确保品质的前提下，尽量降低采购成本；

（2）尽可能向制造商采购，不要向经销商购买；

（3）须考虑市场变化及库存成本等因素；

（4）采购与检验部门分开；

（5）尽可能参考过去的使用需求量，做计划性采购；

（6）须注意售方的售后服务和信誉；

（7）订购单内应注明检验质量的基准、抽验方式及不良率拒收标准；

（8）订购单内应注明误期或因品质不良退货而产生误期时违约方要承担违约责任。

▲物料用品管理制度

第一条 采购物料用品的原则是勤进少储，推陈出新防止积压和浪费。

第二条 对于物料用品的购进、领用和处理，要严格按照规定和审批手续办理。

第三条 购进物料用品后，应立即全部交付使用部门领用，应在填制进仓验收单的同时填制发货票与领料单，办理有关报账手续。

第四条 物料用品除基建材料外，统一由仓管部按各部门编报的计划，综合平衡后报总经理审批。

▲应收货款管理办法

为改进应收货款资产的管理，实现对公司更有利的销售条件，特发布本办法。

第一条 风险评估。

（1）由信贷经理负责为每一个客户建立一个赊销额度和信用分级编码，这一工作也许需要销售人员的合作。

（2）信贷经理将使用来自专业资信机构的财务数据来评估确定赊销额度和信用分级编码。

（3）赊销额度和信用级别每年修订一次，如有必要，可提前修订。

第二条 赊销额度。

赊销额度是对客户资产流动性的评价，是可以提供给客户的最大赊销额。超出这一额度，货款就有可能遭到拖欠，公司就会蒙受损失。

第三条 信用级别。

信用级别是对客户偿债能力的评价。根据其财力和风险，每一个客户将被归入

A、B、C或D类，具体如下。

A类是风险小到可以忽略不计。所有的跨国公司、政府部门、大型公司几乎没有破产倒闭的可能。

B类是平均风险。那些不属于A、C或D类的客户。

C类是风险较高，有较差的付款记录。那些财务不稳定的小公司，以及成立不到两年的新公司。

D类是风险最高，对其只提供现金销售，不提供任何赊账。

（注：C类客户已经到了风险过大的边沿，前途不大，所以，销售时应努力集中于A类和B类客户。）

第四条　新客户。

（1）在评出赊销额度之前决不赊账供货。如果此时要求立即供货，则必须先支付现金。

（2）非正式客户必须先填完并交上赊销额度申请表。销售经理将根据向该客户的期望销售确定为其提供的赊销额度。

（3）该赊销额度被批准后，信贷部门将为客户提供一个账号，用于以后所有的与该客户的买卖。

第五条　“快速启动限额”（用于某些快捷的销售操作，如电话订购等）。

为使有关部门能在收到订单的当日发货，可以在正式的额度评定前给新客户一个500元的赊销额度。而全面的赊销额度审核评定必须在下一次发货前完成。

第六条　现有的客户。

除非是主要客户，所有的拖欠货款30天以上的客户都将自动被终止供货。这些客户的订单将被归入“终止供货”类。只有当拖欠的货款付清之后，才可继续供货。

如果拖欠的货款是有争议的，信贷部门将保证7天之内解决所有的争议，如果客户是对的，则给客户发赊销通知；反之，客户必须付清货款。

预先发货的价值需要加到总发货额上并与赊销额度比较。超过赊销额度的发货必须经由信贷经理审核批准。

第七条　订单记录。

（1）所有新订单必须加到原有订单上，并比较客户账号上的总额是否超过其赊销额度。

（2）超过赊销额度的订货额须申报信贷经理，信贷经理则须尽快设法解决。如，通过先付部分货款，或某种担保等。

（3）除非有足够赊销额度，否则，绝不能发接受订货的通知给客户。

第八条　信贷和销售部门的关系。

一旦有任何客户状况的变动会影响到对该客户的销售，信贷经理将及时告知销售经理。

每月将召开由信贷和销售人员参加的会议，目的在于：

（1）交流有关问题客户的见闻和经验；

（2）决定须采取哪些措施；

（3）讨论竞争对手的赊销政策；

（4）讨论赊销应做哪些调整。

▲货款回收管理办法

第一条 未收款。

当月货款未能于次月5日以前回收者，自即日起至月底止，列为“未收款”。

第二条 未收款的处理。

（1）当月货款未能于次月5日以前回收者，财务部应于每月10日以前将其明细列交营业部核之。

（2）前项情形，该辖区经理级主管应于未收款期限内，监督下属解决。

第三条 催收款。

未收货款又未能于前项期限内回收者，即转列为催收款。

第四条 催收款的处理。

（1）未收款未能依上列（未收款的处理第二款）解决，以致转为催收款者，该经理级主管应于未收款转为催收款后5日内将其未能回收的原因及对策，以书面提交副总经理，转呈总经理核定。

（2）货款列为催收款后，副总经理应于30日内监督下属解决。

第五条 准呆账。

经销店有下列所述的情形者，其货款列为准呆账。

（1）经销店已宣告倒闭或虽未正式宣告倒闭，但其征候已渐明显者。

（2）经销店因他案受法院查封，货款已无清偿的可能者。

（3）支付货款的票据一再退票，而无令人可相信的理由者，并已停止出货一个月以上者。

（4）催收款迄今未能解决，并已停止出货一个月以上者。

（5）其他货款的回收明显有重大困难的情形，经签准依法处理者。

第六条 准呆账的检查。

准呆账移送法律部后，由法律部移请董事会定期召集营业、财务等单位，召开检查会，检查案件的前因后果，作为前车之鉴，并评述有关人员是否失职。

第七条 准呆账的处理。

（1）准呆账的处理乃以营业单位为主办，至于所配合的法律程序，由法律部另以专案研究处理。

（2）移送法律部配合处理的时机：准呆账第一、第二两款的情形，应于知悉后，即日移送法律部配合处理。第三、第四款的情形，营业单位应依（催收款的处理）规定先行处理解决。处理后未能有结果，认为有依法处理的必要时，再移交法律部依法处理。

（3）正式采取法律途径以前和解的，由法律部会同营业部前往处理。

▲维修处理规程

第一条　本公司的财产维修计划及维修手续依照本规程执行。

第二条　本规程中的维修是指建筑物、构筑物、车辆、搬运工具和备品的增设、改造和更新。

第三条　维修工作的责任人为制造部长、总务部长和技术部长。

第四条　责任人负责制订所属财产等的维修计划，依据维修计划和预算，组织实施维修业务。

第五条　总务科协助责任人，组织、协调维修工作。

第六条　财务科协助责任人，编制综合维修预算，检查执行预算与实际维修费用是否一致。

第七条　维修计划报批程序如下。

（1）责任人在进行维修前，应向技术部长提交维修计划。

（2）技术部长确认有必要，并请示公司主管后，作出具体的指示。

（3）技术部长从技术的角度对维修计划的内容进行审查，提出投资计划，交财务部长审查。

（4）财务部长依据该计划，编制资金计划。

（5）4000 元以下设备投资计划和资金计划由副总经理审批，超过 4000 元由总经理裁定，超过 1 万元的维修项目，须交董事会审议。

第八条　对已核准的维修项目、紧急性的维修工程等的相关规定如下。

（1）对核准的维修项目，责任人和相关部门组织讨论具体的维修工程方案，并制订出详细的实施计划，提交给技术部长和财务部长后，组织实施。

（2）紧急性的维修工程，不需要办理上列手续，直接由责任人与技术部长协商，报经总经理批准后组织实施。

（3）当责任人制订的详细实施计划的内容、期限和预算与设备投资计划有显著差别时，应按第八条第 1 项所列程序，修订设备投资计划。

第九条　对维修实施后各项变更的规定如下。

（1）维修实施后，如维修内容、期限、预算等需要作重要变更，或需追加预算时，经责任人与技术部长协商后，提交工程变更或追加预算申请。

（2）技术部长应从技术角度对上述申请作出审查，编制设备计划修正案，提交财务部长审查。

（3）维修计划和资金计划的修正案超过4000元，由总经理裁决，超过1万元，由董事会审议。

第十条　责任人应及时向技术部长、财务部长和总务部长报告维修进展和预算执行情况。

第十一条　公司员工住宅和集体宿舍的维修规程，另行制定。

第十二条　本规程的实施细则由负责维修计划实施管理的公司主管和财务主管制定。

第十三条　本规程自××××年×月×日起实施。

▲图书管理规定

第一章　总　　则

第一条　本公司图书的购进、保管、整理、外借与归还等管理业务均按本规定办理。

第二条　公司购置图书的目的，在于为公司经营业务研究提供资料以及提高员工的素质。

第三条　本规定的制定、修改与废除，由办公室提议、常务董事会决定。

第二章　收集与购买

第四条　办公室应按照第二条规定，负责对图书市场的调查研究，寻找合适的图书。

第五条　购买图书由办公室根据“购买图书计划”以及各部门的申请要求进行，并由办公室主任对购买图书的各个环节进行控制与检查。

第六条　办公室必须逐月、逐年制订图书购买计划。图书采购人员按计划实施采购。

第七条　如果属购进图书，则在接收图书时结清书款，并注意控制预算，不得超支。如果属捐赠图书，应在接收图书时开具收纳凭证。

第八条　对员工或外部机构捐赠图书应表示感谢，感谢信的格式可由公司统一规定。

第三章　整理与借阅

第九条　凡新购进的图书按图书的分类科目进行分类整理，并贴上标签，进行编号。

第十条　设专职图书保管员，对图书进行分类、整理与借阅工作。

第十一条　所有图书都必须按图书管理卡要求进行登记，注明购入时间、著作名称、作者姓名、出版社名称、出版年月以及必要的项目，并且把卡片分类放入各索引柜内，以便于检索。

第十二条　每册图书都必须附上借阅卡及装卡纸袋，并把装卡纸袋贴在封底的内侧。

第十三条　所有图书都必须在封面、目录和第一页上以及在图书中间的两至三处，加盖公司印章。

第十四条　所有新进图书，都必须在登记册上做好登记，写明新进图书日期、著作名称、作者、出版社、分类与编号、页数、价格等重要项目。

第十五条　每年按图书管理卡，对书架中的全部图书进行一次清点与核对。在清点与核对前停止外借，并要求全部借阅者将图书还回。

第十六条　如果图书丢失，或者需要捐赠与处理，必须填写报废报损单，向图书室主任作汇报，按主任指示行事。

第十七条　必须经常整理图书管理卡，把那些已经不存在或被清理掉的图书的管理卡剔除出来销毁。

第十八条　企划室必须每年整理出一份图书总目录，提供给各部门主管，并且按月把新进图书情况通知各部门。

第四章　图书的借阅

第十九条　图书原则上只借给本公司员工，除企划室主任允许的情况外，借出图书不得转借其他人。

第二十条　借阅图书工作由企划室主任指定专人负责。

▲图书借阅管理办法

第一条　为便于图书的管理并使图书能在短期内充分循环流通，便于广大员工借阅，特制定本办法。

第二条　凡欲借阅本图书室书籍、杂志者，应先向管理人员登记，然后取书。

第三条　定期性报纸、杂志，原则上于一周内归还，月刊则可于两周内归还。

第四条 一般书籍在一个月内归还，逾期者不续借。

第五条 每次每人限借杂志一本、书籍两本，期限已至而未归还者，应承担一定责任，可进行适当罚款。

第六条 离职时，必须还清所借书籍、杂志。

第七条 对于所借的书籍与杂志应妥善保管，如有遗失或严重损坏等情形，须负责赔偿。

第八条 本办法自颁布之日起实施。

▲资料整理及保管规定

第一章 资料的收集与整理

第一条 收集资料的方式有四种：①购买；②交换；③制作；④捐赠。各种收集得到的资料，都必须标明以何种方式获得。

购买资料由办公室办理，全体员工有责任和义务提供资料的信息来源，并结合工作需要寻找有价值的资料。

交换资料由所需要的部门出面交涉与谈判，一旦达成交换条件，再由资料收集部门完成资料的交换。制作资料有三种方式：印刷、撰写与记述。当事人或部门主管，应积极主动地制作有价值的资料，送交资料收集部门，并积极争取来自各方面的捐赠资料。

第二条 收集资料部门的主管，必须定期制订收集计划，并付诸实施。

第三条 把收集到的资料，按下列分类进行整理：

(1) 单行本（主要指公开发行的读本）；

(2) 调查报告（非卖品，如论文、研究报告及意见书）；

(3) 统计书（民间组织或政府机构的统计年鉴等，包括非卖品）；

(4) 全集（所有文集、论集与专集）；

(5) 辞典（各种辞书、百科全书、事典等）；

(6) 报纸；

(7) 杂志；

(8) 古籍（近代以前）；

(9) 其他（如小册子、目录等）。

第四条 为了便于利用所收集到的资料，必须按资料的优劣及有用性分成下列各类：

(1) 精选，表示很有参考价值及利用价值；

(2) 常用，表示有一定的利用价值，作为普通的资料；

(3) 劣等，表示资料内容劣等，无多少利用或参考价值。

第五条 全部资料按图书、报纸杂志及其他三大类进行整理。整理时，填写资料索引卡片，以提高资料利用效率。

第二章　资料的分类与保管

第六条　各资料在三大分类基础上，进一步细分为经营、企业、经济三种。重点为经营与企业两种。

第七条　在细分的基础上，再进一步细分为外文资料与中文资料。

第八条　资料分类与书架或书柜分类一致。保管工作按上述分类展开。

(1) 图书。先区分外文书架与中文书架，然后按经营、企业、经济与其他目录进行码放或索取。

(2) 杂志与报纸。按名称、日期进行码放。

(3) 其他。按形状、大小与厚薄进行分类码放。

第九条　索引系统按图书目录卡、杂志目录卡、报纸目录卡及其他书类卡分别设立。每张图书索引卡分别填写作者、出版年月、出版社、内容简介以及标明精选、常用与劣等字样。

报纸杂志卡，只需与书架上的名称对应起来，写明报纸、杂志名称，发行单位，发行年月以及主要栏目与题材。

第十条　在有必要的情况下，可制成著作者、撰写者或编写者索引卡。

▲资料室管理规定

第一章　总　　则

第一条　本公司资料室的资料管理，应按本规定执行。

第二条　制定本规定的目的，在于通过对资料室资料的有效管理，提高研究效率、促进技术进步、改善各方面的工作以及增进对工作的了解。

第三条　员工在利用资料室资料时，必须遵守本规定，并在本规定范围内承担相应的责任。

第四条　资料的分类：

(1) 图书资料（即单行本、辞书等）；

(2) 定期刊物；

(3) 文书资料（手册、目录、专利资料、报告等）；

(4) 视听音像资料（照片、录像、地图、画册、光盘、录音带、胶片等）。

第五条　公司内部资料原则上按文书管理条例进行管理，文书管理条例规定外的事项，按本规定执行。

第六条　资料室的资料一律由办公室统管。

第二章　资　料　室

第七条　在办公室设资料室，并由资料室主任具体负责对资料的管理工作。

第八条　资料室主任在移交工作时，必须提供资料目录，并以文书形式移交。

第三章　购 买 程 序

第九条　购买资料原则上应按下列程序进行。

（1）在准备购买资料时，首先填写购买申请书，经主管审批后，提交资料室主任；再由资料室主任决定、发出订购单。

（2）资料室主任在受理“资料购买申请书”之后，把受理要点填写在“资料购买整理簿”中。

第十条　资料室在购进资料后，对新进的资料贴上标签，进行编号。

第十一条　资料购进并编号后，由资料员发出通知，告知申请购买者。

第十二条　编号后的新进资料，原则上必须在资料室中保管一个月。

第十三条　在资料购买的申请期中，若终止购买时，应立即通知资料室主任。

第十四条　资料室的资料员应经常就资料购买的情况，尤其是开支金额状况，作出统计；并且对计划内购买的资料、金额与数量做出调查，在月末及年末，向资料室主任作出报告，以便于资料室主任把握资料购买的开支状况。

第十五条　资料室主任在前条规定基础上，在年度购买金额或开支范围内，按照经营业务的要求，分配购买各类资料的金额比例；如果超支，立即经财务部经理向总裁提出报告，按总裁指示办理。

第四章　资料的借出

第十六条　借出资料规定：

（1）员工因工作需要，可以申请借出资料，但必须填写“资料借出卡”，在借出卡的有关栏目要求填写完毕后，交给资料保管员；

（2）资料保管员必须在“借出资料登记簿”上做好登记，并且经常检查借还状况。

第十七条　员工借阅完毕后，应及时把所借出资料归还给资料室，资料室同时把“资料借出卡”退还借阅者本人。

第十八条　阅览资料规定：

（1）资料原则上不得外借，只允许在阅览室中阅览；

（2）凡借阅资料、在阅览室进行阅读者，都必须在“资料阅览表”上填写阅读者姓名、所在部门以及所阅览资料名称；

(3) 上班时间阅读资料，必须经上级主管同意。

第十九条　借出资料期限规定：

(1) 一般资料借出期限为一周。期限一满，应立即归还给资料室。

(2) 业务上的常备资料，借出期限为三个月。如有必要，还可以按第十六条规定，办理手续，予以续借。

(3) 需要补缀的资料原则上不外借，由资料室妥善保管。

第二十条　资料室借入的资料，不得转借。

第二十一条　资料借阅时间为每日上午 9:00 至下午 4:00。

▲图书资料管理规定

第一条　图书资料是指由公司统一购进、管理的图书、刊物和报纸。图书资料主要用于促进公司经营业务合理运作，提高本公司所有员工专业水平，使公司在经营道路上创造出自己的经营风格。

第二条　图书资料由信息管理中心行政管理部安排专人负责管理，办理图书资料的登记、分类、编目、借阅等工作。

第三条　图书资料的购买由各需求部门经领导审批后办理，图书购买后须经信息管理中心行政管理部登记签字后，财务部门方可办理报销手续。

第四条　图书资料的目录及借阅情况由行政管理部的具体管理人员按日更新后在内部网上公布，公司员工可通过内部网查询图书使用情况。

第五条　公司员工借阅使用图书期间要爱惜，不得污损图书资料。行政管理部的图书管理人员在回收图书资料时要认真检查，发现污损要追究当事人责任。

第六条　图书资料一般借阅期限为一个月，对于不按时归还的，行政管理部图书管理人员要及时催还。

第七条　公司员工不得将图书资料转借他人，员工如丢失图书资料，须照价赔偿。

▲内部刊物管理规定

第一条　有关本公司内部刊物的一切事务，包括编辑、发行与分配，一律按本规定办理。

第二条　公司刊物发行的目的如下。

(1) 公司往往需要依靠内部刊物的发行达到向全体员工逐个传递有关经营活动的全部信息与情报的目的。

(2) 持久地进行员工间的沟通，通常也需要依赖公司内部刊物的发行。

（3）通过公司内部刊物的发行，为全体员工共同参与公司管理提供一个载体，有利于提高全体员工的士气。

（4）通过公司内部刊物，使全体员工的家属、亲朋好友也能全面了解本公司的情况。

第三条　公司内部刊物必须冠以本公司名称，加上××刊物名称。

第四条　发行日原则上为每月的10日。具体还需视印刷公司的情况与印刷进度，但控制在10日前后为宜。

第五条　公司内部刊物的最终责任者为办公室主任。发行责任者必须明确制定编辑方针，并对编辑会议及编辑主任传达编辑方针与意图、精神，把握编辑方向，并且在原则上确定公司刊物的主要版面与内容。

第六条　由各部门推荐及自荐组成编委会。如果推荐与自荐者过多，由办公室主任进行选拔；如果过少，由办公室主任点名，组成编委会。

第七条　编委会主任由办公室主任在办公室成员中选拔并正式任命。如果办公室缺乏合适人选，由编委会成员相互推举，产生主任，再由办公室主任正式任命。

第八条　编辑会议由编委会主任召集、主持，就选题计划、出版方针及举措、编辑、出版、发行与分配事宜进行审议与合议。编委会成员对此有权进行监督与评价。

第九条　公司内部刊物发行上的一切经费由公司负担。但是，编委会主任必须在会计年度开始前，对全部及分项开支进行概算，并向办公室主任作出报告。

第十条　公司内刊物原则上只向公司员工、管理者以及员工家属约稿。有必要向外部约稿时，必须经过编辑计划会议讨论作出决定。向外部约稿，须给予一定的酬金，由本公司负担。

第十一条　编委会主任及编委会成员的任期，原则上为两年。

第十二条　公司内部刊物原则上免费分发给公司管理者、员工、家属以及公司的关联单位。必要时可向其他外部机构与个人送发。

▲刊物编辑发行规定

第一条　本公司有关内部刊物的管理及其相关事项，一律按本规定办理。

第二条　内部刊物的管理由办公室主任全权负责。

第三条　内部刊物的发行工作由办公室两名编辑、分公司两名通讯员、分部十名通讯员负责。

第四条　职责权限。

（1）办公室主任按总经理认可的出版方针，认真编辑，并统辖全部内部刊物的发行工作。

（2）刊物主编按办公室主任的指示，领导编辑与通讯员展开具体的办刊事务。

（3）编辑在主编的直接领导下，从事采访、撰稿、约稿、编校与排版工作。

（4）通讯员在主编的领导下，从事撰写通讯报道、采访与约稿等工作。

第五条　办公室主任于每年的4月，制定出版方针草案，经总经理认可后向主编传达执行。如果继续沿袭上年度出版方针，不受本条规定限制。

第六条　主编在倾听编辑与通讯员具体意见的基础上，按出版方针具体编制编辑计划，上报办公室主任认可。

第七条　由编辑并按照编辑计划筛选稿件，编辑与修改，制出清样后报主编审阅，再上报办公室主任。

第八条　由办公室主任参照主编的意见，决定刊登与否。

第九条　原则上决定刊出的稿件，一律署上撰写人姓名。但可以根据撰写人意见，署笔名刊出。

第十条　对被采用稿件的作者，适当支付酬谢礼品或稿费。

第十一条　发行事务，由办公室主任负责。

第十二条　主编每年至少要进行一次有关编辑与发行工作的调查；并把调查结果连同分析研究报告一起，上报办公室主任。

第十三条　编辑事务由主编与编辑共同努力完成。包括整理原稿、删节、校对、送印、刊物送发、备忘记录、拍摄以及其他创意、策划与改善工作等。

第十四条　每月15日召开一次编辑会议，经主编上报办公室主任。

第十五条　每月25日为稿件截止日，28日开始整理原稿与筛选，29日、30日审阅与版面设计，次月1日、2日交付印刷。

第十六条　次月3日印刷所开始制版。

第十七条　次月13日左右印刷所完成清样印刷，交回编辑进行校对；经过三校与核红，正式印刷。

第十八条　次月20日左右全部刊物印刷装订完毕，由编辑再度勘误，如果没有重大错误即组织送发。

第十九条　如需要拍摄图像，可委托本公司摄影部进行。

第二十条　内部刊物的体例与格式必须经办公室主任认可。

▲内部刊物编辑制度

第一条　目的：向全体员工宣传和介绍公司的主张，以及最高领导的经营方针，以便使全体员工的日常经营活动能够按照经营方针所指的方向一致行动，同时加强公司内部沟通和协调。

第二条　方针：一是上情下达，使全体员工齐心协力地按经营方针所指引的方向统一行动；二是下情上达，让最高经营领导及各级领导了解公司的整体情况及员工的生产生活情况。

第三条 题材来源。

(1) 新闻焦点。原则上国内外新闻热点，也应成为本公司刊物的新闻焦点。尤其对国内外新动向、本公司的反应、本公司有什么新的行动等，要作为重点报道。内刊物的新闻报道的计划，可参考商业期刊的做法制订。

(2) 收集。主要通过编委及通讯员，收集各种信息，把握报道的热点与主题，并通过责编组稿、约稿、撰写与采访，充实刊物的版面。

(3) 采集。当得到有价值的信息后，立即派出有关记者、通讯员或责编人员，进行现场采访，采集第一手资料，并及时予以报道。

(4) 拍摄。把各种实况拍摄下来，包括一些原始资料、谈话场景、人物形象等。在拍摄之前必须做好充分准备，务求拍摄的效果良好。

(5) 反馈。采访后必须做好整理工作，写好备忘录。当采访内容刊用时，要对被采访者或单位进行一次反馈，以确认基本事实与基本观念。

(6) 致谢。对协助采访以及对取材提供某种帮助者予以感谢，赠送一些礼品或纪念品。

第四条 收集读者反映。

每期刊物发行后，都必须收集有关反应、意见和评价，这是进一步办好刊物的基础。

(1) 监督者的反映。监督者由内部刊物的编委公开招聘，每年春季招聘及轮换一次。监督者必须对指定的刊物栏目与内容，广泛征集读者的意见，并反馈给编辑部。

(2) 读者的反映。除了收集、分析研究读者来信以外，还必须定期对读者进行普遍的调查。调查采用问卷形式，以全面了解读者对刊物的总体看法与建议。

(3) 部门领导的反映。除了征集公司内外普通读者的意见外，还必须进一步对企业内各部门乃至最高领导的意见，进行收集与征集。

所有意见都必须经过编辑、整理、分析与判断，由责编及主管汇总成意见调查报告，提交编委会讨论与审议，最终落实到今后的刊物改进工作与措施之中。

▲内部刊物编辑及发行规定

第一条 为规范本公司内部刊物编辑及发行的管理，特制定本规定。

第二条 创办公司报的目的如下：

(1) 让全体员工了解并把握公司的地位、作用、优势与意义，提高全体员工的信念与责任感、荣誉感；

(2) 宣传与解释公司的经营理念、经营方针以及传递公司业务的有关情况与情报，以便全体员工齐心协力，朝着共同的目标努力奋斗；

(3) 沟通与交流职员之间的志向、见解、意见等，以促进员工间的相互了解与相互信任；

(4) 积极采纳员工的意见与建议，提高全体员工的参与意识；

(5) 在相互理解与信任的基础上，使整个公司结成命运共同体，提高员工的整体意识；

(6) 加强与员工家属的联系，使员工家属能够了解公司的真实情况，并在理解基础上支持与协助公司开展各项业务工作，造就包括员工家属在内的和睦与亲善气氛。

第三条　公司报以本公司的名义发行。

第四条　公司报的名称为××报，并标上公司名称。

第五条　原则上每年发行6期，即双月刊，奇数月发刊。

第六条　发行责任者：

(1) 发行责任者为公司总裁；

(2) 下设编辑会议；

(3) 发行责任者有权对编辑会议作出指示，并监督与控制编辑会议的活动；同时对编辑企划、基本方针、刊物计划等负责。

第七条　编辑会议及通讯员制度。

(1) 编辑会议按发行责任者的指示，起草并决定编辑企划、基本方针、各刊计划以及发行、送发与印刷等基本方案。

(2) 编辑会议外围设立通讯员制度，通讯员由各部门推荐一名合适人员担当。

第八条　编辑主任全权负责编辑会议，并有相应的权限与责任，主持公司报的日常工作。

第九条　编辑委员。

(1) 编辑委员除了参加编辑会议，起草、审议并决定编辑企划、基本方针等重大事宜外，还承担组稿、撰稿、摄影、采访与通讯报道等工作；

(2) 编辑委员由编辑会议提名，由总裁任命。

第十条　通讯员。

(1) 通讯员协助编辑会议做好各期的约稿撰稿、采访与沟通联络工作；

(2) 通讯员由各部门推荐一名，由编辑主任正式任命。

第十一条　编外委员。

(1) 根据编辑工作需要，可临时聘用若干编外委员。

(2) 编外委员围绕聘用时指定的工作任务，为编辑会议作出贡献。

第十二条　编辑各机构成员的任期为一年（从每年1月1日至12月31日），

但有再选或连任资格。

第十三条　编辑主任应向发行责任者即总裁报告列入出版发行的各种刊物。

第十四条　原则上由公司员工及其家属撰稿；必要时可向公司外其他人约稿。

第十五条　原则上以正式表格即文书形式进行约稿。

第十六条　对编辑及撰稿人支付一定的稿费或礼品。

第十七条　一切有关发行公司报刊的费用开支，全部由公司负担。

第十八条　本规定的修改与废除，必须经过编委会讨论，解释权在编委会。

第十九条　本规定自××××年×月×日执行。

二、办公室财产、书刊管理制度相关表格

▲财产记录保管表

财产记录保管表

（正面）

财产分类					编　号		
中文名称					英文名称		
厂　商					取得日期		
原　值					残　值		
增加资本支出			原　值	使用年数	每年折旧额		
					第一年	年～　年	最后一年
年	月	日					
年	月	日					
年	月	日					
年	月	日					
年	月	日					
年	月	日					

（背面）

使用部门	接管日期	使用保管人签章	交还经营部门日期	经营部门签章

▲财产领用单

财产领用单

使用部门：______

类别：______　　　　管理部门：______

______年____月____日　　　　财管字第______号

编　号	品名及规格	用　途	单　位	数　量	价　值	备　注

领用人	使用部门经理	财产管理科	总务部经理	总经理

▲财产移交清单

财产移交清单

部门：______　　　　　　　　　　　　　____年__月__日　共____页　第____页

项　目	规格及说明	单　位	数　量	备　　注

接收部门：____________　　　　　　移交部门：____________

主管：____科长：____经办：____　　主管：____科长：____经办：____

▲财产增加单

财产增加单

管理部门：______

会计科目：______　　　　　　　　　　　　使用部门：______

年　　月　　日　　　　　　　　　　　　　财管字第______号

编号	名称	规格	单位	数量	单价	总价	使用年限	残值	每月折旧金额	备　注
事由：										

副总经理：____　　财务部：____　　管理部门主管：____　　使用部门主管：____

▲财产请修单

财产请修单

请修部门：______　　　　　　　　　____年__月__日　请修单号码：____

项次	财产编号	品名	规格	数量	故障损坏说明	预估修理费	需要日期	使用人	备注

经办：________　　　部门主管：________　　　制单：________

▲财产报废单

财产报废单

________年____月____日　编号：____

<table>
<tr><td colspan="2">管理部门</td><td colspan="10"></td></tr>
<tr><td colspan="2">使用部门</td><td colspan="10"></td></tr>
<tr><td rowspan="2">名称</td><td>中文</td><td colspan="3"></td><td colspan="2">规格</td><td colspan="2"></td><td colspan="2">使用年限</td><td></td></tr>
<tr><td>英文</td><td colspan="3"></td><td colspan="2">厂牌</td><td colspan="2"></td><td colspan="2">已使用年数</td><td></td></tr>
<tr><td>购置日期</td><td></td><td>数量</td><td colspan="2"></td><td colspan="2">取得价值</td><td colspan="2"></td><td colspan="2">账面价值</td><td></td></tr>
<tr><td rowspan="3">废损原因</td><td colspan="3">估计废品价值</td><td colspan="3"></td><td colspan="2" rowspan="3"></td><td colspan="3" rowspan="3"></td></tr>
<tr><td colspan="3">处理使用</td><td colspan="3"></td></tr>
<tr><td colspan="3">实际损失额</td><td colspan="3"></td></tr>
<tr><td rowspan="2">拟处理办法</td><td colspan="8" rowspan="2"></td><td>使用人</td><td colspan="2"></td></tr>
<tr><td>填报人</td><td colspan="2"></td></tr>
<tr><td>总经理</td><td colspan="2">财务部门</td><td colspan="6">使用部门</td><td colspan="3">管理部门</td></tr>
<tr><td rowspan="2"></td><td colspan="2" rowspan="2"></td><td colspan="3">厂长（经理）</td><td colspan="2">主管</td><td>主（协）办</td><td colspan="2">主管</td><td>主（协）办</td></tr>
<tr><td colspan="3"></td><td colspan="2"></td><td></td><td colspan="2"></td><td></td></tr>
</table>

▲图书借阅登记表

图书借阅登记表

____年____月____日

编号	书　名	作者	出版单位	金额	借阅人	借出日期	归还日期	备注

▲图书资料借出卡

图书资料借出卡

<table>
<tr><td colspan="2">分类编号：</td><td>资料名称：</td></tr>
<tr><td colspan="2">购入价格：</td><td>归档日期：</td></tr>
<tr><td colspan="2">借出时限：</td><td></td></tr>
<tr><td>借 出 日 期</td><td>借　出　人</td><td>归 还 签 认</td></tr>
<tr><td></td><td></td><td></td></tr>
<tr><td></td><td></td><td></td></tr>
<tr><td></td><td></td><td></td></tr>
<tr><td></td><td></td><td></td></tr>
<tr><td></td><td></td><td></td></tr>
<tr><td></td><td></td><td></td></tr>
<tr><td></td><td></td><td></td></tr>
</table>

第九章　办公室后勤管理制度

一、办公室后勤管理制度范本

▲员工宿舍管理制度

第一条　为使员工宿舍保持一个良好、清洁、整齐的环境，以保证员工在工作之余得到充分的休息，维护生产安全和提高工作效率，特制定本制度。

第二条　住宿条件。

（1）在市区内无适当住所或交通不便的员工可申请住宿。

（2）凡有以下情形之一者，不得住宿：

①患有传染病者；

②有吸毒、赌博等不良嗜好者。

③不得携带家属住宿。

④保证遵守本制度。

第三条　员工离职（包括自动辞职、免职、解职、退休、深造等），应于离职日起3天内搬离宿舍，不得借故拖延或要求任何补偿费或搬家费。

第四条　宿舍设立管理员，其工作任务如下。

（1）监督管理一切内务。

（2）监督值班人员维护环境清洁及关闭门窗。

（3）保管住宿者如血型、紧急联络人等方面的资料，以备急需。

（4）有下列情形之一者，应通知主管及总务部门：

①违反宿舍管理制度，情节严重；

②留宿亲友；

③宿舍内有不法行为或外来火灾；

④员工身体不适以致病重，应及时送医院并通知其亲友。

第五条　员工对所居住宿舍，不得随意改造或变更。

第六条　员工不得将宿舍转租或出借给他人使用，一经发现，即停止其居住权利。

第七条　公司主管和总务部门主管应经常视察宿舍，住宿员工不得拒绝。

第八条　宿舍所有家具设备（如电视、玻璃镜、卫浴设备、门窗、床铺等），住宿员工有责任维护其完好。如有疏于使用、保管或恶意破坏者，由其负担修理费或赔偿，并视情节轻重给予纪律处分。

第九条　住宿员工应遵守下列规定：

（1）服从管理员管理、派遣与监督；

（2）室内禁止烧煮、烹饪或私自接配电线及装、接电器；

（3）室内不得使用或存放危险及违禁物品；

（4）起床后棉被叠放整齐；

（5）烟灰、烟蒂不得丢弃地上，室内不得存放易燃物品；

（6）换洗衣物不得堆积在室内，暂不用的衣、鞋必须放入柜内；

（7）洗完衣物在指定位置晾晒；

（8）使用电视、收音机不得妨碍他人休息；

（9）就寝后不得影响他人睡眠；

（10）宿舍不得留宿亲友，外人拜访应登记姓名、与员工关系及进出时间；

（11）夜间最迟应于23时前返回宿舍，否则应向管理员报告；

（12）贵重物品应避免携入，违反规定放入室内而致丢失者责任自负；

（13）不得在墙壁、橱柜、门窗上随意张贴字画或钉挂物品；

（14）废物、垃圾等应集中倾倒在指定场所；

（15）房间清洁由住宿人轮流负责；

（16）节约用水，节约用电，人去灯灭；

（17）不得在床上抽烟；

（18）不得在宿舍内聚餐、喝酒、赌博或从事其他不健康活动。

第十条　住宿人员轮流值班，负责公共地区的清洁，公共设施、水、电、门窗等的安全巡视，发现问题及时报告并立即采取措施。

第十一条　住宿员工发生下列行为之一者，即应取消其住宿资格，并呈报其所属部门和总务部门处理：

（1）不服从管理员监督、指挥；

（2）在宿舍赌博、打麻将、斗殴、酗酒；

（3）蓄意毁坏公司物品或设施；

（4）擅自在宿舍内接待异性或留宿外人；

（5）经常妨碍宿舍安宁，屡教不改；

（6）严重违反宿舍安全规定；

（7）无正当理由经常在外留宿；

(8) 有偷窃行为。

第十二条　住宿者迁出应将床位、物品、抽屉等清理干净，带出物品应先交管理员或主管人员检查。

第十三条　管理人员应按规定及时到公安户籍管理部门为住宿者办理临时户口登记。

第十四条　本制度报呈总经理核准后公布实施，修改时亦同。

▲单身宿舍管理规定

第一条　为加强单身宿舍的规范化管理，建设一个良好的集体生活环境，特制定本规定。

第二条　在单身宿舍设管理员 1 人，管理员由公司任命。管理员编制在公司总务部，负责单身宿舍的运营管理。管理员的具体责任为：

(1) 填制入住者名册、管理日志、用品台账，并于每月月底提交给总务科长或人事科长；

(2) 建筑物及附属设施的检查、保养与维修，落实防火防害对策；

(3) 监督入住者遵守规章制度；

(4) 对单身宿舍进行卫生保健管理；

(5) 负责入住者与公司的沟通联系；

(6) 给予入住者必要的生活援助。

第三条　入住者必须是公司的单身员工或因特殊原因不能与家属同住的员工。希望入住者，必须提交入住申请表，并由公司决定是否批准入住。被批准入住者，须在 × 日内搬入，否则视为无意入住，而取消其入住资格。采取弄虚作假手续获准入住或已经入住者，取消其入住资格。

第四条　入住者必须严格遵守本规定，自觉地维持单身宿舍的生活秩序和公共道德。入住者的作息时间为：起床 × 时 × 分，就寝 × 时 × 分。

第五条　入住者必须严格遵守下列事项：

(1) 小心使用各种设施；

(2) 保持居室的清洁卫生；

(3) 注意节约水电、煤气；

(4) 注意用火安全；

(5) 遵守公共道德和纪律，注意维持秩序。

第六条　入住者不得进行下列行为：

(1) 转让居室使用权，或转借居室；

（2）改变居室或附设设施的原有形态；

（3）在宿舍内进行商业活动或类似的活动；

（4）在宿舍内存放或使用危险物品；

（5）将物品随便带出宿舍；

（6）在指定场所以外用火或吸烟；

（7）自己生火做饭；

（8）在居室内大声喧哗、吵闹、放音乐等；

（9）在宿舍内散发或张贴广告；

（10）在宿舍内饲养各类小动物。

第七条　入住者在发生下列情况时，应当向管理员通报。如果管理员不在，应当直接向公司通报。

（1）建筑或附属设施损坏时。

（2）火灾、水灾或失盗时。

（3）宿舍内出现传染病患者时。

（4）出现其他须通报事项时。

第八条　入住者必须按另行制定的房费标准向公司支付房费。

房费核算期间为上月×日至本月×日。房费从其每月工资中直接扣除。

第九条　入住者在下列情况下，必须在×日内退房：

（1）不具备公司员工身份；

（2）不再是单身者；

（3）违反本规定，被公司认为不适宜再住单身宿舍者；

（4）无正当理由，×个月以上不缴房费者；

（5）公司出于某种考虑，命令退房时。

第十条　单身宿舍修缮费用原则上由公司负担。因入住者过失或故意造成的损失，由其本人全额负担修缮费用。居室或附设设施需要修缮时，由入住者直接向管理员提出申请。入住者不得对居室和附设设施进行改装。

第十一条　入住者应注意公共卫生，努力保持厨房、浴池、食堂、厕所的清洁卫生。

入住者应积极参加或配合定期大扫除，努力保持居室内部清洁。

入住者应养成良好的个人生活习惯，注意个人健康，定期接受公司举行的健康检查，积极配合统一的防疫消毒活动。

入住者不得在走廊、楼梯、出入口和紧急出口处堆放杂物。应熟练掌握消防器材和安全装置的使用方法。

▲住宅管理规定

第一条　为加强对公司住宅的使用与管理，特制定本规定。

第二条　本规定中的公司住宅，是指公司为事业发展需要，在员工聘用期内，暂时或断续供员工居住，产权归公司所有的住房及附属设施。

第三条　本规定中的居住者，是指按照公司所定手续申请，且经公司批准的入住者。

第四条　公司住宅由公司总务部和人事部进行管理。

第五条　居住者必须严格遵守本规定，服从并配合公司的统一管理。

第六条　居住者严重违反本规定，公司有权取消其居住资格。

第七条　居住者必须具备下列资格，经公司审查批准后，才能居住。

（1）转岗调动者，在工作地没有住处。

（2）新聘用员工，公司要求其居住公司住宅。

（3）因其他特殊理由需要住在公司者，这些特殊理由包括：

①因火灾、水灾、震灾等失去住房；

②其他被公司认可的理由。

第八条　住宅使用费缴纳标准另行制定。

第九条　使用费按月缴纳，核算期间为×日至×日，从工资中直接扣除，中途退房或入住时，按实际天数计算使用费。如使用费无法从工资中直接扣除，居住者须在指定时间到公司缴纳。

第十条　居住者未经公司同意对住房进行改装，公司有权令其恢复原状，或由公司强行拆除，后者的有关费用由居住者负担。

第十一条　居住者因故意或重大过失损坏房屋及有关设施时，修复费用由居住者全额负担。

第十二条　居住者如丧失居住规定资格，或因本人故意或重大过失造成房屋损失时，必须依照规定退房。

第十三条　因工作调动，或由于住宅管理上的需要时，居住者应服从公司更换住宅的安排。

第十四条　本规定自××××年×月×日起实施。

▲房屋租赁协议书

本公司（以下简称“甲方”）与××股份有限公司（以下简称“乙方”）本着互利合作的原则，就有关房屋租赁签订本协议。

第一条 房屋地点。

甲方将其所有的位于______区______街______号的建筑物______层______号房间（使用面积______平方米），租赁给乙方。

第二条 租赁期限。

租赁期限为______年（自____年____月____日起，到____年____月____日止）。

甲方或乙方在租赁期期满前6个月内如不以文书方式表示异议，则本协议自动续延，但租金和租赁期另议。

第三条 租金。

租金为每月____元，租赁时间不足1个月时，按实际天数计算。

第四条 空调费。

空调费按每月每平方米使用面积计算。租赁时间不足1个月时，按实际天数计算。

第五条 费用支付。

乙方于每月5日前将上月租金和空调费缴到甲方指定部门。

第六条 用途。

乙方必须注意保护房间设施，房间只能用作办公室，不得改作其他用途。

第七条 维护费。

乙方应负担下列房屋维护费（由甲方预先支付的维护费，乙方应按甲方指定时间，支付给甲方）：

（1）房间中使用的电费、水费、电话费、燃气费；

（2）电灯、燃气器具等的更新与修理费；

（3）清扫费用和公共分担费用；

（4）其他由甲方指定的应由乙方负担的费用。

第八条 限制事项。

乙方进行下列行为时，应事先以文书的形式征得甲方同意，所需费用由乙方负担：

（1）房屋装修，改变房间结构和增加房屋内设施；

（2）增减或改变房间内电灯、配电、燃气、电话、自来水的配线和配管；

（3）在房屋内设置保险柜等重要物品；

（4）在房屋内部、房顶、窗玻璃上张贴广告、宣传画或其他物品。

第九条 通报义务。

当房屋需要维修或增加消防设施时，乙方应迅速通报给甲方。

按照本协议规定，应由乙方负责的维护事项，乙方也须征得甲方的同意。

第十条 门锁钥匙。

甲方向乙方提供门锁钥匙一把。乙方须另行配制钥匙时，须以文书形式向甲方申领。乙方不得以任何理由擅自配制。

当乙方丢失钥匙时，须向甲方通报，由甲方配发钥匙。当乙方擅自配制钥匙而造成甲方财产损失，即使在本协议解除后，也应由乙方负责赔偿。

第十一条　遵守规定。

乙方在租赁期间，必须遵守甲方制定的建筑物使用管理规定。

第十二条　租赁让渡。

乙方不应以任何理由将房屋租赁转让给第三者。

第十三条　进入房间。

甲方在执行安全、防火检查时，可进入房间或在房间外巡视。

第十四条　损失赔偿。

（1）因不可抗拒的原因造成乙方损失时，甲方对乙方不负赔偿责任。

（2）当乙方及相关者因故意或过失造成房屋损坏时，乙方须负责赔偿。

第十五条　租金调整。

由于物价变动和其他正当理由，甲方有权要求调整租金、空调费和其他维护费。

第十六条　解除协议。

甲方在乙方出现下列情况下，可以不经协商，解除本协议：

（1）用于第六条之外的目的；

（2）延迟 3 个月以上不缴纳租金、空调费和其他维护费；

（3）违反第八条和第十二条规定；

（4）发生违反本协议的其他行为；

（5）乙方因债务原因破产或被强制保全时。

第十七条　运营时间。

大门的开关时间、电梯运行时间等的安排，必须考虑到乙方的方便。

第十八条　禁止事项。

乙方及乙方人员不得有下列行为：

（1）妨碍甲方和其他租赁人的正常工作；

（2）在房屋内外放置危险品、易燃品和不洁物品；

（3）在房屋内外饲养动物；

（4）妨碍建筑物共同部门的使用；

（5）随意丢废弃物；

（6）在建筑物内睡眠和做饭；

（7）以保暖供热为目的，在建筑物内使用油气；

（8）不关掉电灯、电扇、电热器等而离开；

（9）在非甲方指定场所停放车辆。

第十九条　押金。

乙方应在本协议正式签订后，向甲方支付押金×××元（相当于 6 个月的租金)。当租金提高时，押金也相应提高。

当乙方延迟缴纳租金、维护费用和赔偿费用时，甲方有权从押金里直接扣除，乙方随后应在一周内补足押金。当乙方交还房屋并结清所有债务时，甲方须将押金退还乙方。

第二十条 解约。

在租赁期间，因不得已原因欲解除本协议时，甲方或乙方须提前6个月，以文书形式通知对方。

第二十一条 归还。

本协议书终了后，乙方在甲方指定时间内，撤去房内各种物品，恢复房间原貌。在乙方向甲方预付有关费用时，甲方可代行完成复原工作。

当乙方不能在指定时间内撤出物品时，甲方可做任意处置。在复原期间的水电费、空调费等，由乙方支付。

第二十二条 特约。

本协议书未定事项，由甲、乙双方协商决定。本协议书一式两份，甲、乙双方各执一份。

甲方（地址）____________ 乙方（地址）____________
（名称）____________ （名称）____________
（签字）____________ （签字）____________

××××年×月×日

▲管理人员住宅规定

第一章 总 则

第一条 本规定的制定旨在规范公司管理人员使用公司住宅的计划与管理事项。

第二条 除其他有关规定外，公司住宅管理依本规定实施。

第三条 本规定中主要用语的含义为：

（1）公司住宅，指为保证工作调动和公司业务的顺利展开，公司所有管理人员的住宅及相应设施。

（2）计划，指以公司的事业计划为基础制定的公司住宅建设、购买、租赁、改扩建、修理等计划。

（3）管理，指与公司住宅运营相关的事务处理。

（4）公司住宅主管，即公司总部的总务主任和分公司及事业部的总务主任，由其统管公司住宅事务。

（5）资产管理主管，即公司总部的财务主任和分公司的总务主任。

第四条 入住者必须严格遵守本规定，要爱护房屋，注意安全卫生，注意维护个人形象。

第二章 住宅管理

第五条 公司住宅主管负责编制管理台账。

第六条 公司住宅的保全管理由住宅主管全权负责。

第七条 住宅主管在公司住宅结构出现危险或有事故隐患时，应与资产管理主管协商，采取必要的防范措施。

第八条 住宅主管在出现下列情况时，应组织消毒防疫：

（1）入住者患传染病；

（2）原住房传染病患者居住过。

第九条 当公司住宅发生火灾或其他灾害时，住宅主管须及时向总务主任报告，并与相关管理人员协调，做好善后处理和防范工作。报告内容包括：

（1）受损物品名称；

（2）灾害发生时间及原因；

（3）受损金额及修复预算；

（4）灾害保险金额；

（5）应急措施。

第十条 入住者具有对居住房屋实行管理的义务。

第十一条 入住者发生下列事项时，禁止其居住：

（1）未经许可，与非入住许可者同居或长期居住；

（2）未经许可，擅自改装住宅或交换住房；

（3）将公司住宅部分或全部出租，或在住宅内进行营利性活动；

（4）将公司住宅用于其他目的。

第十二条 居住者如出现上条第二项行为时，必须自行恢复原状。

第十三条 因居住者管理不善，造成房屋或附属设施损害时，必须照价赔偿。

第三章 租借与退还

第十四条 租借公司住宅应由员工本人提出申请，并在审查下列事项后，作出决定：

（1）职位；

（2）业务状况；

（3）出勤状况；

（4）工作年数及对公司的贡献；

（5）本人居住状况及家庭成员构成。

第十五条　租借或更换公司住宅时，须向总务部门提交公司住宅租借申请和同居人申请。

第十六条　申请批准后，由总务主任向本人下发租借通知书和同居许可通知书。

第十七条　在接到公司租借通知后，租借人必须在两周内入住。否则，应向总务主任提出暂缓入住申请。延期不得超过两周。

第十八条　入住时应填写入住保证书，退居时应提交退居申请。

第十九条　当公司住宅须拆除、维修、出让时，或住宅在构造上存在危险时，公司有权要求居住者转住。

第二十条　居住者按公司指定期限转住时，由公司支付转住费用。

第二十一条　居住者出现下列事项时，须在指定时间内退还住房：

（1）居住者工作调动，应在接到调令后两周内退房；

（2）辞职时，应在 3 个月内退房，被公司辞退的员工，应在 1 个月内退房；

（3）员工死亡时，其家属应在 3 个月内退房。

第四章　维修与改建

第二十二条　居住者维修或改建住房时，须向公司提出正式申请。

第二十三条　主管接受维修申请后，应与资产管理主管协调，并进行实地调查，然后确定维修或改建方案。

第二十四条　住宅主管确定维修或改建的承包商。

第二十五条　住房维修的范围包括墙壁、地面、门窗和其他附属设施。

第二十六条　费用负担。

（1）公司认可的维修费用由公司全额承担；

（2）对因不可抗拒原因造成损坏的修复费用由公司全部承担；

（3）房间中易损坏部分，如地面等，达到公司确定的维修周期后，由公司负担 70% 的费用；

（4）日常的简单维修费用由居住者个人承担；

（5）因居住者个人造成损坏的维修费用由个人承担。

第五章　房　　租

第二十七条　房租以月核算。中间入、退居时，以实际居住时间核算房费。具体缴纳标准另行制定。

第二十八条　员工未按指定时间转住或退还住房时，应在房费外加收两倍于房费的惩罚性房费。

第二十九条　水费、电费、煤气费由居住者自行支付。

▲食堂管理规定

第一条　本公司食堂工作人员须严格遵守《中华人民共和国食品卫生法》及公司的一切规章制度，按时上下班，坚守工作岗位，服从组织安排，未经同意不得擅自离开工作岗位。

第二条　树立全心全意为他人服务的思想，讲究职业道德，文明服务，态度和蔼，主动热情，礼貌待人，认真负责。做到饭熟菜香，味美可口，饭菜定量，食品量足，平等待人。

第三条　遵守财经纪律。收款一律打卡，禁止收取现金。炊事人员按规定每月缴纳就餐费并严格登记。任何人在食堂就餐均须按规定标准收费。不得擅自向外出售已进库的物品。

第四条　坚持实物验收制度，搞好成本核算，做到日清月结，账物相符。每月盘点一次，每月上旬定期公布账目，接受监督。

第五条　爱护公物。食堂的一切设备、餐具都有登记，有账目，对放置在公共场所内的任何物件，不得随便搬动或挪作他用。无故损坏各类设备、餐具，要照价赔偿。

第六条　炊事人员要注意个人卫生，做到勤洗手、剪指甲，女炊事员不得染指甲，戴耳环、戒指等首饰，勤换、勤洗工作服，工作时要穿戴工作衣帽。炊事人员每年进行一次健康检查，无健康合格证者，不准在食堂工作。

第七条　计划采购。严禁采购腐烂变质食物，防止食物中毒。

第八条　安排好就餐，减少排队时间，按时开饭。每天制定一次食谱，早、中、晚餐品种要多样。提高烹调技术，改善伙食。因工作原因不能按时就餐或临时加客餐，要事前通知。

第九条　做好安全工作。使用炊事械具或用具要严格遵守操作规程，防止事故发生；严禁带无关人员进入厨房和保管室；易燃、易爆物品要严格按规定放置，杜绝意外事故的发生；食堂工作人员下班前，要关好门窗，检查各类电源开关、设备等。管理员要经常督促、检查，做好防盗工作。

第十条　加强管理，团结协作，圆满完成各项工作任务。

▲员工餐厅就餐管理制度

第一条 员工食堂每日供应三餐，根据公司实际情况，制定用餐时间。

第二条 公司员工进入食堂就餐一律要挂工号牌，凭就餐卡打饭菜。

第三条 就餐人员进入食堂后，必须排队打饭，不许插队，不许替他人打饭。

第四条 就餐人员必须按自己吃饭的食量盛饭打汤，不得故意浪费。

第五条 员工用餐后的餐具放在食堂指定地点。

第六条 食堂内不准吸烟，不准随地吐痰，不准大声起哄、吵闹，做到文明用餐。

第七条 在食堂用餐人员一律服从食堂管理和监督，爱护公物、餐具，讲究道德。

第八条 就餐人员不准把餐具拿出食堂或带回办公室占为己有。

第九条 如有违反以上规定者，事务部有权报人事部给予罚款处理，罚款从当月浮动工资中扣除。情节严重或屡教不改者，给予行政处分直至除名。

▲食堂卫生管理制度

第一条 食堂应与厕所及其他不洁处所有效隔离，厨房内不应有厕所，且厨房的门与窗均不得面对厕所。

第二条 厨房应有良好的供水系统与排水系统，尤以排水系统最重要，洗涤用过的污水，必须迅速排除。

第三条 地面、天花板、墙壁、门窗应坚固美观，所有孔洞缝隙应予以填实密封，并保持整洁，以免蟑螂、老鼠隐身躲藏或出入。

第四条 应装置抽油烟机。抽油烟机之油垢应定时清理，所排出之污油亦应适当处理。

第五条 工作厨台及橱柜以铝质或不锈钢材质为佳。

第六条 工作厨台及橱柜下内侧及各处死角，应特别注意清扫，以免遗留物腐烂。

第七条 食物应在工作台上料理操作，并将生、熟食物分开处理。刀和砧板及抹布等用完后用热水刷洗干净，必须保持整洁。

第八条 食物应保持新鲜、清洁、卫生，并于洗清后分类以塑胶袋包紧，或装在有盖容器内，分别储放在冰箱冷藏或冷冻。鱼肉类取用处理要迅速，以免反复解冻而影响鲜度。勿将食物暴露在生活常温中太久。

第九条 凡易腐败之饮食物品，应储藏在摄氏零度以下冷藏容器内，熟的与生的食物分开储放，以防串味。

第十条　调味品应以适当容器装盛，使用后随即加盖，所有的器皿及菜肴，均不得与地面或污秽接触。

第十一条　应备置有密盖的污物桶、厨余桶。厨余最好当夜倒除，不在食堂内隔夜。万一需要隔夜清除，应用桶盖隔离，且厨余桶四周应经常保持干净。

第十二条　食堂工作人员工作时，应穿戴整洁工作衣帽。工作时避免让手接触或沾染食物与食器，应尽量利用夹子、勺子等工具取用。

第十三条　在食堂工作人员工作时，不得在食物或机器设备的附近抽烟、咳嗽、吐痰、打喷嚏，万一打喷嚏时，要背向食物等用手帕或卫生纸罩住口鼻，并随即洗手。

第十四条　食堂工作人员饭前或便后，均应彻底洗手消毒，保持清洁。

第十五条　食堂清洁扫除工作，每日数次，至少要做一次；清洁完毕，清扫用具应集中处置。杀菌剂和洗涤剂不得与杀虫剂等放在一起，有毒的物质要标明和放在固定场所，并指定专人管理。

第十六条　不得在食堂内躺卧或住宿，亦不许随便悬挂衣服及放置鞋物，或乱放杂物等。

第十七条　有病时，应留在家中休息。感冒、皮肤有外伤及患传染病时，都应留在家休养治疗，以免影响就餐者的健康。

▲炊事员卫生制度

第一条　炊事员每年进行健康检查，防止肠道传染病和食物中毒事故的发生。

第二条　炊事员工作时要穿上清洁的工作服，不留长指甲，不染指甲，不戴耳环、戒指，保持良好的个人卫生。

第三条　凡患有痢疾、伤寒、病毒性肝炎等消化道传染病（包括病原携带者）传染病，活动性肺结核、化脓性或者渗出性皮肤病以及其他有碍食品卫生疾病的，不得参加接触直接入口食品的工作。

▲工作餐供应管理规定

第一条　食堂为公司所有员工免费提供早、中、晚工作餐，并在规定的开饭时间内保证供应。

第二条　食堂拟定每周食谱，尽量使一个星期的饭菜不重样。饭菜要讲究色、香、味、形，严格操作规程。

第三条　热情、礼貌地接待员工就餐，负责人在入口处对员工就餐卡加盖就餐戳记。

第四条 食堂负责为每位员工提供餐具，用餐完毕由员工本人送到指定地点，由食堂人员进行刷洗、消毒。

第五条 为体现公司对员工的关心，食堂负责为带病坚持工作的员工做病号饭，由医务人员根据病情及营养搭配开具食谱，食堂人员负责制作。

第六条 严格各项卫生制度，保证不进、不用、不制作、不出售腐烂变质原料及食品。炊事人员每次就餐后进行一次大清理，使桌、椅、餐具整洁有序。

▲加班餐管理规定

第一条 为了确保本公司员工晚间加班时，加班餐的供应能规范及时到位，特制定本规定。

第二条 加班餐的供应对象为晚间加班（晚上 8 时以后）的员工。

第三条 加班餐的管理者为总务科科长。供应办法为向员工配发餐券，以餐券领取加班餐。

第四条 各主管科长在认定需要加班时，应于当日下午 2 时前向总务科提出供餐申请。事前无法预料的加班，应直接与食堂联系。

第五条 总务科受理申请后，计算出需要加班餐的份数并与食堂联系。总务科受理申请时，向各科配发相应的餐券，作为领取加班餐的凭证。

第六条 加班员工应在指定时间凭就餐券到食堂取加班餐。餐券当日有效。餐券丢失、污损等不再补发。

第七条 食堂供餐时间为晚上 6 时至 7 时，特殊情况下，主管科长应事先与食堂联系，协商供餐时间。

▲设备日常维修制度

第一条 单位使用部门的设备发生故障，须填写“维修通知单”经部门主管签字交工程部。

第二条 工程部主管或当值人员接到维修通知，应随即在“日常维修工作记录簿”上登记接单时间，根据事故的轻重缓急及时安排有关人员处理，并在记录本中登记派工时间。

第三条 维修工作完毕，主修人应在“维修通知单”中填写有关内容，经使用部门主管人员验收签字，并将通知单交回工程部。

第四条 工程部在记录簿中登记维修完工时间，并及时将维修内容登记在维修卡片上，审核维修卡片中记载的用料数量，计算出用料金额填入维修通知单。

第五条 将处理好的维修通知单依次贴在登记簿的扉页上。

第六条 紧急的设备维修由使用部门的主管用电话通知工程部，由当值人员先派人员维修，同时使用部门补交“维修通知单”，当值人员补填各项记录，其他程序均同。

第七条 工程部在接单后两日内不能修复的，由当值主管负责在登记簿上注明原因，若影响设备正常运转，应采取特别措施尽快修理。

▲设备事故处理制度

第一条 设备一旦发生事故，必须马上启用备用应急设备，采取应急措施挽回损失和影响，并保护现场，及时上报。

第二条 有关领导及有关人员要立即赴现场检查、分析、记录，及时做出处理。

第三条 事故发生后，有关人员要将设备事故报告单送交有关领导批示后，由工程部和有关部门领导解决。

第四条 对于事故责任者，要查明原因，根据规定，视情节轻重给予必要的经济处罚和行政处分；如果已触犯法律，则按国家法律程序处理。

第五条 事故的善后处理要做到四不放过：

（1）事故原因不查清不放过；

（2）缺乏切实有效的防范措施不放过；

（3）缺乏常备不懈的应急弥补措施不放过；

（4）事故责任人和员工未受到教育不放过。

▲新增设备管理制度

第一条 企业各部门需增置的设备经批准购买后，报工程部设备管理部门备案。

第二条 经工程部进行可行性方面的技术咨询后，才可确定装修项目或增置电器及机械设备。

第三条 各部门应设一名兼职设备管理员，协助工程部人员对设备进行管理，指导本部门设备使用者正确操作。

第四条 设备项目确定或设备购进后，工程部负责组织施工安装，并负责施工安装的质量。

第五条 施工安装由工程部及使用部门负责人验收合格后填写“设备验收登记单”方可使用。

▲办理设备维修手续管理制度

第一条　需要维修的设备，使用部门要填写报修单。

第二条　报修单一式三联，报修理部门、工程部、维修班组各一份。

第三条　维修班组接到维修单后，根据报修内容和重要程度，填写开工日期和估计工时，并分派维修工人检修。

第四条　班组在收到维修工人送回的报修单后，要核实耗用的材料和实用工时，并将报修单汇总后交工程部。

第五条　工程部在接到各班组交回的第三联报修单后，应和第二联核销，存入员工完工档案，作为每月评奖的依据。

第六条　维修工人在维修完工后，须经报修部门签字认可。

第七条　核销报修单时，如发现缺漏时，应追查原因。

第八条　一时完不成的项目，应通知使用部门预计完成的具体时间。

▲转让和报废设备管理制度

第一条　设备年久陈旧不适应工作需要或无再使用价值，使用部门申请报损、报废之前，工程部要进行技术鉴定和咨询。

第二条　工程部指派专人对设备损坏情况、影响工作情况、使用年限、残值情况、更换新设备的价值及货源情况等进行鉴定与评估，填意见书交使用部门。

第三条　使用部门将“报废、报损申请单”附工程部意见书一并上报，按程序审批。

第四条　申请批准后，交付采购部办理，新设备到位后，旧设备方可转让或报废。

第五条　报废报损旧设备由工程部负责按规定处理。

▲空调操作管理制度

第一条　上岗期间，全体空调工听从值班长的调度和工作指令，在领班的指导下完成任务，对动力设备领班负责。

第二条　了解设备的运行情况，根据外界天气变化及时进行调节，确保系统正常运行，并做好运行记录。

第三条　坚持巡检制度，每班都要定时对外界及各空调区域的温度、相对湿度进行监测。

第四条　巡查中发现异常现象及故障要及时排除，如一时处理不了的，要在做好补救措施的同时上报主管。

第五条　每班都要监视水温、水压、气压以及有无溢漏情况，如遇下雨或消防排水，要注意排水系统，以免水浸设备。

第六条　按中央空调及其设备运行周期，定期做好计划大修、中修或小修；每年中央空调使用期过后，要进行必要的检修；接到报修任务后，要立即赴现场进行处理，必要时连夜抢修。

第七条　值班人员必须掌握设备的技术状况，发现问题妥善处理，搞好中央空调系统和通风系统设备的日常保养和检修，并做好工作日记。

第八条　中央空调运行人员要勤巡查、勤调节，保持中央空调温度的稳定，并做好节能工作。

▲锅炉操作管理制度

第一条　司炉长和全体司炉工都要对动力设备领班负责，在领班的指导下完成任务。

第二条　严格执行我国关于压力容器的各项规定，确保锅炉安全运行。

第三条　每班都要坚持巡回检查制度，了解设备的运行情况，在准时抄表填写运行记录的同时，监视水位、气压、油压、火焰、排烟温度、蒸汽管道等，根据各系统的设计和运行要求，对有关设备进行调节，并详细做好记录。

第四条　按锅炉及其所属设备运行周期，做好年计划大、中、小修；每年锅炉年检后，要立即前往处理，必要时组织人力连夜抢修，不得延误。

第五条　每班至少冲洗水位计及排污一次，并严格控制除氧器水温，发现水温不符合要求时要立即采取措施，检查维修。

第六条　司炉人员要勤检查、勤调节，保持锅炉燃烧情况的稳定、煤渣含碳量不超过规定标准，并做好节能工作。

第七条　巡查中发现不正常现象及故障先兆、隐患，要及时处理，如当时处理不了的，要在做好补救措施后，向主管汇报并做好记录。

▲配电室操作管理制度

第一条　值班电工要树立高度的责任心，熟练掌握单位供电方式、状态、线路走向及所管辖设备的原理、技术性能和操作规程，并不断提高技术水平。

第二条　严格保持各开关状态和模拟盘相一致，不经领导批准，值班人员不得随意更改设备的运行方式。

第三条　密切监视设备运行情况，定时巡视电器设备，并准确抄录各项数据，填好各类报表，确保电力系统正常运行。

第四条　值班人员对来人来电报修，要及时登记并立即赴现场修理，工作结束后，做好工时和材料的统计工作，并要求使用方签字。

第五条　在气候突变的环境下，要加强对设备的特别巡逻，发生事故时，要保持冷静，按照操作规程及时排除故障，并按规则要求做好记录。

第六条　值班人员违反工作规则或因失职影响生产的正常进行或损坏设备，要追究当事人责任。

第七条　任何闲杂人等不得进入配电室，更不得在配电室逗留；参观配电室或在配电室执行检修安装工作，须得到工程部负责人的批准，并进行登记。

▲电梯维修制度

第一条　巡检制：工作人员在接班后按规定时间和路线对电梯进行一次检查，内容包括机房、各梯内选、外呼、楼层指示灯、电梯乘搭舒适感、厅门、轿厢门、轿厢照明、轿厢装修、风扇以及巡视记录表中的所有项目。

第二条　包干责任制：为了更有效地对电梯进行日常的维护保养，实行电梯的维护保养包干责任制，即将人员分成若干组，每组负责若干部电梯的日常维护保养，内容包括该电梯所属设施：整流器、控制屏、主机、轿厢及轿厢顶、导轨、厅门及门轨、井道及井道设施、井底等。

第三条　季度和年度安全检查制：除了日常对电梯进行巡检和实行包干责任制以外，还应进行季度和年度安全检查，按升降机试验记录逐项进行检查和试验，并做好试验的详细记录。

▲员工工资福利管理制度

第一条　工资标准。

（1）公司实行职务等级岗位工资制。共分为13个等级。

（2）管理人员以现任职务确定工资等级，员工以现岗位纳入相应工资等级。

（3）管理人员职务发生变动、员工工作岗位发生变动，自调令发布的下一个月，其工资也将随之相应调整。

（4）政府规定的各项政策性补贴，按规定发放，并计入工资总额。

第二条　工资的构成。

（1）个人总收入＝职务岗位基本工资＋生活津贴＋浮动效益工资。

（2）职务岗位等级基本工资：依据担任职务、岗位职责、技能高低，经过考核确定。

(3) 生活津贴：按国家有关规定执行。

(4) 浮动效益工资：随公司经营效益的高低上下浮动。原则上公司每年进行一次工资调整。

第三条　工资的确定。

(1) 技术工种，包括：工程师、工程技术人员、财务人员、司机、采购等，进行技术考核，合格者相应纳入13等级。

(2) 熟练工种，包括：直接工人、收款员、保安、电话员、门卫、外币兑换员等。其岗位工资按其岗位工作年限、工作业绩确定。试用期间定为13级，期满后定为12级，在本职工作满1年，工作表现优秀晋升为11级，工作满2年晋升为10级，满3年晋升为9级，9级为服务员最高级。

(3) 管理人员按照各岗位任职条件进行考核，经聘任后，确定相应岗位级别。

(4) 专业技术人员，如工程师、助理工程师、技术员、会计师、助理会计师、会计员、经济师、助理经济师、经济员、审计师等，根据其所具备的专业技术职称，任职条件、任职资格，经总经理聘任后，可确定相应岗位级别。

(5) 文职人员，如各部室文员、科室人员、接待、问询、公关、财务等，符合任职条件者，确定相应岗位级别。

第四条　职务岗位变动后工资级别的确定。

(1) 职务提升：凡被提升为领班以上各级管理人员，自提升之日，在其所在职位下一级基础上试用3个月，试用期满后，经考试合格，方可纳入相应职位等级。

(2) 岗位变动：凡在公司内部调动，自调动之日起均须经过3个月试用期，试用期满后，经考试合格者，若原等级低于本岗位者纳入本岗位等级。若原等级与现岗位等级相同者，其级别不变。若原岗位高于岗位等级，按现岗位等级执行。

第五条　新进员工等级的确定。

(1) 调入人员：有相同工作经历，调入公司后，经试用期满合格，可参照原工作时间和工作能力，纳入相应岗位等级。

(2) 各专业学校毕业生直接来本公司工作：所在岗位试用3个月后，根据其条件和本岗位要求，确定岗位等级。

(3) 职业高中毕业生、定向培训生：定向培训期间发生活补贴，经实习期满后，定12级，并依其所在岗位要求逐步晋升。

第六条　审批权限。

(1) 主管及以下的各级员工等级工资的确定，由所在部门根据编制和实际工作需要，进行考核，提出意见报人事培训部批准。

(2) 部门副经理及以上管理人员等级工资的确定，根据总经理任职命令，人事培训部负责执行。

(3) 以上人员变动，须有总经理签发的任命或经有关部门批准的“人事变动表”才能生效。

▲休闲旅行实施办法

第一条 目的。

为保持员工的身心健康，提高员工的福利待遇，增强员工的凝聚力，促进员工之间的相互协作、沟通和团结友爱，公司定期组织员工休闲旅行。

第二条 参加对象。

本公司员工及家属（限于配偶、父母和子女）。

第三条 时间。

每年7月15日至8月25日。

第四条 实施细则。

(1) 组织休闲旅行不得影响公司业务的顺利进行。

(2) 实行分期分批活动。每批指定一位负责人，负责组织与联络工作。

(3) 旅行时间为两天一夜，应当尽量利用公休日。

(4) 各批旅行队，应在出行前3日以内，将参加人数、姓名、年龄、旅行地、住宿地等事项报总务部门，并领取住宿费和交通费。

(5) 各队的旅行可自由组员，集体决定旅行事项等。

第五条 经费。

(1) 公司员工的交通费、住宿费和餐费由公司全额负担。

(2) 员工家属的费用由个人负担，公司可补助每人××元。

(3) 住宿过程中的杂费由公司统一支付。

第六条 报告与核算。

旅行结束之后，组织者应当向总务部门提出经费支出报告，由总务部门进行核算。

第七条 支付凭证。

组织者在提出经费支出报告时，必须附上各种支出凭证。

第八条 旅行须知。

(1) 住宿房间安排应由住宿地管理者负责。

(2) 注意个人行为，维护公司形象。

(3) 注意个人安全。

(4) 注意保管好个人物品。

▲休养所管理规定

第一条 为了规范本公司休养所的管理，特制定本规定。

第二条 休养所的运营管理由总务部门负责。

第三条 休养所的使用范围为：

（1）休闲旅行、周末或节假日休假的休息住所；

（2）夏季避暑；

（3）员工集体活动；

（4）员工休养与疗养；

（5）分部、驻外机构出差住宿；

（6）接待客户。

第四条 休养所的使用对象为：

（1）员工及家属；

（2）各部门招待的客户；

（3）分店、驻外机构出差者；

（4）总务部经理批准的其他人员。

第五条 休养所住宿定员为××人。

第六条 按使用人身份、住宿时间长短和房间标准，使用者须支付住宿费。收费标准另行规定。

第七条 休养所的住宿时间为当日下午5时至次日上午10时。

当日往返休息的使用时间为上午8时至下午8时。

第八条 至休养所的往返旅费由本人负担。

▲医务室管理规定

第一条 购入药品要严格履行验收、入库和登记制度。

第二条 要经常检查药品库存情况，尽量避免药物积压、过期、变质、失窃。

第三条 每月下旬要做好购药计划并经主管审批，原则上应统一到规定的医药商店、医药批发机构购买。

第四条 做好毒、麻药等被管制药物的管理，用药处方要长期保管，以备检查。

第五条 发放药物一律凭处方，严禁开“人情方”，配发药品要严格执行并做到“仔细查核”，防止配错药。

第六条 每月向部门主管汇报每月进药金额、病人（员工）用药金额，并填好报表，做到月清月结，便于医药费用开支的统计。

第七条　医务室每半年盘点一次，并将盘点结果向部门主管汇报。

第八条　药房（治疗室）、药柜要保持清洁整齐，及时更改字迹模糊的药品标签，各种药品应放在固定位置，非医务人员不得随意进入药房取药。

▲文化俱乐部规章

第一条　俱乐部成员为本公司员工，俱乐部名称为××文化俱乐部。

第二条　目的。

本俱乐部以提高员工的修养，强化员工之间的相互了解、增强企业凝聚力为目的。

第三条　组织。

（1）机构设置。本俱乐部下设“文化部”“运动部”“娱乐部”三个部。

①文化部设以下分部（会）：教育部、摄影部、音乐部、读书会。

②运动部设以下分部：乒乓球部、篮球部、足球部、排球部。

③娱乐部设以下分部（会）：围棋部、象棋部、舞蹈部、登山会、娱乐部。

（2）管理人员编制。本俱乐部设以下管理人员：会长1人，副会长1人，部（会）长3人，委员6人，部（会）会计3人。

（3）管理人员选任。委员由各部各推选2人（其中1人为会计）。部（会）长由各部（会）委员推荐，会计由部（会）长指名，会长和副会长由各部（会）长推荐决定。

（4）管理人员任期。

主管人员每届任期为1年，可以连任，但是连任期不得超过3届。

主管人员任期为每年4月1日至第二年3月底。改选期为每年4月中旬。

第四条　管理人员的职责。

（1）会长代表公司，统管俱乐部。

（2）副会长协助会长工作，会长不在时，代理会长职务；平时负责俱乐部财务工作，并监督其他部（会）的财务工作。

（3）部（会）长协助会长工作，统管本部（会）事务。

（4）委员负责各部的一般事务和会计事务，负责每月向部（会）长提出事务报告和会计报告。

（5）各部（会）会计负责处理各自的财务事项，并向副会长提交收支报告。

第五条　会议。

本俱乐部的会议有委员会议、部（会）长会议和全体会议；会议决议须2/3以上人员出席、半数以上人员赞成才能通过。赞成与否定人数相等时，由会长裁决。委员会议每月至少召开一次，其他会议必要时召开。

第六条　经费。

本会的经费来自会费、补助、捐赠和其他收入。会员会费为××元，直接从工资中扣除。

第七条　会务。

本俱乐部设干事会负责处理日常事务，干事会由俱乐部委员组成。干事会于每月×日和×日向全体会员提出会计报告。

第八条　制定与修改。

本规章的制定与修改，须由管理人员会议决定，交全体会员讨论决定。

▲工伤处理有关规定

第一条　确定工伤范围：员工由于下列情况之一，负伤、致残、死亡，应当确认为工伤：

（1）从事本单位日常生产、工作时或本单位负责人临时指定的工作的，在紧急情况下，虽未经本单位负责人指定但从事直接关系本单位重大利益的工作的。

（2）在生产工作环境中接触职业性有害因素造成职业病的。

（3）在生产、工作的时间和区域内，由于不安全因素造成的意外伤害的，或者由于工作紧张突发疾病，造成死亡或经第一次抢救治疗后全部丧失劳动能力的。

（4）因履行职责招致人身伤害的。

（5）在发生灾害或险情时，员工从事抢险救灾、救人等维护国家、社会和公众利益的活动的。

（6）因公外出期间，由于工作原因，遭受交通事故或其他意外事故，造成伤害、失踪的，或因突发疾病造成死亡或经第一次抢救治疗后全部丧失劳动能力的。

（7）经本单位负责人安排或同意，从事与从单位有关的科学试验、发明创造和技术改进工作的。

（8）因公、因战致残的军人复员转业到企业工作后旧伤复发的。

（9）在上下班的规定时间和必经路线上，发生无本人责任或非本人主要责任的道路交通机动车事故的。

（10）国家规定的其他情形。

第二条　员工因下列情形之一造成负伤、致残、死亡的不应定为工伤：

（1）违法或犯罪；

（2）自杀或自残；

（3）斗殴；

（4）酗酒；

（5）蓄意违章；

（6）劳动法律法规规定的其他情形。

第三条　员工在工作中因工伤身体受到损伤必须在 24 小时内向人事劳动部门汇报。

（1）轻伤者由部门组织调查，查清事故原因并确定事故责任，提出处理意见，经人事劳动部门确认，安全领导小组批准后方可按工伤处理。

（2）重伤事故由安全领导小组组织有关人员调查确认后，由人事劳动部门向当地劳动局安全部门送交工伤报告。

第四条　员工工伤就医，必须在医务室就诊，由医务室医生负责转院，或到指定医院就诊。工伤待遇按规定处理，医疗费用、药费、住院费、膳食费、就医经费均由单位负担。

第五条　工伤期间工资待遇按国家规定办理。

二、办公室后勤管理制度相关表格

▲宿舍物品借用卡

宿舍物品借用卡

使用日期：　　年　　月　　日　　　　　　　　　　借用人：

物品名称	借用数量	归还数量	物品名称	借用数量	归还数量
棉　被					
蚊　帐					
衣橱锁匙					
枕　头					

▲宿舍检查日报表

宿舍检查日报表

检查者________　　　　　　　　　　　　　　　　　　　____年____月____日

室号	室长	检查结果（项目）						
								备注

第十章　办公室福利管理制度

一、办公室福利管理制度范本

▲员工工资福利管理制度

1. 工资标准：

（1）公司实行职务等级岗位工资制。共分为13个等级。

（2）管理人员以现任职务确定工资等级，职工以现岗位纳入相应工资等级。

（3）管理人员职务发生变动、职工工作岗位发生变动，自调令发布的下一个月，其工资也将随之相应调整。

（4）政府规定的各项政策性补贴，按规定发放，并计入工资总额。

2. 工资构成：

（1）个人总收入=职务岗位基本工资+生活津贴+浮动效益工资。

（2）职务岗位等级基本工资：依据担任职务、岗位职责、技能高低，经过考核确定。

（3）生活津贴：按国家有关规定执行。

（4）浮动效益工资：随公司经营效益的高低上下浮动。原则上公司每年进行一次工资调整。

3. 工资确定：

（1）技术工种，包括：工程师、工程技术人员、财务人员、司机、采购等，进行技术考核，合格者相应纳入13等级。

（2）熟练工种，包括：直接工人、收款员、保安、电话员、门卫、外币兑换员等。其岗位工资按其岗位工作年限、工作业绩确定。试用期间定为13级，期满后定为12级，在本职工作满1年，工作表现优秀晋升为11级，工作满2年晋升为10级，满3年晋升为9级，9级为服务员最高级。

（3）管理人员（指领班以上人员）按照各岗位任职条件进行考核，经聘任后，确定相应岗位级别。

（4）专业技术人员，如工程师、助理工程师、技术员、会计师、助理会计师、会计员、经济师、助理经济师、经济员、审计师等，根据其所具备的专业技术职称、任职条件、任职资格，经总经理聘任后，可确定相应岗位级别。

（5）文职人员，如各部室文员、科室人员、接待、问询、公关、财务等，符合任职条件者，确定相应岗位级别。

4. 职务岗位变动后的工资级别确定：

（1）职务提升：凡被提升为领班以上各级管理人员，自提升之日，在其所在职位下一级基础上试用3个月，试用期满后，经考试合格，方可纳入相应职位等级。

（2）岗位变动：凡在公司内部调动，自调动之日起均须经过3个月试用期，试用期满后，经考试合格者，若原等级低于本岗位者纳入本岗位等级。若原等级与现岗位等级相同者，其级别不变。若原岗位高于岗位等级，按现岗位等级执行。

5. 新进员工等级的确定：

（1）调入人员：有相同工作经历，调入公司后，经试用期满合格，可参照原工作时间和工作能力，纳入相应岗位等级。

（2）各专业学校毕业生直接来本公司工作：所在岗位试用3个月后，根据其条件和本岗位要求，确定岗位等级。

（3）职业高中毕业生、定向培训生：定向培训期间发生活补贴，经实习期满后，定12级，并依其所在岗位要求逐步晋升。

6. 临时工工资：临时工工资，采取月工资制，每月以其实际出勤天数乘日工资额计发，其他方面福利和奖励，视经营情况定。

7. 审批权限：

（1）主管及以下的各级员工等级工资的确定，由所在部门根据编制和实际工作需要，进行考核，提出意见报人事培训部批准。

（2）部门副经理及以上管理人员等级工资的确定，根据总经理任职命令，人事培训部负责执行。

（3）以上人员变动，须有总经理签发的任命或经有关部门批准的“人事变动表”才能生效。

▲员工互助办法

1. 为发挥员工的团队及互助精神，安定生活，以提高工作效率，特制定本办法。

2. 为配合本办法的推行而成立员工互助委员会（以下简称本会），办理有关款项的保管、核发、生息、运用等事宜。

3. 本公司员工除临时工人员外，应一律参加本会。其互助权益自缴纳互助费的月份起生效，自奉准离职之日起失效。

4. 本会除设置当然委员6人，由公司厂部一级主管及总务（或人事）、会计主管担任外，另设置委员3~6人，由全体员工推选，并由委员互选主任委员一人，负责总理本会一切业务。

前项委员中除当然委员外，任期皆为1年，连选得连任。

5. 本会设总务干事、会计各一人，承办本会事务。

6. 本会每月定期召开二次会议，如遇紧要事项可随时召开临时会议。如无重大事项时，可以传阅方式进行。

7. 参加本会的员工，每月应缴纳互助费及互助基金。互助费由本人负担，互助基金由公司按薪资（本薪）的1%金额补助，皆于发放薪金时扣缴。所缴的互助基金及互助费系互助捐款性质，概不退还。

8. 停薪留职人员在停薪留职期间所发生的互助事项，不适用于本办法，但因工伤假或特别病假逾期而停薪留职者不在此限。

9. 本会经办的互助事项应每月公布一次。本会收支应每年结算一次，于翌年1月公布。

10. 员工申请互助事项时，以“互助事项给付申请表”申请。

11. 员工应缴互助费及互助事项给付标准（略）。

12. 本办法经呈准后公布实施，修改时亦同。

▲员工家属生活补助费支给办法

一、为安定员工生活，提高工作效率，特制定本办法。

二、本公司已婚男性员工发给配偶生活补助费每个月100元整，但配偶在本公司服务则不予发给。

三、本公司男性员工的子女未满20岁者检具足资证明的户籍誊本请领眷属生活补助每个月100元整。但子女虽未满20岁，而已应业或有工作者，不准请领。

四、家属生活补助费在每月发放薪津时一次发给。

五、本办法如有未尽事宜得随时修改。

六、本办法经董事会通过后公布实施，修改时亦同。

▲劳动保护制度

第一章 总 则

第一条 劳动保险旨在保证职工因伤、残、病等后的生活以及职工家属的部分待遇。

第二条　劳动保险牵扯每个职工的利益，有关问题由劳动部门与工会共同协商。

第二章　医疗保险

第三条　享受对象为本企业全体职工及直系亲属。

第四条　（手续）必须在本企业办有职工及家属劳动保险证。

第五条　（支付金额）凡属本企业职工医药费均全部由企业负担，职工的直系亲属企业只负担医药费的××%。

第三章　职工退休

第六条　（对象）本企业在册正式职工。

第七条　（条件）凡符合下列条件者均应由个人提出申请，视提出者的理由由企业命令退休。

1. 年龄：男年满××岁，女年满××岁。
2. 因伤病致残丧失劳动能力者。
3. 患有不可治愈的疾病，丧失正常思维者。

第八条　（退休金发放标准）在职职工退休金的发放按下表所列：

工　龄	××××年以下	××××年～××××年	××××年～××××年	…	××××年以上
按工资计退休金	××%	××%	××%	…	100%

第九条　（退休手续）凡退休人员需填写“退休申请表”交劳动部门，命令退休人员由劳动部门填报并记入人事档案，办理各种手续。

第十条　退休金的领取可由职工本人或委托人按月到企业财务部门领取，或由企业转交社会服务机构按月发至本人。

第四章　职工退职

第十一条　（适用范围）本企业全体在册正式职工。

第十二条　退职金的计算按退职人员最后×个月的工资额为计算基数。

第十三条　退职金额按照工资基数乘以工作年限系数得之（见附表）。

附表一

工作年限	1～2年	3～5年	5～10年	10～15年	…
工龄系数	2	3	6	10	…

附表二

工作年限	1～4年	5年	6年	7年	…
工龄系数	0	1	1.4	1.8	…

第十四条　退职金支付条件：

1. 属于下列情况者按附表一计算退职金：

（1）非因公病伤不能工作，自动申请退职者；

（2）因公病伤不能工作，自动申请退职者，但享受比上条高一档；

（3）死亡；

（4）因智能丧失，身残体病不能工作由企业解雇者。

2. 属于下列情况者按附表二计算退职金：

（1）在本企业工作××××年以上自动辞职者；

（2）在本企业工作连续××××年以上自动辞职者。

3. 因违法乱纪被企业开除者不给予退职金。

第十五条　支付时间及形式。退职人员办妥退职手续后，即付给一次性退职金，如果退职金金额太大无法一次付清者可以分期付清。

第五章　工伤保险

第十六条　（适用范围）凡是企业在册正式职工因工作造成伤残者。

第十七条　（定义）属于下列情况者视为因公受伤：

1. 在企业工作地工作因外部原因受伤者；

2. 在上班途中因外部原因受伤者。

第十八条　（待遇）因公受伤者享受下列保险：

1. 养伤期间除奖金外一切报酬照发；

2. 治疗、养伤期间所花费的医疗费用由企业负担；

3. 养伤期间工龄照常连续计算。

第六章　劳保基金的管理

第十九条　基金的管理使用由劳动部门掌握，具体支付由劳动部门与工会共同协商。

第二十条　凡享受劳保待遇者，病、伤、残要有医生诊断书，退、离职要有劳动部门调动凭证。

第七章　附　则（略）

▲员工劳保医疗保健制度若干规定

一、劳保医疗保健对象

1. 凡由公司正式聘用的合同工、临时工（计划内用工）、离退休员工都可享受公司劳保医疗保健。

2. 凡是公司正式员工（合同工）供养的直系亲属（按国家劳保规定并由公司工会核准并存档登记）。

二、医疗劳保实施办法

取消现行的公费医疗办法，按照不同的工龄、年龄，把医疗费发给员工本人，实行看病取药个人负担，同时慢性病按病种控制医疗费用。

1. 35 年工龄以上或年龄男 55 岁，女 50 岁以上者，每月发给 300 元。

2. 25～35 年工龄或年龄男 45～55 岁者，女 40～50 岁者，每月发给 200 元。

3. 15～25 年工龄或年龄男 30～40 岁者，每月发给 150 元。

4. 工龄 5 年以上者，年龄 25～30 岁者，每月发给 100 元。

5. 工龄未满 5 年者，年龄 25 岁以下者，每月发给 80 元。

6. 计划生育方面按国家规定报销医药费，不作为本人医药费包干之内。

7. 员工供养的直系亲属医药费不实行包干。实行按劳保规定：员工供养的每位直系亲属，其看病门诊费可报销手术费、普通药费、输血费的 50%，但其 50% 部分不能超过员工本人当月包干的医药费。员工供养的直系亲属，经医院确诊，确需住院的，其住院期间医药费按劳保规定报销 50%。

8. 长期患有慢性病者，经医院证明，经工会确认后当月医疗费可实报实销。员工因突发性疾病住院，或慢性病住院，凭医院证明，经部门领导和工会主席批准，给予实销实报。上述两项如本年度累计医药费超过本人包干医药费时，应扣回当年包干医药费。

9. 员工因公负伤，凭医院证明并经部门领导和工会主席批准，医药费用给予实销实报，不作为该员工医药费包干之内。

10. 员工患病住院标准如下：

（1）享受政府副处级以上待遇人员或住单人病房；

（2）其他人员一律报销普通病房的开支标准；

（3）员工患病住院需经批准方可使用价格昂贵的药品。

11. 员工因患病需到外地住院治疗，需办理以下手续：

（1）市属人民医院出具的转院治疗证明；

（2）本公司医疗室主治医生批准；

（3）本部门领导及工会主席批准。

12. 特殊情况的检查、治疗需经公司领导批准方可报销。

三、附则

1. 由人事部提供员工基本情况，行政部制定员工医疗证，证上附有本人近照，列明出生年月，参加工作年月、职务职称。员工凭此证才可到公司医疗室就诊。

2. 医疗室人员工资、设备器材等所有费用均由公司负责，但药物实行独立核算，医疗室按医药成本收回医药费。

3. 分公司财务人员负责本分公司下属员工劳保医疗费的发放及报销工作；机关各部由部门经理负责审核本部员工医药费报销，由部门指定一人作辅助账记录按月向财务结算。

4. 严禁弄虚作假、冒名顶替，违反者按不同情节罚款 10 倍至 50 倍，甚至给予行政处分。

5. 医药费包干一年结算，每年 6 月份由财务部门和行政部医疗室共同审核发放包干医疗费。

四、本规定从××月××日起实施执行。

▲女职工和未成年工特殊保护制度

一、公司对女职工和未成年工实行特殊劳动保护。

未成年工是指年满 16 周岁未满 18 周岁的劳动者。

二、禁止安排女职工从事矿山井下、国家规定的第四级体力劳动强度的劳动和其他禁忌从事的劳动。

三、不得安排女职工在经期从事高处、低温、冷水作业和国家规定的第三级体力劳动强度的劳动。

四、不得安排女职工在怀孕期间从事国家规定的第三级体力劳动强度的劳动和孕期禁忌从事的劳动，对怀孕 7 个月以上的女职工，不得安排其延长工作时间和夜班劳动。

五、女职工生育享受不少于 90 天的产假。

六、不得安排女职工在哺乳未满一周岁内的婴儿期间从事国家规定的第三级体力劳动强度的劳动和哺乳期禁忌从事的其他劳动，不得安排其延长工作时间和夜班劳动。

女职工产假如遇实际困难，由本人申请，经分局、公司领导批准（机关女职工经处室领导批准），可请哺乳假至婴儿一周岁。此期间工资按本人标准工资 75% 发给，并据此比例计发房补；物粮补贴、书报费、洗理费；浮动工资、积累奖、级差奖、考核奖及一切生产性奖金一律停发。在调整工资、升级时，这段时间可参照出勤处理。临时工不享受以上待遇。

七、不得安排未成年工从事矿山井下、有毒有害、国家规定的第四级体力劳动强度的劳动和其他禁忌从事的劳动。

八、公司对未成年工定期进行健康检查。

▲劳工保险制度

一、人员于报到日时，由人事单位登记办理投保，生效日以到职日为准。

二、人员于退职日当天，人事单位应即办理退保。

三、投保薪资因调整薪资或其他因素而变动时，应由人事单位填报“投保薪资调整单”。

四、人事单位应保管劳保局每月寄来的劳保门诊单，当员工有需要时，可持私章索取。

五、员工劳保个人资料应立册登录备查。

六、人事单位应每月统计列册个人负担保费，转会计单位从薪资内扣缴。

▲从业人员保险制度

一、本公司从业人员，应一律参加劳动保险。

二、参加劳动保险，应于新进同时，亲自填写保险表一式二份，交人事部代办参保手续。应纳保费，由公司补助 80%，自行负担 20%。自行负担部分，由发薪部门，按月在应领之薪水内代为扣缴。

三、参加劳动保险后，其应享之各项权利及应得之各种给付，应由本公司人事部门代向保险公司洽办。保险人除依法应享之给付外，不得再向本公司要求额外之赔偿或补助。

▲员工健康检查办法

一、为促进员工健康，加强预防疾病起见，特定本办法。

二、本公司员工健康检查，以每年举办一次为原则，有关检查事项由人事部办理。

三、X 光摄影由人事部与防疾中心接洽时间，请派巡回车至公司或工厂办理。经防病中心通知必须进一步检查者，应前往指定医院摄大张 X 光片，以助判断疾病。

四、一般检查由人事部负责与市立医院接洽时间，分别至该医院接受检查。

五、有关费用概由各部门负担。

六、经检查结果有疾病者，应早期治疗，如有严重病况时，由公司令其停止继续工作，返家休养或往劳保指定医院治疗。

七、人事部每届年终，应依检查表做成疾病名称、人数及治疗情形等统计，以作为有效措施及卫生改善的参考。

八、本办法经呈准后施行，修正时亦同。

▲员工医疗补贴规定

一、为保障员工的身体健康，促使医疗保健落到实处，特制定本规定。

二、凡在本公司就业的正式聘用员工每人每月补贴医药费 40 元；员工子女补贴一个，即每月 40 元；员工父母实行半费补贴一个，即每月 20 元。

三、凡在本公司就业的试用人员及临时工每人每月补贴 30 元。

四、正式聘用员工因病住院，其住院的医疗费凭区以上医院出具的住院病历及收费收据，经公司有关领导批准方可报销。报销时应扣除当年应发医药补贴费，超支部分予以报销，批准权限如下。

1. 收据金额在 5000 元以内由财务经理审核，主管、副总经理批准。

2. 收据金额在 5000 元至 20000 元的由财务经理审核，总经理批准。

3. 收据金额在 20000 元以上，由主管、副总经理审核，总经理批准。

五、试用人员、临时工因病住院，其住院的医疗费用按第四条报销办法，扣除当年医药补贴后，超支部分按 60% 报销。

六、员工因公负伤住院治疗，其报销办法同第四条。

七、员工父母因病住院，可向公司申请补助，由财务经理核定，总经理批准后，在职工福利或工会互助金中实行一次性补贴。

八、由公司安排的，员工每年例行身体健康检查，其费用由公司报销。

九、医疗费补贴由劳资部每月造册，通知财务部发放。

▲医务室管理规定

第一条　购入药品要严格履行验收、入库和登记制度。

第二条　要经常检查药品库存情况，尽量避免药物积压、过期、变坏、失窃。

第三条　每月下旬要做好购药计划，并经主管审批，原则上应统一到规定的医药商店购买。

第四条　做好毒、麻药等被管制药物的管理，用药处方要长期保管，以备检查。

第五条　发放药物一律凭处方，严禁开“人情方”，配发药品要严格执行并做到“三查三核”，防止配错药。

第六条　每月向部门主管汇报每月进药金额、病人（员工）用药金额和宾客用药金额，并填好报表，做到月清月结，便于医药费用开支的统计。

第七条　医务室每半年至一年盘点一次，主要药品应有固定位置，并将盘点结果向部门主管汇报。

第八条　药房（治疗室）、药柜要保持清洁整齐，及时更改字迹模糊的药品标签，各种药品应放在固定位置，非医务人员不得随意进入药房取药。

▲门诊医药费补助办法

一、本公司为加强员工福利，安定生活，提高工作效率，特制定本办法。

二、本公司正式雇用的员工，其配偶或直系一等血亲可适用本办法。

三、员工及其家属自员工离职日及留职停薪日起即丧失此补助权益。

四、凡本公司员工本人、其配偶或直系一等血亲患伤病住医院接受门诊时，由福利委员会补助其医药费50%。每户补助金额按员工本人及其配偶与直系一等血亲人数每人每年以补助200元计算（例如，员工某甲，包括其配偶及直系一等血亲在内，共5口，由某甲全年补助额以1000元为限）。

五、本公司员工，其配偶或直系一等血亲门诊时，由员工本人先行垫付医药费同时填具医院门诊医药费证明单（公司印备）请医院盖章，然后提出该证明单向福利委员会申请医药补助费。如医师开处方至药房购药者，添附处方及药房收据申请补助费。

六、员工本人及家属经由劳工保险费负担医药费者，不予补助，但超过劳保标准，自付医药费部分有医院收据或证明者，不在此限。

七、员工本人或其家属因美容外科、义肢、义齿、义眼、眼镜、接生及其他附带治疗、输血、证件费均不得申请补助。但因紧急伤病，经医院诊断必须输血者，不在此限。

八、本办法核准后施行，修改时亦同。

▲员工医疗费报销办法

1. 员工看病先到医务室就诊。需要到合同医院或其他医院就诊的，须经医务室同意并开具转诊单，未经医务室同意去非合同医院就诊，医药费不予报销。

2. 签报医疗费，必须备齐转诊单、合同医院医疗手册、处方、底方及报销单据。

3. 因急病未在合同医院就诊，必须凭急诊证明，且医疗手册及处方用药与急诊病情必须相符，否则不予报销。

4. 职工医药费报销办法实行随工龄增加、报销比例递增和医疗费累计数额超标报销比例递减的原则。

（1）工龄（按劳动局计算普通工龄的口径计算）：

5 年以下报销 65%；5 ~ 10 年报销 75%；10 ~ 20 年报销 85%；20 年以上报销 95%。

（2）单位正式员工的家属医药费报销办法如下：

凡持独生子女证的职工，原则上由双方单位各报销 50%，报销的项目只限于药费、手术费、输血费。

报销金额超过一定数额之后，报销比例递减，即本年度在单位实际报销金额 500 元以上 1000 元以内报销 45%；实际报销金额在 1000 元以上 2000 元以下报销 40%；实际报销金额在 2000 元以上 1 万元以下报销 30%；超过 1 万元以上者报销 20%。

▲员工工伤补助费支给办法

一、本公司为安定员工生活，使其认真工作，免除后顾之忧，特制定本办法。

二、工伤补助费的支给：

1. 医疗给付。

2. 残废给付。

三、医疗给付：

员工因公受伤急需医疗者，得发给医疗补助费。

四、已参加劳工保险的员工，因公受伤者可凭据由公司补助下列医疗费用：

1. 于送往劳保局指定医院前，因情况危急先送往就近医院治疗者，其所付费用。

2. 急救所做紧急处理，如输血或特效针药等费用。

3. 主治医师认为必需的针药，而劳保不能给付者。

五、因受劳工保险条例规定的限制不能参加劳保的员工，其医疗费用的支给比照劳保规定由公司发给。

六、残废给付：

员工因公受伤经医疗后，诊断为残废者，依照本公司退休办法的规定支领退休金。

七、临时及试用人员不适用本办法，但得视实际情况酌予补助。

八、工伤补助费的发给应检附医院证明及收据申请核付（申请书由人事部制发）。

九、本办法经董事会通过后公布实施，修改时亦同。

▲职员因工伤害补偿规定

第一章　总　则

第一条　目的

本规定旨在明确职员在执行业务过程中受到伤害时，公司予以补偿的具体办法。

第二条　补偿范围

补偿的对象限于在执行业务过程中因故受到伤害的职员及其家属。

受伤害职员因同一原因接受其他伤害补偿时，公司仅向其支付相当于余额的补偿。

第三条　例外

因本人故意或重大过失造成伤害时，由有关部门认定后，不给予伤害补偿，或给予部分补偿。

第二章　补　偿

第四条　补偿种类

1．疗养补偿；

2．休养补偿及休养薪金；

3．长期伤病补偿及长期伤病薪金；

4．后处理薪金；

5．伤残补偿及伤残薪金；

6．家属补偿及家庭补助；

7．殡葬费；

8. 退职薪金。

第五条　疗养补偿

指因公受伤或患病时，公司向其支付的必要的疗养费。

疗养费直接付给职员医疗的定点医院。

在治疗过程中，所需的转院交通费由公司负担。如需家属陪同时，由公司支付一定的补偿。

第六条　休养补偿及休养薪金

为辅助治疗，需休养时，公司除给予休养补偿外，附加休养薪金。

休养薪金仅限于休养期，其数量为平均额的40%。

第七条　长期伤病补偿及长期伤病薪金

如受伤害者经疗养三年后尚未治愈，除给予长期伤病补偿外，附加长期伤病薪金。

长期伤病工资为平均工资的40%。

第八条　后处理薪金

受伤害者经治疗后，如需要医疗后处理（如外科手术后处理、安装假肢、假眼等)，应向其支付后处理薪金。

后处理薪金为平均额的60%。

第九条　伤残补偿及伤残薪金

因伤害造成身体残疾时，除给予伤残补偿外，附加伤残薪金（伤残薪金按伤残程度分级支付)。

第十条　家属补偿及家庭补助

职员因伤害死亡时，除对其家属予以家属补偿外，给予家庭生活补助。

以上两项补偿规定，应一次性支付。

第十一条　殡葬费

职员因伤害死亡时，公司按有关规定负担殡葬费。

第十二条　退职薪金

受伤害职员如退职时，公司向其支付退职薪金。

退职薪金的支付标准为：本人退职前薪金支付天数。支付天数按本人实际年龄分段（17岁以下为600天；18～22岁为588～540天；23～26岁为528～492天；27～30岁为480～444天；31岁以上为432天)。

第三章　申请手续及支付方法

第十三条　申请手续

受伤害后，职员应迅速将医师证明材料和申请表报请上级主管，提交总务部门。

第十四条 支付方法

非薪金性补偿，直接支付给本人或其家属。

薪金性补偿分月随薪金支付，必要时也可临时支付。但伤残薪金、家庭补助和退职薪金可在申请后立即支付。

第四章 附 则

第十五条 对临时工的伤害补偿也按本规定办理。

▲职工因公交通伤害赔偿规定

第一条 本规定旨在消除职员上下班途中因交通问题而带来的不安全感，提高本公司职员的福利保障水平。

第二条 职员在上下班途中因交通事故及其他事由造成伤害时，可按本规定获赔偿。但是，公司管理人员、顾问、临时雇用者不在此列。

第三条 本公司与××保险公司签订保险合同，由保险公司负责具体的赔偿支付事务。

第四条 本规定的支付范围限定在下列情况，但伤害发生150日以后出现的伤害与死亡不在此列。

1. 死亡 ×万元（100%）。
2. 终身残疾 ×万元（80%）。
3. 两眼失明 ×万元（60%）。
4. 失去上肢或下肢 ×万元（60%）。
5. 两耳失去听力 ×万元（60%）。
6. 一眼失明 ×千元（20%）。
7. 失去鼻子 ×千元（20%）。
8. 失去一手拇指 ×千元（14%）。
9. 一耳失聪 ×千元（14%）。
10. 失去一只耳朵 ×千元（8%）。
11. 失去一个手指 ×千元（6.8%）。
12. 失去一个脚趾 ×千元（6.8%）。

第五条 第四条以外的伤害，参照上条赔偿标准决定。同一事故造成两项以上伤害时，最高赔偿额为×万元。

第六条 如直接伤害影响已有伤害或疾病，应给予相应的追加赔偿。

▲职工医疗期规定

一、为了保障企业职工在患病或非因工负伤期间的合法权益，根据《中华人民共和国劳动法》第二十六、第二十九条规定，制定本规定。

二、医疗期是指企业职工因患病或非因公负伤停止工作治病休息不得解除劳动合同的时限。

三、企业职工因患病或非因工负伤，需要停止工作医疗时，根据本人实际参加工作年限和在本单位工作年限，给予3个月到24个月的医疗期。

实际工作年限10年以上的，在本单位工作年限5年以下的为6个月；5年以上10年以下的为9个月；10年以上15年以下的为12个月；15年以上20年以下的为18个月；20年以上的为24个月。

四、医疗期3个月的按6个月内累计病休时间计算；6个月的按12个月内累计病休时间计算；9个月的按15个月内累计病休时间计算；12个月的按18个月内累计病休时间计算；18个月的按24个月内累计病休时间计算；24个月的按30个月内累计病休时间计算。

五、企业职工在医疗期内，其病假工资、医疗救济费和医疗待遇按有关规定执行。

六、企业职工非因公负伤致伤和经医生或医疗机构认定患有难以治疗的疾病，在医疗期内医疗终结，不能从事原工作，也不能从事用人单位另行安排的工作的，应当由劳动鉴定委员会参照工伤与职业病致残程度鉴定标准进行劳动能力的鉴定。被鉴定为一至四级的，应当退出劳动岗位，终止劳动关系，办理退休、退职手续，享受退休、退职待遇；被鉴定为五至十级的，医疗期内不得解除劳动合同。

七、企业职工非因公致残和经医生或医疗机构认定患有难以治疗的疾病，医疗期满，应当由劳动鉴定委员会参照工伤与职业病致残程度鉴定标准进行劳动能力的鉴定。被鉴定为一至四级的，应当退出劳动岗位，解除劳动关系，并办理退休、退职手续，享受退休、退职待遇。

八、医疗期满尚未痊愈者，被解除劳动合同的经济补偿问题按照有关规定执行。

九、本规定自××××年××月××日起实行。

▲职员抚恤办法

第一条　为切实照顾死伤（尤其是因公死伤）职员本人及其家属的利益，制定本办法。

第二条 本公司正式职员均平等享有本办法所规定的权利。

第三条 抚恤分为如下五类。

1. 公务抚恤

因执行公务而致伤、一时不能工作者，一年内除由本公司或劳保局负担医药费外，治疗期间按月给予全数本薪。

2. 死亡抚恤

因执行公务而致死亡（包括因职业病死亡），凡工作未满5年者，按最后月份标准工资一次性发给18个月的抚恤金。5年以上者，每年增发一个月。但最低不得少于8000元，最高不得超过35000元。

3. 特别抚恤

因下列原因之一而致伤或死亡者，除照上述规定执行外，经福利委员会和总经理审批可给予特别抚恤，抚恤金仍可以照前述正常标准：

（1）临危不惧奋勇救护职员或公物者；

（2）忠于职守、勇斗抢劫、破坏歹徒者；

（3）在危险环境下工作者。

4. 在职死亡抚恤

在职死亡指非因执行公务的死亡。凡工作未满一年者，按照其最后月份标准工资一次发给6个月的抚恤金，一年以上者，每年增加一个月。抚恤金最高不得高于10000元。

5. 停薪留职期间死亡抚恤

职员于停薪留职期内死亡，按“因公死亡抚恤”条件办理，此外按“在职死亡抚恤”条件办理。

第四条 职员死亡除上述抚恤外，另发丧葬费每人800元，因公死亡者每人15000元。

第五条 死者遗属持有效身份证明，按以下顺序领受抚恤金、丧葬费（遗嘱另有指定者除外）：

1. 配偶；
2. 子女；
3. 父母；
4. 孙（外孙）子女；
5. 同胞兄弟姊妹。

第六条 领受抚恤金、丧葬费的遗属，同一顺序内有数人者，应平均承领，如有放弃权利者，应出具书面说明。

第七条 申请抚恤金应于职员死亡一年内由权利人填具抚恤金申请表和申请抚恤保证书，并持死亡证明书向本公司提出申请。遇有不可抗拒原因时，上述期限可予以延长。公司人事、会计部门负责审核各项凭证，并呈总经理核批。

第八条　死亡职员如无遗属，由其所属部门代领抚恤金、丧葬费并派员代为殡葬。如果死亡职员遗属居住甚远不能亲临殡葬，征得其同意后，可比照前项规定代为殡葬。其应领抚恤金等应待其合法领受人到达后，按照规定手续办理，并扣除殡葬费用。

第九条　合同工、临时工等，因执行职务而致伤一时不能工作者，除由本公司或劳保局负担医药费外，治疗期间按月给予全数薪金，但以一年为限。因执行职务而致死亡者，可按最后月份标准薪金一次性发给 18 个月的抚恤金，但最低不得少于 5000 元，最高不得超过 12000 元。

第十条　本办法所称因执行公务而致伤害或死亡的认定均以劳动部、卫生部之规定为依据。

第十一条　本办法由公司福利委员会负责草拟，职工代表大会讨论通过后实施，修改程序亦同。

▲员工抚恤细则

一、本公司员工凡不能参加劳工保险或人寿保险者，遇有伤病亡故其抚恤办法，悉依本细则。

二、本细则除长期受雇在本公司的从业人员外，其他的临时、特约顾问、特聘等人员均不适用。

三、凡因执行职务而致工伤，一时不能工作者，在其医疗期间、按月发给全部薪金但以 24 个月为限。

四、在职死亡，按下列规定，给予一次性抚恤金：

1. 服务未满 1 年者，给予 1 万元。
2. 服务 1 年以上未满 2 年者，给予 2 万元。
3. 服务 2 年以上未满 3 年者，给予 3 万元。
4. 服务 3 年以上未满 4 年者，给予 4 万元。
5. 服务 4 年以上未满 10 年者，给予 5 万元。
6. 服务 10 年以上者，给予 6 万元。

五、凡因下列情形之一，而致因伤死亡者，除照第 4 条办理外，得由直属主管，叙明事实，呈报总经理核定，另行酌给特别抚恤金，但以 5 个月薪金为限。

1. 明知危险而奋勇抢救员工或公物者。
2. 不顾个人生命危险尽忠职守抵抗强暴者。
3. 于危险地点或危险时期工作尽忠职守者。

六、因逾病假期限而受停薪留职期间内病故者，得按在职死亡申请，但以在停薪留职后6个月内为限。

七、遗属请领抚恤时，应检具死亡证明书及户籍誊本各一份、继承人以分配顺序表及同意书件等随同申请表送交人事单位。

八、抚恤申请表应由人事、会计两单位审查签证后呈奉核准后发给。

九、受领抚恤金的遗属，须备有证明文件，受领抚恤金的顺序如下。

1. 配偶。

2. 直系血统的子女。

3. 父母。

4. 兄弟姊妹。

5. 祖父母。

6. 孙子女。

十、死亡者如无遗属或遗属居住远方，不能赶到，无法亲临埋葬时，由公司指定人员代为埋葬，其费用在应给的抚恤金内支用。

十一、申请抚恤金应在死亡后3个月内申请，但遇有人力不可抗拒的事故时，得准予延长。

十二、本细则呈奉董事会核定后施行，修正时亦同。

▲旅差意外保险规定

一、本公司国际部为海外地区工作人员投保的意外保险，对于到职员工提出"Designationof Beneficiary Card"经报备后即予加保，离职人员则须退保。保险费由总公司负担。

二、保险期间：凡公司工作人员为公司事务旅行时才被保险。所谓商业旅行，是指一个工作人员代表公司离开办公地点、家庭或其他地方开始算起，直到他回家或办公地点为止的一段期间而言。

三、保险内容：被保险人因意外身体伤害而致死亡、失肢、失明或永远残废时可得到赔偿。

四、保险给付金额：最高为年薪的5倍，最高每人15万元或每团体300万元。

五、不包括事项：经常工作地点与住家间的往返、休假或请假旅行均不予保险，但"回国休假"时家庭所在地与派驻所在地间的旅行则包括在内。搭乘公司所有、公司租用或专为公司利益飞行的飞机均不予保险。

六、给付时间：在当地无相当的赔偿时，由总公司决定后，经国际人事部门授权当地公司给付。但人事部将先要求提供受伤状况的书面报告（如系死亡，包括死亡证明）以及确因公务旅行而受到伤害的证明。

▲文化俱乐部规章

第一条 俱乐部成员为本公司员工，名称为××文化俱乐部。

第二条 目的

本俱乐部以提高员工的修养，强化员工之间的相互了解和亲善为目的。

第三条 组织

1. 机构设置

本俱乐部下设“文化部”“运动部”“娱乐部”三个部。

（1）文化部设以下分部（会）：

教育部、摄影部、音乐部、读书会。

（2）运动部设以下分部：

乒乓球部、篮球部、足球部、排球部。

（3）娱乐部设以下分部（会）：

围棋部、象棋部、舞蹈部、登山会、娱乐部。

2. 管理人员编制

本俱乐部设以下管理人员：

会长1人，副会长1人，部（会）长3人，委员6人，部（会）会计3人。

3. 管理人员选任

委员由各部各推选2人（其中1人为会计）。

部（会）长由各部（会）委员推荐，会计由部（会）长指名，会长和副会长由各部（会）长推荐决定。

4. 管理人员任期

主管人员每届任期为1年，可以连任，但是连任期不得超过3届。

主管人员任期为每月4月1日至第二年3月底。改选期为每年4月中旬。

第四条 会议

本俱乐部的会议有委员会议、部（会）长会议和全体会议；会议决议须2/3以上人员出席、半数以上人员赞成才能通过。赞成与否定人数相等时，由会长裁决。委员会议每月至少召开一次，其他会议必要时召开。

第五条 经费

本会的经费来自会费、补助、捐赠和其他收入。会员会费每月为××元，每月直接从工资中扣除。

第六条 会务

本俱乐部设干事会负责处理日常事务，干事会由俱乐部委员组成。干事会于每年××月和××月向全体会员提出会计报告。

第七条　制定与修改

本规章的制定与修改，须由管理人员会议作决议，交全体会员讨论决定。

▲读书研究会规章

第一条　目的

为扩大本公司全体员工的视野，提高其文化知识修养，特在本公司设立读书研究会。

第二条　入会与退会

凡本公司员工有读书爱好，且努力提高自身文化知识修养者均可申请入会；退会须经会长批准。

第三条　组织

本会在公司各部门设下属组织，或设分会。有关活动以下属组织或分会为主。

第四条　委员

各下属单位由会员推选委员 1 人。委员的任期为 1 年，但可以连任。

第五条　委员的职责

委员主要负责处理下列事项：

1. 图书室图书的保管与整理；
2. 会费的收支和保管；
3. 有关读书活动的企划。

第六条　会费

会费的标准为：

1. 月收入为××元以上的员工，交××元；
2. 其他员工均交纳××元。

第七条　补贴

公司为保证读书会的顺利运作，每年给读书会会员人均支付××元。

第八条　图书购入

图书原则上由各分会决定购入种类，并在购入预算范围内自行购入。

第九条　图书保管

各分会购入的图书，由图书室负责保管与管理。

第十条　图书借出

图书室的图书借阅对象只限于本会会员。

第十一条　赔偿

图书丢失或出现严重损坏时，当事人必须以原价赔偿。

第十二条　研讨会

分会必须每年召开一次以上的研讨会，评价读书会运作情况，分析存在的问题，提出合理化建议。研讨会的企划与组织由各委员负责。

第十三条　图书所有权

购入的图书所有权归各所属分会。

第十四条　解散

当某一分会解散时，其图书应移交给其他分会。读书会全部解散时，全部图书捐献给公司。

第十五条　修改

本规章在半数以上委员同意时，方可重新修订。

▲休闲旅行实施办法

第一条　目的

为保持员工的身心健康，提高员工的福利待遇，增强员工的凝聚力，促进员工之间的相互协作、沟通，公司定期组织员工休闲旅行。

第二条　参加对象

本公司员工及家属（限于配偶、父母和子女）。

第三条　时间

每年 7 月 15 日至 8 月 25 日。

第四条　实施细则

1. 组织休闲旅行不得影响公司业务的顺利进行。

2. 实行分期分批活动。每批指定一负责人，负责组织与联络工作。

3. 旅行时间为两天一夜，应当尽量利用公休日。

4. 各批旅行队，应在出行前 3 日以内，将参加人数、姓名、年龄、旅行地、住宿地等事项报总务部门，并领取住宿费和交通费。

5. 各队的旅行可自由组员，集体确定旅行事项等。

第五条　经费

1. 公司员工的交通费、住宿费和餐费由公司全额负担。

2. 员工家属的费用由个人负担，公司可补助每人 × ×元。

3. 住宿过程中的杂费由公司统一支付。

第六条　报告与核算

旅行结束后，组织者应向总务部门提出经费支出报告，由总务部门进行核算。

第七条　支付凭证

组织者在提出经费支出报告时，必须附上各种支出凭证。

第八条　旅行须知

1. 住宿房间安排应由住宿地管理者负责。

2. 注意个人行为，维护公司形象。

3. 注意个人安全。

4. 注意保管好个人物品。

▲公司家庭服务员制度

一、目的

为减轻公司职工的家务负担，集中精力，专心从事公司业务，本公司特制定家庭服务员制度，当职工有家务困难时，由公司向其家庭派遣家庭服务员，承担其家务劳动。

二、利用者范围

可享受家庭服务员服务的，原则上应是作为户主的本公司职工。

三、利用前提

利用家庭服务员从事家务时，首先应有本人要求，其次是公司认定确有必要。

四、家庭服务员

由总务部福利科招聘有家务工作经验的女性作为家庭服务员。

五、服务内容

家庭服务员所从事的家务以公司指定的内容为准。其中包括清洗、扫除、炊事、缝补、照顾小孩等。看护病人及帮助家庭手工业或商业活动除外。

六、派遣理由及顺序

申请派遣家庭服务的理由以下列为限。在申请人数较多时同时按以下基准排定先后顺序。

1. 家中负责家务的人患病。

2. 职工妻子生育。

3. 职工家属患病。

4. 因以上事由需要看家或保育。

5. 其他必要事项。

七、申请

职工申请家庭服务员服务时，应填写家庭服务申请书（统一格式），经主管科长签字后，提交福利科。

八、申请书处理

福利科长收到申请书后，按以下顺序处理。

1. 依据申请理由和申请期间，确定是否接受申请派遣服务期间。

2. 分析申请服务的内容，依据服务地和家庭服务员特长，选定服务员。

3. 通过申请者的主管科长，向申请者告知服务时间、服务员姓名和注意事项。

4. 申请书由福利科长负责保管。

九、派遣

福利科长填写派遣单，交服务员前往申请者家庭服务。

服务员服务结束后，持服务对象填写的服务时间证明，向福利科长述职。

十、事后处理

福利科长收到有关证明后，做下列处理。

1. 核算服务费。

2. 与服务对象核对服务费。

3. 与工薪科联系扣除服务费。

十一、服务期间

原则上每一服务员的服务期间为6天。

十二、服务时间

家庭服务员的服务时间为上午9点至下午6点，但中午应有1小时的休息时间。

十三、服务费

家庭服务员的工资和交通费均由公司负担，服务对象需负担下列费用。

1. 在指定时间内，一人一天××元（午餐由服务员自带）。

2. 在指定时间外，2小时以内为每人××元；2小时以上为××元（晚饭由服务对象提供）。

十四、派遣费支付

派遣费每月25日前结算一次，从其本人工资中扣除。经福利科长同意，也可分期扣除。

▲员工购买住房贷款办法

第一条　为协助员工购买住房，使其安居乐业，并推动国家住房制度改革，特制定本办法。

第二条　资助对象及条件：

1. 限于本公司（含下属企业）员工，已婚夫妇双方均未分得住房而以本人或配偶名义购置者。

2. 年满35岁，在本公司工作满8年以上者。

3. 所购房屋限于自用。

第三条　贷款数额上限：

贷款数最高不得高于100000元。

第四条　年度核发贷款总额由“福利委员会”以年度预算编列，以申请先后顺序发完为止。意外突发事故造成特殊困难者，福利委员会讨论通过后可予提前安排。当年度未申请到贷款者，下年度优先。

第五条　贷款金额由福利基金支出。还款自贷款日起，分60个月，每月从工资中平均扣除。贷款还清前离职者，应在离职前一次偿清剩余贷款。

第六条　员工住宅贷款未还清前即将住宅出售或出租时，应立即还清剩余贷款。因工作需要而调到远离住所不能通勤的地方时，不在此限。

第七条　员工每个月的还款总金额（含家电贷款）不超过本人每月薪金的1/2。

▲公司劳保用品发放规定

一、公司制服的发放，必须是本公司的正式调入职工和已正式办理了招工手续的合同制职工。借调人员、聘用人员和临时工（含试用）的制服发放，先由公司垫付，然后以在本公司服务的实际工作年限折旧报销。

二、各类人员工作服装。

1. 公司管理人员、职工（含借调、聘用和临时工）按其所从事的工种发放工作服装。

2. 凡是从事工种工作的职工，按工作时间最长的工种发给工作服装。

三、制服、工作服和其他劳保用品的制作（购买）和管理。

1. 公司制服、工作服和其他劳保用品由公司总务部统一加工制作（购买）和发放。

2. 对于公司制服和工作服装，任何部门和个人不得随意更改。

3. 对于调离公司的人员（含借、聘、临工），要求收回服装不足使用年限部分的成本费。成本费的计算公式：每年摊销费=服装价格÷使用年限。

4. 制服要按公司要求统一着装，妥善保管，遗失自费补做。

四、本规定从下文之日起执行，具体有关细则由本公司人事部负责解释。

五、员工制服、劳保用品使用年限表附后。（略）

二、办公室福利管理制度相关表格

▲员工体检表

出生日期				籍贯			性别	□男	□女
所在部门									
职业经历及年限									
病　　史									
血　　型		色盲	□无□全色盲□赤绿色□赤色盲□绿色盲						
项　　目	时间								
身　高 cm									
体　重 kg									
胸　围 cm									
血压 mmHg									

续表

视力	左（矫正后）									
	右（矫正后）									
听力	左									
	右									
握力	左									
	右									
眼										
耳										
鼻										
牙　齿										
甲状腺										
淋巴结										
肝　脏										
心　脏										
呼吸器										
循环器										
腱反射										
皮　肤										
营　养										
判定医师										
检查日期										
胸部 X - Ray										
血液	Hb% gm									
	RBC									
	WBC									
	VDRL									

续表

尿液	检查日期						
预防接种	类 别	1 次	2 次	3 次	4 次	5 次	6 次
	乙 肝						
	丙 肝						

日 期	特 殊 记 录	医师签名

▲福利委员会员工互助金申请单

编号：

<table>
<tr><td colspan="2">参加人姓名</td><td>职务</td><td>参加日期</td><td>参加金额</td><td>累计投入</td><td colspan="2">申请金额</td><td>所属部门</td><td colspan="2">申请人</td></tr>
<tr><td colspan="2"></td><td></td><td></td><td></td><td></td><td colspan="2"></td><td></td><td colspan="2">签　字</td></tr>
<tr><td colspan="2">籍　贯</td><td>性别</td><td>出　生</td><td colspan="2">身份证统一编号</td><td colspan="3">户籍地址</td><td colspan="2" rowspan="2"></td></tr>
<tr><td colspan="2"></td><td></td><td></td><td colspan="2"></td><td colspan="3"></td></tr>
<tr><td rowspan="3">事由</td><td>时间</td><td colspan="4"></td><td rowspan="3">后果</td><td colspan="2">确定日期</td><td colspan="2"></td></tr>
<tr><td>经过</td><td colspan="4"></td><td colspan="2">类别</td><td colspan="2"></td></tr>
<tr><td>地点</td><td colspan="4"></td><td colspan="2">细节</td><td colspan="2"></td></tr>
<tr><td>所属部门核定</td><td colspan="5">部门名称　　部门公章
主　管　　经办
年　　月　日</td><td>公司人事部门核定</td><td colspan="4">主管办：
公章：
年　月　日</td></tr>
</table>

附：员工互助金收据

▲员工互助金收据

今领到××公司员工互助金

共计　　　　元

事由　　　　　　领款人签章

年　　月　　日

▲员工进修申请表

年　月　日

服务部门	姓名	职务	年龄	标准工资	来公司时间	原学历及专业	进修理由及打算

似进修专业	学　校	进修起止日期	每周上课时间	学杂费总数	申请补助数

部门主管意　见		经办人	
部门主管委员核定		福　利委员会审核	

▲员工进修补助申请表

年　　月　　日

姓名	职务	就读学校	专业	相当程度	平均分数	申请金额（元）	批准金额（元）
合计							

主管：　　　　福利会主任委员：　　　　经办人：

▲员工子女教育奖助金申请单

年　　月　　日

员工姓名	性别	职务	所在部门	来公司时间

子女姓名	申请金额(元)	就读学校、年级	学业平均分数	表现及受奖情况	证明文件
合计					
实领：		申请人签章：			
主管：		经办：			

▲员工家属生活补助申请表

员工姓名	家属姓名	关系	职业	年龄	拟补助金额（元）	备注（理由）

主管：　　　　审核：　　　　　　　　经办人：

▲员工工伤医药费申请单

姓名：　　部门：　　职位：　　申请日期：　　　　　　年　月　日

伤害名称		人事部门审核
本次申请金额(元)		
已补助(报销)累计数(元)		
本次批准金额(元)		
受伤日期		
依据文号		

财务主管:______　部门主管:______　申请人:______

第十一章　办公室车辆管理制度

一、办公室车辆管理制度范本

▲车辆管理制度

第一章　车 辆 管 理

第一条　公司公务车证照的保管，车辆年审及车辆保险、养路费的购买缴纳等事务，统一由总经理办公室负责管理。公司车辆由总经理办公室主任指派专人驾驶、保养，并负责维修、检验、清洁等。

第二条　本公司人员因公用车须事前向总经理办公室主任申请调派；总经理办公室依重要性顺序派车。不按规定申请，不得派车。

第三条　车辆驾驶人必须具有驾照。

第四条　未经总经理批准，公司车辆不得借与本公司之外的人员使用。

第二章　车 辆 保 养

第五条　费用报销。

公务车油料由总经理办公室统一办理购油卡，外出购油及维修须经总经理办公室主任批准后，凭发票实报实销。

第六条　车辆维修、清洗、打蜡等应先填写“车辆维修申请单”，注明行驶里程，核准后方可送修。

第七条　车辆应由总经理办公室主任指定特约修理厂维修，否则维护费一律不准报销。可自行修复的，报销购买材料零件费用。

第八条　车辆于行驶途中发生故障或其他耗损急需修复、更换零件时，可视实际需要进行修理，但无迫切需要或修理费超过 2000 元时，应征得总经理办公室主任的批准。

第九条　如因驾驶员使用不当或车管负责人疏于保养，致使车辆损坏或机件故障，其所需修护费，应依情节轻重，由公司与驾驶员或车管责任人负担。

第三章　违规与事故处理

第十条　在无照驾驶、未经许可将车借与他人使用而违反交通规则或发生事故的，由驾驶人负担损失，并予以记过或免职处分。

第十一条　违反交通规则，其罚款由驾驶人负担。

第十二条　各种车辆如在公务途中遇不可抗拒之车祸发生时，应先急救伤患人员，向附近警察机关报案，并立即报告总经理办公室主任及主管。如属小事故，可自行处理后向总经理办公室主任报告。

第十三条　因意外事故造成车辆损坏，其损失在扣除保险金后，再视实际情况处理。

第十四条　发生交通事故后，如需向受害当事人赔偿损失，经除保险金额后，其差额视责任具体处理。

第十五条　发生责任事故造成经济损失时，按事故的性质给予扣减工资之处罚。

（1）一般事故（经济损失在2000元以下者）：按经济损失的10%处罚；

（2）重大事故（经济损失在2000～5000元者）：按经济损失的8%处罚；

（3）特大事故（经济损失在5000元以上者）：按经济损失的6%处罚；

（4）机件责任事故：按经济损失金额的20%处罚。

第四章　驾驶岗位责任制

第十六条　在办公室主任的领导下，认真做好对公司领导和各部门的驾驶服务。

第十七条　凭用车申请单出车，未经领导批准不得用公车办私事。

第十八条　工作积极主动，服从分配，同事之间搞好团结互助，有事提前请假，不得无故缺勤。

第十九条　行车前要坚持勤检查，做到机油、汽油、刹车油、冷却水备齐；轮胎气压、制动转向、喇叭、灯光完好；确保车辆处于安全、可靠的良好状态。

第二十条　公司员工不得用公车学习汽车驾驶，否则，一切后果及损失由车辆保管者负责。

第二十一条　驾驶人应严守交通规则，交通违章按第三章第十一条处理。

第二十二条　为用车者服务。

（1）不论用车者是否是本公司员工，司机都应热情接待，小心驾驶，遵守交通规则，确保交通安全。

(2) 对于公司外客人，更应热情服务，以维护公司的良好形象。

(3) 司机应在乘车人（特别是公司客人）上下车时，主动打招呼，开关车门。

(4) 当乘车人上车后，司机应向其确认目的地。

(5) 乘车人下车办事时，司机一般不得离车。

(6) 乘车人带大件物品时，司机应予以帮助。

第二十三条 离车注意。

(1) 司机因故需离开车辆时，必须锁死车门。

(2) 司机原则上应在车内用餐。

(3) 车中放有贵重物品或文件资料，司机又必须离开时，应将其放于后备厢后加锁。

第二十四条 出发前后工作。

(1) 在出发前，司机应根据目的地选择最佳的行车路线。

(2) 收车后，司机应填写行车记录，包括：目的地、乘车人、行车人、行车时间、行车距离等（附：车辆行驶记录表）。

(3) 随车运送物品时，收车后需向管理责任者报告。

第二十五条 个人形象。

(1) 司机需保持良好的个人形象，保持服装的整洁卫生。

(2) 注意头发、手足的清洁。

(3) 注意个人言行。

(4) 在驾驶过程中，努力保持端正的姿势。

第二十六条 本制度从××××年×月×日起实施。

▲车辆管理办法

第一条 车辆管理。

(1) 公司公务车的证照及其稽核等事务统一由管理部负责管理，配属各营业部的车辆由主管指派专人调派，并负责维修、检验、清洁等工作。

(2) 本公司员工因公用车须事先向车管专人申请调派；车管专人依重要性顺序派车，不按规定办理申请者，不得派车。

(3) 每车应设置车辆行驶记录表，并在使用前核对车辆里程表与记录表上前一次用车的记载是否相符，使用后应记载行驶里程、时间、地点、用途等。管理部每月抽查一次，发现记载不实、不全或未记载者，应呈报主管提出批评，对不听劝阻屡教屡犯者应给予处分。

(4) 每车设置车辆使用记录表，由营业会计于每次加油及维修保养时记录，以了解车辆受控状况。每月初连同行驶记录表一并转管理部稽核。

第二条　车辆使用。

（1）使用人必须具有驾照。

（2）公务车不得借非本公司人员使用。

（3）使用人于驾驶车辆前应对车辆做基本检查（如水箱、油量、机油、刹车油、电瓶、轮胎、外观等）。如发现故障、配件失窃或损坏等现象，应立即报告，否则最后使用人要对由此引发的后果负责。

（4）驾驶人须严守交通规则。

（5）驾驶人不得擅自将公务车开回家，或做私用，违者受罚。

（6）车辆应停放于指定位置、停车场或适当的位置。

（7）为私人目的借用公车应先填车辆使用申请单，注明私用，并经主管核准后转管理部营业会计稽核。

（8）使用人应爱护车辆，保证机件、外观良好，使用后应将车辆清洗干净。

（9）私用时若发生事故而导致违规、损毁、失窃等，除扣掉保险赔额后，全部费用由私人负担。

第三条　车辆保养。

（1）车辆维修、清洗、打蜡等应当填车辆使用申请单，注明行驶里程，核准后方得送修。

（2）车辆应由车管专人指定厂商保养，特约修理维护中心维修，否则修护费一律不准报销。自行修复者，可报销购买材料零件的费用。

（3）车辆于行驶途中发生故障或其他耗损急需修理更换零件时，可视实际情况需要进行修理，但无迫切需要或修理费超过2000元时，应与车管专人联系，请求批示。

（4）由于驾驶人使用不当或车管专人疏于保养，而致车辆损坏或机件故障时，所需修护费，应依情节轻重，由公司与驾驶人或车管专人负担。

第四条　违规与事故处理。

（1）在下列情形之一的情况下，违反交通规则或发生事故，由驾驶人负担，并予以记过或免职处分：

①无照驾驶；

②未经许可将车借与他人使用。

（2）违反交通规则，其罚款由驾驶人负担。

（3）各种车辆如在公务途中遇不可抗拒的事故，应当急救伤患人员，向附近警察机关报案，并立即通知管理部及主管联合协助处理。如属小事故，可自行处理后向管理部报告。

（4）意外事故造成车辆损坏，在扣除保险金额后再视实际情况由驾驶人与公司共同负担。

（5）发生交通事故后，如需向受害当事人赔偿损失，经扣除保险金额后，其差额由驾驶人与公司共同负担。

第五条　费用报销。

（1）公务车油料及维修费以相关凭证实报实销。

（2）私车公用依凭证报销。

▲公务车管理规定

第一条　适用范围。

本规定适用于公司所有车辆从申请使用到开车前后应办的所有手续，如检查、保养、修理，直至使用中违反交通法规及事故损害处理等事务。

第二条　申请用车程序及资格。

（1）外勤出差或其他公务，须用车时，由所在部门负责人填写外勤申请单交到总务处，由总务处按其所需注明使用何种车辆及驾驶人等，由该部门负责人签章后，呈副经理以上主管签查核准方可用车。

（2）驾驶人必须有驾驶1年以上经历或领执照后每天开车至本公司上下班时间达3个月以上，并经记录取得总务处认定资格，方可使用。

（3）使用前检查：驾驶人出发前，先检查车况，如车证、水箱、刹车系统、轮胎、油等，核对登记簿记载的公里数，如发现不符及损坏等情形，应向总务处报备，并在登记簿上注明，否则驾驶人负全责。使用后回公司时，必须把登记簿交回总务处保管人员，以便检查车况，如发现登记不符及损坏情形，应向副经理以上主管报告。

第三条　车辆损坏修理、遗失与赔偿。

（1）如是因执行公务时发生，应由使用（驾驶）人填写资产报损（废）单，经部门主管证明并上呈核定。经济损失的50%由使用（驾驶）人负担，但可以分3年逐月从工资中扣还；车辆失窃寻回后，也按50%的比率负担实际支出费用。

（2）如是私用时发生，应由使用（驾驶）人完全负担修理费用，或购置同一年份同一规格牌号的车辆赔偿；如失窃寻回，其费用全部由使用（驾驶）人负担。

第四条　车辆保养与检查。

（1）每行驶5000公里由总务处送公司指定保养厂定期保养一次。

（2）每星期由车辆保管人员负责清洗一次。

（3）车辆长期闲置时，每周由车辆保管人发动一次、温车5分钟。

第五条　保持车内清洁。

（1）物料应放于后备厢，不得放在椅座上。

（2）运输精密仪器设备须放在椅座上时，应事先垫好衬物。

第六条　违规处理。

因超速、超车、任意停车等各种违反交通规则而受处罚，罚款由驾驶人负责。如果指定驾驶人把车随便交由他人驾驶，发生违规、车损等而致使罚款或损失的，则由指定驾驶人负责全额赔偿。

第七条　驾驶人注意事项。

（1）凡无照驾驶者，一经查明属实，立即开除。

（2）无照驾驶发生车祸全部赔偿由驾驶者负责。

（3）有照驾驶如是操作不当发生车祸，由驾驶人自负全责。

第八条　使用后交车应办手续。

（1）填写行车登记簿、填里程表，然后交车。

（2）将车暂停放在办公大楼前，请总务处检查，如有损坏应在登记簿上注明，由副经理以上主管查核。

（3）总务处检查完毕后，在登记簿及派车单上签字，驾驶人将车开回车库，会计凭总务处检查后签字的派车单核发有关费用。

第九条　公务车辆由总务处统一管理、调度及保养维护。

第十条　公务车除上下班接送员工外，亦可供各部门执行公务使用。

第十一条　货车主要用于运送货品。

第十二条　各部门使用公务车，须提前一天填写派车单以便总务处统一调度。但临时紧急任务可除外。

第十三条　油费控制：按实际里程数，每10公里供应汽油1升。

第十四条　公务车出厂凭“派车单”放行。

第十五条　公务车聘请专任司机驾驶，并应随时保持车辆清洁，定期实施保养。

第十六条　司机开车应遵守交通规则，因违规而被罚款不得报销。

第十七条　公务车不得擅自用于私事。

第十八条　节假日及下班时间，公务车一律在公司内停放，任何人不得将车辆开回家中。

▲业务用车管理规定

第一条　本公司各类业务车的使用管理均以本规定为准。

第二条　本规定所指的业务车包括轿车、货车、商务用车、宣传车等。

第三条　各类业务用车的管理由总务部负责，而日常的运营管理由主管部门负责。

第四条　公司如认为业务上确有必要，可为各部（科）、分店配置专车。此时，应指定专人负责运营管理。负责人名单应报总务部。

第五条　除日常为接送公司干部而用车外，用车须经主管上级批准，并与总务科联系。

第六条　公司车辆调配者为保证公司业务的顺利运转，应准确把握车辆的运营状况和用途，实行科学的、有计划的配车。

第七条　公司业务用车禁止私用或个人专用。但公司干部的用车另行规定。

第八条　驾车外出者外出前，必须将目的地、行车路线、需要时间等报告科长。

第九条　驾车外出者必须严格遵守交通规则，避免交通事故的发生。

第十条　驾驶者使用的车辆应注意保养与维修。

第十一条　驾驶者在驾驶时间外，应注意按时休息和饮酒适度。

第十二条　为提高车辆运营效率，各主管部门和总务部应对驾驶者进行经常性教育与指导。

第十三条　当业务用车发生事故时，驾驶者应首先作应急处理，然后迅速与公司联系，依据公司的决定，作妥善处理。事后应提交事故报告。

▲交通安全管理规定

第一条　为加强本公司交通安全工作管理，落实交通安全责任制，认真贯彻交通安全工作“安全第一，预防为主”的方针，特制定本规定。

第二条　统一领导，部门负责，建立健全交通安全领导组织机构。

（1）公司副总经理全面负责公司交通安全工作。

（2）各部门主要领导全面负责本部门交通安全工作。

（3）各部门确定一名交通安全员，负责本部门交通安全工作的检查和实施。

（4）公司办公室确定一名交通安全员，负责本部门公司机动车辆管理、交通安全工作的实施情况检查。

（5）由公司交通安全负责人、各部门的交通安全负责人和车管主任组成公司交通安全工作领导小组，领导、部署和检查公司的交通安全工作，以及同交通管理部门和地区安全委员会的日常工作联系。

（6）公司交通安全工作领导小组的日常办公地点设在公司办公室，办公室主任为交通安全工作领导小组常务副组长。

第三条　公司和各部门主要领导，须将交通安全工作列入工作议事日程，定期召开交通安全工作小组会议和安全员会议，检查交通安全工作落实情况，宣传交通安全法规和交通行为规范，认真贯彻执行公司安全委员会的规章制度和会议精神，经常沟通与交通管理部门和地区安全委员会的联系，争取他们对交通安全工作的指导和帮助。

第四条 认真贯彻我国相关的交通安全法规，实行岗位责任制和目标管理，做到逐级落实，交通安全工作有布置、有检查、有落实，并把交通安全工作同公司各部门的业务工作和经营效益结合起来进行评比检查。

第五条 建立奖惩机制，半年小结和年度评比时，对模范遵守交通安全规则、成绩突出的公司员工和司机给予精神鼓励和物质奖励。对违反交通安全规定、发生违章和交通事故的，给予通报批评、处分和经济处罚。

第六条 机动车管理。

（1）公司和各部门的司机必须服从公司交通安全工作领导小组的管理，严格遵守交通法规和行为规范，杜绝酒后驾车等各种严重违章行为，服从交通民警的指挥，保证安全行车。

（2）爱护车辆，保持车辆整洁，对零部件进行定期检查、维修和保养，使车辆随时保持良好状态，确保行驶安全。杜绝病车、故障车勉强上路行驶。

（3）车辆实行专人驾驶保管、车管干部主管监督检查的制度，严禁不经领导批准将车辆交给非专职司机驾驶，严禁交给无驾照人员驾驶。

（4）公司非专职司机驾驶机动车辆，须经公司交通安全领导小组领导批准。

（5）认真执行车辆回库制度，因特殊原因不能回库，须经公司领导批准，并确认车辆在外停放安全。

第七条 自行车管理。

（1）骑自行车的员工必须严格遵守交通法规，遵守总公司和地区安委会对非机动车管理和行驶的有关规定，遵守骑车人交通行为规范，服从交通管理人员的检查与纠正。

（2）保持自行车牌号齐全，使车辆部件处于良好状态。

（3）上班时自行车必须停放在指定的地点，并放整齐。

第八条 个人交通安全管理。

（1）公司员工要认真学习交通法规，自觉执行行人交通行为规范，服从公司交通安全小组和地区安委会的管理，服从交通民警和交通执法人员的指挥、检查和纠正，做遵守交通安全的模范。

（2）公司的临时工作人员在交通安全方面须服从公司交通安全领导小组领导，认真执行各项交通法规和交通行为规范。公司交通安全领导小组有责任对执行交通法规成绩突出的人员给予表扬和奖励，对违反交通法规、不服从管理的人员给予通报批评。

第九条 公司机动车、非机动车及行人发生违章和交通事故，按地区和公司安委会有关规定予以惩处。

第十条　本规定解释权属于公司交通安全领导小组。

▲停车场管理规定

第一条　本规定的制定旨在有效地利用本公司院内的停车场。

第二条　可使用停车场者需要符合以下条件。

（1）属本公司的员工，并使用汽车上班者。

（2）属本公司及各分部的员工，且在本公司工作并希望驾车上班者。

第三条　满足第二条要求且符合下列条件者，可使用停车场。

（1）上班距离为6公里以上的员工。

（2）上班距离虽未满上项规定，但上班异常困难者，或有特殊情况者。

（3）因公务或私事而临时驾车上班者。

第四条　停车场需要配发停车证。

（1）公司应为停车场配发停车许可证。

（2）当员工辞职或调动时，必须退还许可证。

（3）员工因居住地变动或违反有关规定时应退还许可证。

第五条　上班距离是指工作地到其居住地的最近距离。必要时，须由公司测定。

第六条　车辆须按公司指定位置停放。

第七条　违反停车规定时，取消其停放资格。对无许可证而停车者的惩罚，另行规定。

第八条　在停车场如发生失盗、损害等情况时，本公司概不负管理责任，但可以协助公安机关破案。

第九条　本规定自××××年×月×日起实施。

▲司机管理制度

第一条　司机上班时间不出车时，必须在司机室等候工作，临时有事离开必须向车队长请假。

第二条　司机请事假，必须经车队长批准，领导专车司机须经领导同意后方可请假。

第三条　严格执行考勤制度，无故缺勤者一律按旷工处理，司机不听从安排、耽误公事，严重者给予开除处理。

第四条　司机必须注意保密，不得传播乘车者讲话的内容，违者给予批评教育，严重者严肃处理。

第五条　开领导专车的司机，领导公事外出或外地学习、开会期间，司机工作由车队长安排。

第六条　企业和个人用车，由车队长统一安排，如无车队长或企业领导派车，司机可拒绝出车。

第七条　司机下班后，车辆不准在外面过夜（不配司机的领导除外），违者第一次批评教育并罚款；第二次起每次加倍处罚；车辆附件一切误失均由司机负责，如车辆失窃，司机须负一定赔偿责任。

第八条　司机私人用车须经企业领导或主管领导批准，违者按情节轻重每次罚款不等，未经批准用车办私事，如发生交通事故及损坏车辆者，由司机负责维修费，赔偿有关事故的全部经济损失。

第九条　不准借车给别人驾驶或学车，违者罚款。

第十条　企业车队车辆司机需要调整，经领导同意后由车队长统一安排。

第十一条　严禁酒后开车，酒后开车损坏车辆者，由司机负责维修费；如发生交通事故除负责维修费外，还应承担刑事责任。

第十二条　司机利用车辆外出搭客营运者，一经交通管理部门查获，一律作除名处理。

二、办公室车辆管理制度相关表格

▲车辆使用申请表

车辆使用申请表

年　月　日

使用车辆预定起止时间	自　　月　日　时	使用车辆实际起止时间	自　　月　日　时起 至　　月　日　时止
到达地点（含经由）		到达地点（含经由）	
任　　务		任　　务	
备　　注		备　　注	

申请部门：______　　经办人：______

▲车辆登记表

车辆登记表

<table>
<tr><td colspan="2">使用人姓名</td><td colspan="2"></td><td colspan="2">驾驶员姓名</td><td colspan="2"></td></tr>
<tr><td colspan="2">牌照号码</td><td colspan="2"></td><td colspan="2">车　　名</td><td colspan="2"></td></tr>
<tr><td colspan="2">车身号码</td><td colspan="2"></td><td colspan="2">车　　型</td><td colspan="2"></td></tr>
<tr><td colspan="2">购车日期</td><td colspan="2"></td><td colspan="2">初 检 日 期</td><td colspan="2"></td></tr>
<tr><td colspan="2" rowspan="2">复检日期</td><td colspan="6"></td></tr>
<tr><td colspan="6"></td></tr>
<tr><td rowspan="3">保险记录</td><td colspan="2">保险公司</td><td>保险证号码</td><td colspan="2">保险期限</td><td colspan="2">保险内容</td></tr>
<tr><td colspan="2"></td><td></td><td colspan="2"></td><td colspan="2"></td></tr>
<tr><td colspan="2"></td><td></td><td colspan="2"></td><td colspan="2"></td></tr>
<tr><td colspan="3">购置价格</td><td></td><td colspan="2">经销商</td><td colspan="2"></td></tr>
<tr><td colspan="2">附属品</td><td colspan="6">□音响系统　□空调</td></tr>
<tr><td rowspan="2">驾驶员</td><td>住址</td><td></td><td colspan="2">电话</td><td></td><td colspan="2"></td></tr>
<tr><td>住址</td><td></td><td colspan="2">电话</td><td></td><td colspan="2"></td></tr>
</table>

▲借车审批单

借车审批单

<table>
<tr><td>借用人</td><td>事　由</td><td>借用时间</td><td>预定行程</td><td>实际行程</td><td>驾驶人</td><td>准借车辆
（车型、牌号）</td></tr>
<tr><td></td><td></td><td></td><td></td><td></td><td></td><td></td></tr>
<tr><td></td><td></td><td></td><td></td><td></td><td></td><td></td></tr>
<tr><td></td><td></td><td></td><td></td><td></td><td></td><td></td></tr>
<tr><td></td><td></td><td></td><td></td><td></td><td></td><td></td></tr>
<tr><td></td><td></td><td></td><td></td><td></td><td></td><td></td></tr>
<tr><td></td><td></td><td></td><td></td><td></td><td></td><td></td></tr>
<tr><td></td><td></td><td></td><td></td><td></td><td></td><td></td></tr>
<tr><td></td><td></td><td></td><td></td><td></td><td></td><td></td></tr>
<tr><td></td><td></td><td></td><td></td><td></td><td></td><td></td></tr>
<tr><td>借车须知</td><td colspan="6">1. 本单位员工因事急需，在不影响工作且条件允许的前提下可申请借用公务汽车。
2. 借用车辆必须在当天下班前回收，不得在外过夜。
3. 借用人可以自行商请具有合格驾照的司机担任驾驶员。
4. 借用时间内车辆故障或损坏，借用人应负责修理费用或赔偿。
5. 借用时间内车辆及人员违反交通规则或发生任何意外事故，概由借用人自行负责。
6. 用车人用车后 3 日内向总务处交清油费。
7. 申请单一式两联，一联交总务处，一联交车辆配属部门备查。</td></tr>
</table>

总务处：____　　车辆主管：____　　借用人：____　　申请日期：____

▲派车单

派　车　单

使用部门		随行人数			
起止点及时间					
事由					
车号		行车里程		行车时数	
管理部门	主管：　经办人：		使用部门	主管：　使用人：	

▲车辆请修报告单

车辆请修报告单

填表日期：　　年　月　日

车型		车号		驾驶员姓名	
请修项目费用		估计金额			
	维修预算				
	累计已动支预算				
	尚余预算				
损坏原因					
审核意见					

主管：______　　管理员：______　　请修人：______

▲车辆保养修理记录表

车辆保养修理记录表（一）

<table>
<tr><td colspan="2">年</td><td rowspan="2">项　　目</td><td rowspan="2">金　额</td><td rowspan="2">保养前
里程表数</td><td rowspan="2">经手人（签章）</td><td rowspan="2">主管（签章）</td></tr>
<tr><td>月</td><td>日</td></tr>
<tr><td></td><td></td><td></td><td></td><td></td><td></td><td></td></tr>
<tr><td></td><td></td><td></td><td></td><td></td><td></td><td></td></tr>
<tr><td></td><td></td><td></td><td></td><td></td><td></td><td></td></tr>
<tr><td colspan="2">合计</td><td></td><td></td><td></td><td></td><td></td></tr>
</table>

<table>
<tr><td rowspan="2">本月
费用</td><td>汽油金额</td><td>保养金额</td><td>修理金额</td><td>总　计</td></tr>
<tr><td></td><td></td><td></td><td></td></tr>
</table>

车辆保养修理记录表（二）

______年____月____日　编号：____

<table>
<tr><td>车号</td><td></td><td>里程数</td><td></td><td>责任人</td><td></td></tr>
<tr><td rowspan="3">请修项目</td><td colspan="5"></td></tr>
<tr><td colspan="5"></td></tr>
<tr><td colspan="5"></td></tr>
<tr><td>估计金额</td><td colspan="5"></td></tr>
<tr><td>修 理 厂</td><td colspan="5"></td></tr>
<tr><td>损坏原因</td><td colspan="5"></td></tr>
<tr><td>审核意见</td><td colspan="5"></td></tr>
</table>

主管：______　复核：______　管理员：______　请修人：______

▲车辆费用报销单

车辆费用报销单

<table>
<tr><td colspan="2">申请人</td><td colspan="2"></td><td>单位</td><td></td><td>车号</td><td></td></tr>
<tr><td colspan="2">报销期间</td><td colspan="4"></td><td>车型</td><td></td></tr>
<tr><td>项目</td><td>张数</td><td>金额</td><td colspan="5" rowspan="3">（单据粘贴处）</td></tr>
<tr><td></td><td></td><td></td></tr>
<tr><td>小计</td><td></td><td></td></tr>
</table>

主管：______　　领款人：______　　填表日期：______

▲车辆费用支出月报表

车辆费用支出月报表

______月份

<table>
<tr><td colspan="2">保险、税、费</td><td colspan="2">修理保养费</td><td colspan="2">过桥费</td><td colspan="2">汽油费</td><td>上月里程</td><td></td></tr>
<tr><td>说明</td><td>金额</td><td>说明</td><td>金额</td><td>说明</td><td>金额</td><td>说明</td><td>金额</td><td>本月里程</td><td></td></tr>
<tr><td></td><td></td><td></td><td></td><td></td><td></td><td></td><td></td><td>行驶里程</td><td></td></tr>
<tr><td></td><td></td><td></td><td></td><td></td><td></td><td></td><td></td><td>本月总费用</td><td></td></tr>
<tr><td></td><td></td><td></td><td></td><td></td><td></td><td></td><td></td><td>每公里费用</td><td></td></tr>
<tr><td></td><td></td><td></td><td></td><td></td><td></td><td></td><td></td><td>每公里汽油费用</td><td></td></tr>
<tr><td></td><td></td><td></td><td></td><td></td><td></td><td></td><td></td><td>备注</td><td></td></tr>
</table>

<table>
<tr><td rowspan="4">汽油费明细</td><td>日期</td><td>金额</td><td>经手人</td><td>日期</td><td>金额</td><td>经手人</td><td>日期</td><td>金额</td><td>经手人</td><td>日期</td><td>金额</td><td>经手人</td></tr>
<tr><td></td><td></td><td></td><td></td><td></td><td></td><td></td><td></td><td></td><td></td><td></td><td></td></tr>
<tr><td></td><td></td><td></td><td></td><td></td><td></td><td></td><td></td><td></td><td></td><td></td><td></td></tr>
<tr><td></td><td></td><td></td><td></td><td></td><td></td><td></td><td></td><td></td><td></td><td></td><td></td></tr>
</table>

经理：________　　会计：________　　填表人：________　　日期：________

第十二章　办公室清洁绿化管理制度

一、办公室清洁绿化管理制度范本

▲卫生管理准则

第一条　本公司为维护员工健康及工作场所环境卫生，特制定本准则。

第二条　凡本公司卫生事宜，除另有规定外，均依本准则实行。

第三条　本公司卫生事宜，全体人员须一律确实遵行。

第四条　凡新进入员工，必须了解清洁卫生的重要性与必要的卫生知识。

第五条　各工作场所内，均须保持整洁，不得堆放垃圾、污垢或碎屑。

第六条　各工作场所内的走道及阶梯，至少每日清扫一次，并采用适当方法减少灰尘的飞扬。

第七条　各工作场所内，严禁随地吐痰。

第八条　饮水必须清洁。

第九条　洗手间、更衣室及其他卫生设施，必须保持清洁。

第十条　排水沟应经常清除污秽，保持清洁畅通。

第十一条　凡可能寄生传染菌的原料，应于使用前适当消毒。

第十二条　凡可能产生有碍卫生的气体、灰尘、粉末，应作如下处理：

（1）采用适当方法减少有害物质的产生；

（2）使用密闭器具以防止有害物质的散发；

（3）在产生此项有害物的最近处，按其性质分别做凝结、沉淀、吸引或排除等处置。

第十三条　凡处理有毒物或高温物体的工作或从事有尘埃、粉末或有毒气体散布的工作，或暴露于有害光线中的工作等，须用防护服装或器具者，公司按其性质制备相应的防护服装或器具。

从事以上工作的员工，对于本公司设备的防护服装或器具，必须妥善保管。

第十四条　各工作场所的采光，应满足下列要求：

(1) 各工作部门须有充分的光线；

(2) 光线须有适宜的分布；

(3) 光线须防止炫目及闪动。

第十五条　各工作场所的窗户及照明器具的透光部分，均须保持清洁。

第十六条　凡阶梯、升降机上下处及机械危险部分，均须有适度的光线。

第十七条　各工作场所须保持适当的温度，并根据不同季节予以调节。

第十八条　各工作场所须保持空气流通。

第十九条　食堂及厨房的一切用具，均须保持清洁卫生。

第二十条　垃圾、废弃物、污物的清除，应符合卫生的要求，放置于指定的范围内。

第二十一条　公司应设置常用药品并存放于小箱或小橱内，以便利员工取用。

第二十二条　本准则经总经理核准后施行，修改时亦同。

▲办公环境管理规定

第一条　办公环境是公司员工进行日常工作的区域，办公区内办公桌及文件柜由使用人负责日常的卫生清理和管理工作，其他区域由保洁人员负责打扫，行政管理部负责检查监督办公区环境卫生。

第二条　办公区域内的办公家具及有关设备不得私自挪动，办公家具确因工作需要挪动时必须经行政管理部的同意，并作统筹安排。

第三条　办公区域内应保持安静，不得喧哗，不准在办公区域内吸烟和就餐；办公区域内不得摆放杂物。

第四条　非本公司人员进入办公区，须由秘书引见，并通知相关人员前来迎接。

第五条　行政管理部负责组织相关人员在每周五对办公区域的卫生和秩序进行检查，并于下周一例会上公布检查结果。检查结果作为部门绩效考核的参考因素之一。

二、办公室清洁绿化管理制度相关表格

▲清洁工作安排表

清洁工作安排表

____月____日至____月____日　　　　页次____

姓　　名	
日　　期	
清洁项目	
考　　核	

▲卫生区域计划表

卫生区域计划表

部　　门	区　　域				
	仓　库	走　道	空　地	厂外环境	水　沟